中外历史纲要（下）教学设计

——基于核心素养的跨学科大单元教学

编著

周宽 邓礼

编委

（排名不分先后）

海南省国兴中学	熊春华
广西百色祈福高级中学	韦丹丹
广西百色祈福高级中学	谭承慧
湖南师大附中芙蓉中学	何丽娜
山东省广饶县第一中学	齐丽伟
湖南新邵县第八中学	曾宏翊
湖南永州市第八中学	孙霞丽
湖南湘乡市第二中学	张敏
湖北浠水县一中	鲁璐
江西南昌市进贤县第一中学	万超
郑州外国语学校	樊玉红
山东临沂外国语学校	吕娜
大连市海华高级中学	张宇
长沙市第六中学	邱甜甜

编委

（排名不分先后）

重庆市江北巴川量子学校	单迎华
广西百色靖西市靖西民族高中	湛凤梅
北京市第二中学通州校区	崔佳静
江西省上饶中学	聂滢
重庆市大足中学	黄彬
湖南省永州市江华瑶族自治县第二中学	陈亮
重庆复旦中学	付长芳
山西徐特立高级职业中学	宋英智
深圳大学附属实验中学	陈劲
湖南花垣县华鑫高级中学	周红萍
福建厦门华师希平双语高级中学	翁晓华
湖南省永州市道县第二中学	蒋明明
榆林实验中学	边奋勇
长沙市第六中学	胡婷

湖南大学出版社

· 长沙 ·

图书在版编目（CIP）数据

中外历史纲要（下）教学设计：基于核心素养的跨

学科大单元教学／周宽，邓礼编著. -- 长沙：湖南大

学出版社，2025.3. -- ISBN 978-7-5667-4008-3

Ⅰ. G633.512

中国国家版本馆 CIP 数据核字第 2025KQ4084 号

中外历史纲要（下）教学设计——基于核心素养的跨学科大单元教学
ZHONGWAI LISHI GANGYAO（XIA）JIAOXUE SHEJI
——JIYU HEXIN SUYANG DE KUA XUEKE DADANYUAN JIAOXUE

编　著：周　宽　邓　礼	
责任编辑：王宇翰　周文娟	
印　装：长沙创峰印务有限公司	
开　本：710 mm×1000 mm　1/16	印　张：16　字　数：254 千字
版　次：2025 年 3 月第 1 版	印　次：2025 年 3 月第 1 次印刷
书　号：ISBN 978-7-5667-4008-3	
定　价：49.00 元	

出 版 人：李文邦

出版发行：湖南大学出版社

社　　址：湖南·长沙·岳麓山　　　　邮　　编：410082

电　　话：0731-88822559（营销部），88821327（编辑室），88821006（出版部）

传　　真：0731-88822264（总编室）

网　　址：http://press.hnu.edu.cn

电子邮箱：158854174@qq.com

目　次

第一单元

古代文明的产生与发展

◎ 第一课　文明的产生与早期发展

【课标内容】

正式版课标：知道早期人类文明的产生；了解各文明古国发展的不同特点，并分析、认识这些特点形成的不同时空条件；认识古代各大帝国的区域性影响和不同文明之间的早期联系。

初中课标：初步了解原始社会时期的人类活动；通过金字塔、《汉谟拉比法典》，以及种姓制度和佛教的创立，了解亚非古代文明及其传播；知道建立在奴隶制基础上的希腊城邦和罗马共和国，了解希腊、罗马的古典文化成就，以及亚历山大帝国、罗马帝国对文化传播和交流的作用。

课标分析：根据课标的表述，对于古代文明，初中是"初步了解"，高中是"了解"，同时增加了"分析、认识这些特点形成的不同时空条件"。

【教材分析】

本课内容集中在部编版历史九年级上册的第1—4课和第6课。

课题	子目	部编版教材内容
古代埃及	尼罗河与古埃及文明	介绍了古代埃及文明的象征是金字塔，金字塔也是古代埃及国王——法老权力的象征
	金字塔	
	法老的统治	
古代两河流域	古代两河流域文明	介绍了两河流域文明比较突出的古巴比伦王国，以及古巴比伦王国比较突出的《汉谟拉比法典》
	古巴比伦王国	
	《汉谟拉比法典》	
古代印度	古代印度河流域文明	介绍了古代印度河流域文明比较突出的森严的种姓制度，以及释迦牟尼创立佛教是出于对这种种姓制度的不满，对种姓制度形成了冲击
	森严的种姓制度	
	释迦牟尼创立佛教	
希腊城邦和亚历山大帝国	希腊城邦	介绍了古代希腊的自然地理、以雅典和斯巴达为代表的城邦体制、伯里克利改革，以及亚历山大东征等
	雅典的民主政治	
	亚历山大帝国	
希腊罗马古典文化	文学和雕塑	介绍了希腊神话、《荷马史诗》、宙斯像、掷铁饼者、雅典帕特农神庙、罗马大竞技场、万神庙、德谟克利特的"原子论"、苏格拉底、亚里士多德、公民法与万民法，以及罗马的儒略历等
	建筑艺术	
	哲学和法学	
	公历的缘起	

本课是部编版《中外历史纲要（下）》第一单元第1课。共两目，分别是"人类文明的产生""古代文明的多元特点"。

"人类文明的产生"一目共三段，从生产力的角度阐释了文明的产生。第一段介绍了早期人类的生产情况——最初的农业和畜牧业逐渐发展并传播开来（很有意思的是教材没有使用"第一次社会大分工"的表述，实际上教材连"分工"这个词都没提），第二段阐述了农业发展对手工业、商业和定居生活的影响（第二次、第三次社会大分工），第三段讲社会分工和生产率的提高推动了国家的形成。

"古代文明的多元特点"一目共九段，分别介绍了古代西亚、古代埃及、古代印度、古代希腊文明的发展特点。第一段概述古代各个文明独立发展的基本情况，表现出明显的多元特征。第二段介绍古代两河流域文明（*初中教*

材是先讲古代埃及再讲古代两河流域），第三段介绍古代两河流域的文化
（较初中教材增加《吉尔伽美什》、洪水和方舟传说），第四段介绍古代埃及
文明，第五段介绍古代埃及的文化，第六段介绍古代印度文明，第七段介绍
古代印度的文化，第八段介绍古代希腊文明，第九段介绍古代希腊的文化
（较初中教材增加古希腊的文学成就及其作用、希罗多德、修昔底德和柏
拉图）。

【教学研究综述】

朱可认为应该围绕"文明的产生与发展"这一教学大纲，精心选取教学
资源[①]；钱秩娜建议本课主旨可以确定为"人类命运共同体原初的文明形
式"[②]；姚智认为本课的主题应当是文明，主要围绕文明的概念进行展开，重
点应放在如何理解文明诞生的标准上[③]；卞姗姗认为本课的重点在于古代文
明的多元特点，认为本课的教学主题应毫无争议地确定为"文明的多元
性"[④]；张茂芹建议"抓住文明产生的标志和多元性特点，对各个文明的文化
成就择重介绍"。[⑤]

在内容的选取上，卞姗姗认为"两河文明和埃及文明是大河文明的典
型，希腊文明是海洋文明的典型"。因此将第 1 课的内容整合成"大河文明
的多样性"及"希腊文明的独特性"，至于本课第一目"人类文明的产生"
的内容实则描述的是文明的共性，卞姗姗认为"可以糅合于比较之中，无须
单列"。[⑥]

---

① 朱可. 高中历史整体性教学设计策略新探：《中外历史纲要》试教心得［J］. 历史教学（上
半月刊），2019（7）：47-54.
② 钱秩娜.《中外历史纲要》（下）中的非洲史内容初探［J］. 历史教学（上半月刊），2020
（5）：57-64.
③ 姚智. 高中历史新教材施教策略初探：以《文明的产生与早期发展》一课教学为例［J］. 中
学历史教学，2020（7）：28-30.
④ 卞姗姗. 统编教材中主题教学设计的应用：以"文明的产生与早期发展"为例［J］. 历史教
学（上半月刊），2020（9）：44-51.
⑤ 张茂芹. 高中历史"文明的产生与早期发展"一课教材研究［J］. 历史教学（上半月刊），
2021（4）：32-37.
⑥ 卞姗姗. 统编教材中主题教学设计的应用：以"文明的产生与早期发展"为例［J］. 历史教
学（上半月刊），2020（9）：44-51.

【教学立意】

农业的产生、社会分工的形成与发展推动了早期人类文明的产生和发展。不同的地理条件深刻影响了早期人类文明的发展，使其呈现出多元化的特点，从而极大地丰富了人类文明的成果，并一直影响到今天人们的生产与生活。

本课的教学立足点为长时段理论视角下人类文明的产生与发展

【教学目标】

通过分析古代的壁画、建筑、器物与考古遗址，习得通过获取信息实证相关历史的能力，感受各文明古国发展的不同特点，认识这些特点形成的不同时空条件，以更加开放的心态看待文明的交流与融合。

【重点难点】

重点：引导学生认识各文明古国的发展差异，并分析这些差异与其时空条件的关系。

难点：内容又细又多，学生容易沉迷于对细枝末节的学习中。

【教学过程】

☞ 导入新课

（出示图片小猪佩奇）

提问：请大家分析小猪佩奇人物形象的美术特点是什么？

预设：不符合整体视觉，将身体每一部位最突出的特征呈现出来，然后进行组合。

提问：为什么要这样画？它和我们今天要学习的内容有什么关系？

☞ 教学新课

一、人类文明的产生

（出示原始时代描绘农业生产的绘画）

讲述：这幅图绘制于 5000 至 6000 年前，虽然原始时代的艺术家们采取了印象化的手法，但我们仍能清楚地发现，图中的人们在进行收割活动。

（出示在伊拉克出土的石杵和石臼的图片）

当然，仅凭这幅图还不足以证明农业已经产生。这是在伊拉克发现的制作于公元前 7000 年到公元前 4000 年之间的石杵和石臼，专家们认为它们是用来处理大麦和小麦的。

还有没有更直接的证据呢？比如说早期人类遗址中发现的谷物遗存，专家们通过对谷物的遗传学成分分析确认它们已经驯化，带有只有通过选择播种繁殖才能产生的独有特征。用这一方法我们可以证明，这一时期农业已经出现了。

（出示农业独立发展区域图）

提问：实际上，所有出现农业的地区都有共同的特点。我们来看农业独立发展区域图，从中能获取什么信息？

预设：独立起源；基本集中在亚热带和热带地区，因为阳光和雨水充足（温暖潮湿）或集中在中纬度大江大河流域。

（出示最早的文明示意图）

提问：大家再看这幅最早的文明图，从中能获取什么信息？

预设：最早的文明出现的区域同农业的起源区高度重合，说明农业是文明起源的重要基础。

讲述：随着农业的发展，手工业逐渐从农业中分离出来，成为独立的行业，接着商业又从手工业中分离出来，工商业得到发展（板书）。农业的发展使人类开始定居生活，工商业的发展则使一些定居点发展成为城市（板书）。

农工商的发展意味着社会生产力水平的提高，社会逐渐有了剩余产品，随之私有制产生了，私有制产生意味着阶级产生了。占有社会剩余产品的阶级为了维护自己的私有财产，组建了军队等暴力机构，对被统治阶级进行压迫，这意味着国家产生了（板书）。而国家意味着文明，也就是说，人类文明诞生了（板书）。

二、原生性文明

讲述：在农业发展的基础上，不同的地区诞生了我们所说的原生性文明。所谓原生性文明，指的是独立起源发展的文明，最主要的就是我们熟知的四大文明——古代中国文明、古代两河文明、古代埃及文明和古代印度文明（板书）。这些古代文明我们在初中有过详细的学习，这里因为时间关系，就不一一赘述。

（出示亚欧早期人类文明形势图）

提问：这些早期人类文明有什么特点？

预设：都在中纬度大江大河流域，因为农业的发展和人类的生活都依赖充足的水源；历史都非常悠久，距今约有五六千年；文明成就集中在建筑、天文、数学、医学等领域，它们和农业生产生活联系较密切；文明成果影响深远，如文字、思想观念（大洪水传说）、艺术、法律（《汉谟拉比法典》）等；除中华文明外，其他三大文明均因为遭到入侵而断绝。

三、次生性文明

讲述：除了原生性文明之外，那些吸收原生性文明成果并在此基础上获得发展成就的文明就是次生性文明，最典型的就是美国文明。人类早期次生性文明的代表是古代希腊与古代罗马文明（板书），古代罗马文明下节课会讲，这里我们主要介绍古代希腊文明。

（出示古代希腊形势图）

提问：请大家看这幅古代希腊形势图，根据老师教过的方法，看看从图中能获取什么信息？

预设：希腊城邦和殖民地遍布地中海沿岸；殖民地数量众多，因为古代希腊土地贫瘠，无法养活众多人口；港口众多，使得航海业比较发达，工商业相对繁荣；邻近古代西亚、古代埃及文明，吸收了大量古代西亚和古代埃及文明成果，最典型的就是希腊字母来源于西亚的腓尼基字母。

讲述：有关古代希腊的城邦制度，大家在初中有过详细学习，这里不再赘述。接下来我们详细探讨一下古代希腊文明的代表——古代雅典。

（出示圆形剧场和帕特农神庙的照片）

提问：现在大家看到的分别是古代雅典的圆形剧场和帕特农神庙（可以让学生说），它们都是石制建筑，都有柱子，规模宏大，令人震惊。和古代埃及的金字塔、古代两河的空中花园相比，古代雅典的这些恢宏的建筑有什么不同呢？

预设：用途不同，前者是私人建筑（为国王个人服务的建筑），后者是公共建筑，原因在于古代雅典的政治体制是民主政治。

讲述：什么是民主政治呢？我们不妨听听古代雅典人自己是怎么说的吧（老师朗读伯里克利演说）。民主就是少数服从多数，是权力掌握在多数人手中，所以我们看到的这些建筑是属于多数人的公共建筑。

古代雅典的百姓曾聚集在帕特农神庙前聆听伯里克利发表演说，也曾端坐在圆形剧场里欣赏喜剧之父阿里斯托芬、悲剧之父埃斯库罗斯等著名剧作家创作的戏剧。古代雅典不仅出现了很多文学家、艺术家，还诞生了著名的历史学家，如成为政治史传统奠基人的修昔底德，而首创"历史"一词、被称为西方"历史之父"的希罗多德，虽出生于小亚细亚，但长期生活在雅典，深受雅典文化的影响。民主政治营造的比较宽松的氛围，使得古代雅典在精神文化领域创造了辉煌的成就。

四、古代文明的历史影响

讲述：古代雅典虽然民主，但并不自由，奴隶自然不必说，即使是像苏格拉底这样的雅典公民也并不享有自由，比如言论的自由。苏格拉底就是因为对当时流行的观念提出挑战而触怒了雅典人，结果在 70 岁时被雅典人以"不信雅典国家的神"和"腐蚀青年"这两个罪名处死。

雅典文明的历史特点不仅揭示了"民主政治"的固有局限，还全方位地展现了古代文明对现代生活的深远影响，这种影响体现在政治制度、文字、思想、历法、计数法等多个方面。

☞ 课堂小结

（出示古埃及人物壁画、古希腊人物绘画以及小猪佩奇的图片）

讲述：古代文明不仅从纵向的时间上从古延续至今，从横向的空间上也呈扩散之势。比如左边这幅是古埃及的人物壁画，右边这幅是古代希腊的人物绘画，是不是绘画手法高度一致？最后再看小猪佩奇，是不是其创作手法沿袭的正是古代埃及的手法？

正是从这个意义上来说：

那些已经离去先辈们创造的传统，依然根深蒂固地埋藏在现世人的头脑中。

——卡尔·马克思

【板书设计】

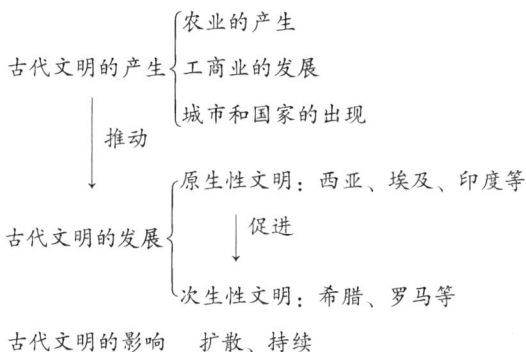

【教学反思】

可以把更多的时间交给学生，教师只做引导即可。

【资料附录】

1. 恰塔尔休于

土耳其的恰塔尔休于有可能是人类最早建立的城市，距今有 8000 年之久。这座城里有 1000 多座土砖砌的房屋，人口超过 6000。房屋规格统一，由一间起居室和几个附属房间组成，彼此有低矮的门洞相通。屋内有木梯和炉灶以及放燃料的柜子，另有平台和长凳以供坐卧。房屋之间都紧紧地挨着，排得密密麻麻，以致城里不需要街道，房顶就可以用作通道。

房屋的底层没有门窗，只在二楼开个小门，住户从木梯由底层上二楼。这样安排可能是为了抵御水灾，也有可能是自卫，出入的梯子收起来后，各个房间自成防御体系，并共同构成一个大的防御体。室内面积都不大，不少人家的墙壁上有装饰壁画、灰泥浮雕和兽头（主要是牛头）。恰塔尔休于没有城墙和其他公共设施，严格说来它至多只是个大居民点，还算不上真正的城市。

——陈仲丹《世界上最早的城市》

2. 原始畜牧业的特点

前已述及，原始的畜牧业产生于那些不适于发展农业的地区，畜牧业的产生和形成经历了一个漫长的过程。但在新石器时代晚期，在形成原始农耕文化的同时，也形成了原始的畜牧业文化。原始畜牧业可能具有如下特点：

（1）它本是农耕文化的产物，后来又与农业分离，成为与农业相对应的人类第二大产业。显而易见，动物的驯化和饲养首先要求有一个相对固定的居所，而正是农业的出现才使人类由迁徙转为定居。据此，我们甚至可以认为，原始畜牧业是原始农业的派生物。但原始的畜牧业产生之后不久，它就逐渐发展成为一个相对独立的行业，并且与农业相分离，产生了马克思和恩格斯所说的第一次社会大分工。

（2）原始畜牧业的规模有限，且发展缓慢。欧、亚、非三洲的民族非常幸运，他们找到并驯化了能提供肉类、牛奶、羊毛，并可作驮兽的各种动物。而美洲的印第安人则没有这种幸运，他们没有获得类似的动物，只好与无峰驼、羊驼和驼马这类产于安第斯山脉、属于偶蹄目骆驼科的半驯化动物打交道。因此，他们的发展受到了很大的阻碍。原始畜牧业的初期阶段，充其量可称之为饲养业。至于把大批的牲畜散放于大草原上的牧业的出现，至少要到公元前2000年以后。前已述及，它是在马和骆驼得到驯养以后，进而解决了空旷原野中的交通运输问题时，才逐渐发展起来的。原始畜牧业所牧养的牲畜，无论就种类、还是就数量来说，都是极为有限的。

（3）原始畜牧业当然还具有逐水草而居的特点，这使得原始畜牧业文化成为一种运动型的文化。人工播撒草籽而形成牧场，是现代畜牧业的事情。原始的牧民，只能逐水草而居。这一特点使早期人类自然而然地扩大了活动领域，朝着以前人类从未涉足的地域进军。这对于以后文明的交流和发展具有深远的历史意义。

——马世力《世界经济史》

【延伸阅读】

[1] 伯特曼. 古代美索不达米亚社会生活 [M]. 秋叶，译. 北京：商务印书馆，2016.

内容提要：《古代美索不达米亚社会生活》一书采用图文结合的方式，展现了古代美索不达米亚文明从萌芽到繁荣的各个发展阶段，细致描绘了这一时期人们的日常生活、风俗习惯及所用器皿物件，揭示了美索不达米亚作为现代文明源头之一的历史地位。

◎ 第二课　古代世界的帝国与文明的交流

【课标内容】

正式版课标：知道早期人类文明的产生；了解各文明古国发展的不同特点，并分析、认识这些特点形成的不同时空条件；认识古代各大帝国的区域性影响和不同文明之间的早期联系。

初中课标：初步了解原始社会时期的人类活动；通过金字塔、《汉谟拉比法典》，以及种姓制度和佛教的创立，了解亚非古代文明及其传播；知道建立在奴隶制基础上的希腊城邦和罗马共和国，了解希腊、罗马的古典文化成就，以及亚历山大帝国、罗马帝国对文化传播和交流的作用。

课标分析：根据课标的表述，学生主要应了解"古代各大帝国的区域性影响"和"不同文明之间的早期联系"。

【教材分析】

本课内容集中在部编版历史九年级上册的第 4—5 课。

课题	子目	部编版教材内容
希腊城邦和 亚历山大帝国	希腊城邦	介绍了古代希腊的自然地理、以雅典和斯巴达为代表的城邦体制、伯里克利改革，以及亚历山大东征等
	雅典的民主政治	
	亚历山大帝国	
罗马城邦和 罗马帝国	罗马城邦和罗马共和国	介绍了《十二铜表法》、布匿战争、斯巴达克起义、凯撒、屋大维及其举措。
	罗马帝国	
	罗马帝国的衰亡	

本课是部编版《中外历史纲要（下）》第一单元第 2 课。本课共三目，分别是"古代文明的扩展""古代世界的帝国""文明的交流"。

"古代文明的扩展"一目共三段，第一段介绍了古代文明扩展的背景，第二、三段分别介绍古代埃及文明、古代西亚文明和古代希腊文明扩展的不同表现。

"古代世界的帝国"一目共七段，第一段介绍文明的扩展推动了帝国的出现；第二段介绍波斯帝国，这是初中历史教材没有的；第三段介绍亚历山大帝国；第四至七段介绍罗马帝国。

"文明的交流"一目共三段，第一、二段介绍环地中海文明之间的相互影响，其中第二段专门讲述字母文字的起源、发展、传播和影响；第三段介绍汉朝与罗马（东西方）之间的交流。

【教学研究综述】

有关本课的研究不多，其中张羽丰试图以罗马军团为线索，通过材料和提问，将学生带进历史场景，并激发积极思维①。

乔瑞以"与距离斗争"为主题，进行了一次将批判性思维介入复杂情境创设、促进核心素养分层培育的大胆尝试。通过农耕文明扩展地理距离的背

---

① 张羽丰. 以罗马军团为线索的"古代世界的帝国与文明的交流"教学设计［J］. 历史教学（上半月刊），2021（4）：25-31.

景分析，促使学生思考文明之间扩张与消亡的张力。通过帝国控制地理距离、制度距离、文化距离的手段展开分析，促使学生理解不同帝国应对治理挑战时对文明元素的选择。通过"跨越距离"的史论互证，促使学生辩证认知文明交流的冲突与融合，洞悉古代文明之间交流的限度，跨越古代文明与当今认识的思维距离。整个设计力图呈现出新全球史视野下"文明区域性扩张促进帝国兴起"纵向演进与"帝国进一步扩大文明区域"横向联网相映成趣的复杂面相。[1]

但凯旋在文明史的视野下，其"古代世界的帝国与文明的交流"的教学设计以"文明"为贯穿始终的主题，主要包括"文明的扩展""帝国的文明"和"文明的交流"三部分。在具体教学过程中，文明史视野不仅仅体现在从人类文明发展史的角度看待历史，也体现在平等地对待不同的文明，突出文明的多样性与文明的互动交流。[2]

【教学立意】

一种文明是否得以发展取决于其能否吸收邻近文明的成果，波斯帝国吸收古代西亚、埃及文明的成果，使其成为历史上第一个疆域横跨欧亚非三大洲的大帝国。亚历山大东征，在向东传播古代希腊文明的同时也借鉴吸收了波斯等文明的成果，建立了亚历山大帝国。罗马起初虽然只是意大利中部的一个城邦，但在不断吸收古代希腊、埃及、西亚文明的基础上迅速崛起，成就了长达千年的罗马帝国（罗马帝国和东罗马帝国）统治。广阔的帝国，既是文明交流的产物，又进一步推动了文明的交流。

本课的教学基于文明交流理论视角下的古代帝国兴衰。

【教学目标】

通过分析波斯、罗马等古代帝国的建筑、绘画、文献、器物与考古遗址，习得通过获取信息以实证相关历史的能力，结合历史地图认识古代各大帝国

---

① 乔瑞."古代世界的帝国与文明的交流"教学设计与实施［J］. 中学历史教学参考，2024（25）：33-36.

② 但凯旋. 文明史视野下的历史教学与文明观培养：以"古代世界的帝国与文明的交流"一课为例［J］. 中学历史教学参考，2024（20）：14-18.

的区域性影响和不同文明之间的早期联系，同时更加认同我国的改革开放政策，并以积极开放的心态看待文明的交流与融合。

【重点难点】

重点：引导学生认识并理解古代各大帝国的区域性影响和不同文明之间的早期联系。

难点：学生缺乏有关波斯帝国的背景知识；由于本课知识点又细又多，学生容易沉迷于对细枝末节的学习。

【教学过程】

☞ 导入新课

（出示描绘波斯各行省向波斯国王上贡的浮雕的图片）

提问：在古波斯首都波斯波利斯遗址，我们能够看到当年波斯各行省向波斯国王交税上贡的浮雕。图片中这群进贡的人，学者们认为他们是希腊人。我们初中学过，在希波战争中希腊是胜利者，胜利的希腊人怎么还要向波斯国王进贡呢？

☞ 教学新课

一、波斯帝国

讲述：上节课我们在学习人类早期文明的时候就已经知道，人类早期文明集中在亚欧大陆特别是地中海沿海，是因为不同文明之间的相互学习推动了各自文明的发展。换句话来说，文明的扩展是文明发展的必然要求和结果。一般来说，文明的扩展或者说交流主要有如下两种方式：战争、移民。比如说上节课说到的希腊城邦，它们主要是通过移民的方式分布到整个地中海沿岸的，这一过程中伴随着通商贸易和传教等活动。

正是因为文明的扩展是文明发展的必然要求与结果，所以我们看到古代埃及人跨越沙漠建立了横跨亚非的埃及帝国；巴比伦人建立起来的国家虽然没有横跨亚非，但也统一了两河流域；亚述人则一度征服埃及，建立起横跨亚非的亚述帝国。（板书）

亚述帝国灭亡后，伊朗高原的波斯帝国兴起。（板书）今天我们对波斯帝国的了解，主要是依据波斯帝国时期的楔形文书（包括泥板和各种碑刻等）和同时期希腊人的文字记载。

（出示居鲁士圆柱的图片）

这是一个用黏土做成的圆柱，上面留有铭文，记载了波斯国王居鲁士进入巴比伦城并灭亡巴比伦王国后实行的政策。此遗存在19世纪的时候被考古学家发现，现收藏于伦敦大英博物馆。铭文中有这么一段话（出示材料）：

我把被集中到这里（巴比伦城）的神像送回了他们的宫殿，使他们居住在永久的居所之中。我收集所有的居民，使他们回到他们的居住地。

——居鲁士圆柱铭文

提问：从中能获取什么信息？

预设：波斯国王希望塑造一个仁君的形象。

讲述：这个有关居鲁士的圆柱属于什么史料？实物史料。仅凭这个，当然不能证明波斯人的仁慈，不能证明波斯人把囚禁在巴比伦的奴隶放回了他们的居住地。要证明这些，还需要什么？文献史料。犹太人在《圣经·旧约》中就提到了这件事情。据其记载，当时犹太人被囚禁在巴比伦（"巴比伦之囚"），是波斯人释放了他们。《圣经》属于文献史料，与铭文两相印证，居鲁士确实对其他民族比较仁慈宽容。这一点，我们还可以从波斯人的敌人——希腊人的记载中得到印证。希腊历史学家希罗多德，他在其代表作《历史》中曾有这么一番记载（出示材料）：

没有哪一个民族像波斯人这样乐于采纳异族风俗的。他们身着米底人的服装，因为他们认为这种服装比他们自己的服装要好些；而在战时他们披戴的又是埃及人的胸甲。

——希罗多德《历史》

提问：从中能获取什么信息？

预设：希罗多德认为波斯人乐于采纳异族的风俗习惯；波斯人并不盲目自大，认为自己在任何方面都优于其他民族；波斯文明主动吸收并整合了多种文明的特征。

讲述：希罗多德的说法恰好从侧面证明了即使是希腊人也承认波斯人至

少从行为上表现出了对其他民族的友好宽容（喜爱）。正如历史所记载的那样，波斯人乐于吸收那些被他们征服的民族的文明习俗，并且让其保留地方语言和风俗习惯。之所以如此，大家看一下地图就知道了。

（出示公元前500年左右的阿契美尼德帝国的疆域图）

提问：从中能获取什么信息？

预设：疆域辽阔，横跨欧亚非；统治的民族众多；统治范围内包含多个文明。

讲述：波斯帝国是历史上第一个疆域横跨欧亚非的帝国。为了更好地统治辽阔的疆域，波斯人选择吸收那些被征服文明和民族的优点，并且允许保留他们的语言和风俗习惯。作为源于西亚文明的帝国，波斯帝国继承了西亚地区传统的君主专制制度。同时在地方实行行省制（请注意，这里的行省和元朝的行省并不是一回事），帝国任命波斯人担任各行省的总督和军事长官，并让他们相互监督和制约。由此，波斯帝国建立了从中央到地方的比较完善的官僚体系和税收系统。（板书）

二、亚历山大帝国

讲述：波斯帝国疆域辽阔，其中就包括小亚细亚的部分希腊城邦，这就是为什么留存有希腊人向波斯国王进贡的浮雕。很显然，小亚细亚的希腊城邦内心并不愿意接受波斯的统治，他们找准机会发动了起义，并且起义还得到了希腊本土一些城邦的支持。当然，最后波斯军队还是镇压了小亚细亚希腊城邦的起义。

波斯统治集团对于希腊城邦的反抗十分愤怒，对于曾经支持过小亚细亚希腊人起义的希腊本土城邦更是耿耿于怀，他们认为希腊各城邦应各自为政，应服从强大的波斯帝国，因此决定远征希腊本土。希腊与波斯之间的战争由此开始。

希波战争持续了半个多世纪，许多耳熟能详的事件就是在这一期间发生的，比如马拉松战役、温泉关战役等。希波双方最终签订和约结束了战争，但长期的战争恶化了双方之间的关系，仇恨并没有因为战争的结束而消失。

希腊人对波斯入侵的痛恨为亚历山大远征波斯提供了有力的社会支持。

有关亚历山大帝国的知识，大家初中有详细学习过，这里不再赘述。

（出示亚历山大帝国形势图）

提问：大家看这幅图，从中能获取什么信息？

预设：帝国疆域和波斯帝国疆域高度重合，从某种意义上看亚历山大帝国是对波斯帝国的继承。

讲述：亚历山大继承了波斯人的基本制度，宣布君权神授，将政治、军事等大权集于一身。地方实行行省制，让马其顿人和希腊人担任主要职务，推广希腊文化。他本人娶了好几位来自亚洲国家的妻子，其中包括波斯末代国王大流士的女儿。据史料记载，他还亲自主持了手下士兵娶亚洲女子为妻的集体婚礼。

很可惜，亚历山大过早去世，其所建立的帝国也随着他的离世而迅速瓦解。大家猜一下，帝国分裂成了哪几块？主要分裂为三大块，分别是埃及、西亚和希腊。为什么刚好是这三大块？因为它们分别对应三大文明。这正说明了治理同一个文明容易，而治理不同的文明很困难，一个国家内部存在不同的文明是很容易出现分裂局面的。

当时占据埃及的是亚历山大的手下大将托勒密，他在埃及建立起了托勒密王朝。埃及托勒密王朝的首都是亚历山大港。当时有很多城市的名称中有"亚历山大"，因为这些城市的建立都与亚历山大有关。虽然亚历山大去世了，但这些以亚历山大之名建立的城市依然存在，相对应的，希腊的文化在帝国范围内被保留了下来，人们称这一时期为希腊化时期。

三、罗马帝国

讲述：埃及托勒密王朝最后一任法老是位女性，叫克丽奥佩特拉，也就是著名的埃及艳后。罗马的凯撒大帝征服埃及的时候迷上了她，他们甚至有一个儿子。凯撒被刺杀后，他的部下安东尼同样被克丽奥佩特拉迷住。然而，克丽奥佩特拉最终未能阻止托勒密王朝的覆灭，埃及随后被屋大维征服，并成为罗马帝国的一个行省。屋大维，则成为罗马帝国的第一位皇帝，被称为

"奥古斯都"（意为"神圣伟大"）。

（出示罗马大斗兽场的图片）

罗马本来并不先进，但是他们很善于学习吸收其他民族的长处。比如我们现在看到的，是古代罗马文明的象征之——罗马大斗兽场。

大家会发现，罗马大斗兽场的柱式来自希腊，圆形拱门来自两河流域的亚述，罗马将这些文明融为了一体。就连罗马人最为骄傲的罗马法，其抵押制度来自希腊，消费借贷制度来自西西里，部分契约制度则来自埃及。罗马人在希腊字母的基础上，创立了拉丁字母。罗马人甚至抛弃了自己原有的宗教，将来自中东地区的基督教奉为国教。

正是因为罗马人积极学习吸收其他文明的成果，最终使罗马从意大利半岛上一个小小的城邦共和国逐渐成为强大的罗马帝国，具体过程大家初中有学过，这里也不再赘述。

（出示公元 2 世纪初罗马帝国的疆域图）

提问：从中能获取什么历史信息？

预设：罗马帝国的疆域覆盖整个地中海地区，地中海成为罗马帝国的内湖；罗马帝国在北部边境修建了长城，说明罗马帝国面临所谓"蛮族"的威胁；修建长城，也从侧面说明罗马帝国停止了对外扩张的脚步。

讲述：在罗马帝国的统治下，地中海地区保持了 200 多年的和平。广阔的疆域与和平的环境有利于生产的发展和商品的流通，加上奴隶和广大平民的辛勤劳动，帝国在 1—2 世纪达到繁荣的顶峰。与此同时，通过丝绸之路，罗马与当时的汉朝建立了联系。

☞ 课堂小结

应当说，罗马人是自信的，他们继承了希腊人的观念，将不肯接受其统治的其他民族一概视为"蛮族"。但几个世纪的强盛使罗马由自信变得自负，奢靡之风日盛，腐败与堕落并存。据统计，公元 1 世纪时罗马全年的节日为66 天，公元 2 世纪增加到 123 天，公元 3 世纪增加到 175 天。在节日里，人们可以观赏角斗、斗兽、海战和赛马等各种娱乐表演，所有开支由国库支出，而国库的收入则是来自帝国民众缴纳的税收。

（出示罗马帝国时期，反映农民缴税场景的浮雕的图片）

这块浮雕出土于莱茵河流域，创作年代在公元 200 年前后，也就是罗马帝国最繁盛的时代。浮雕中那堆成小山的钱币，象征着帝国对民众的压榨，也埋伏着民众对帝国的怒火。

当时生活在莱茵河一带的正是被罗马人视为"蛮族"的日耳曼人，与中国魏晋南北朝时期长城未能阻止北方游牧民族内迁一样，罗马帝国修建的防御工事也未能阻止日耳曼人的内迁。随着大量日耳曼人涌入罗马境内，他们不堪忍受帝国沉重的剥削，被迫武力反抗。帝国内部的分裂与争斗又进一步削弱了罗马帝国的力量。公元 4 世纪末，帝国分裂为东西两部分。公元 5 世纪后期，在内外矛盾的夹击下，西罗马帝国最终灭亡。

这正印证了魏征的一段话：

傲不可长，欲不可纵，乐不可极，志不可满。

——魏征《十渐不克终疏》

【板书设计】

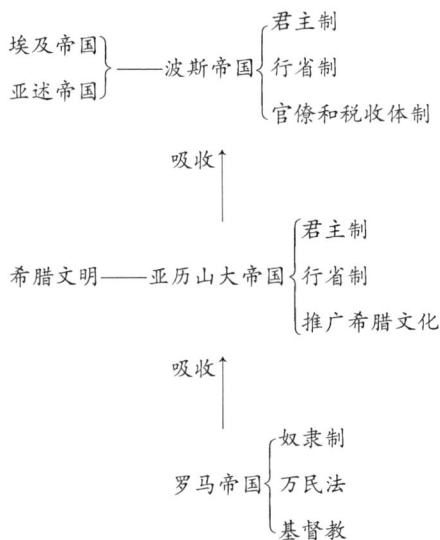

【资料附录】

1. 罗马人的建筑

罗马人在建筑方面最大的成就是广泛使用拱门。你还记得吗，发明拱门的是亚述人，可是亚述没有足够的石头来建造拱门，所以他们很少使用。而且，亚述人从没试过用拱门连接石柱。希腊人会在两个柱子之间放一块石头，但石头长度有限，所以两个柱子间的距离就不能太远，而第一个想到用拱门代替石块的就是罗马人。

罗马人还建造了很多拱顶和圆顶。你还记得吧，拱顶和圆顶建造的原理和拱门是一样的。罗马人因此可以将屋顶建得很大，比单块石板或木板搭建的屋顶大很多。

——维吉尔·莫里斯·希利尔《希利尔讲世界艺术史》

2. 贝希斯敦铭文

其中，贝希斯敦铭文所在地是今伊朗克尔曼沙阿城（Kermanshah）东 30 公里的一个村子，该村位于今哈马丹（Hamadan）到巴比伦的古商道边。铭文刻在一座难以攀登的山崖上，离地约 150 米。铭文左上部有浮雕，面积约为 3 米×5.5 米，图案为大流士头戴王冠，左手持弓，左脚踩在仰卧于地的高墨达（Gaumata）身上。在他身后站着手握弓箭和长矛的两名侍从，前面是九名被俘的叛王。这些叛王双手反绑，头颈被绳缚住，呈鱼贯而入状。

贝希斯敦铭文分成许多组，约有 1200 行字，用三种楔形文字（古波斯文、巴比伦文、埃兰文）刻写。1847 年，罗林森释读了铭文的古波斯文。铭文记载了波斯帝国国王冈比西斯二世（Cambyses II）死后，波斯发生的高墨达政变以及由此引起的全国暴动的史实。铭文颂扬大流士一世镇压了国内的起义活动，出征 19 次，俘获 9 个叛王，重新恢复了波斯帝国的统一。这些战争中包括了对中亚地区的征服战争。

——蓝琪、苏立公、黄红《中亚史（第 1 卷）》

《铭文》于 1835 年为英国青年军官、克尔曼沙赫省总督军事顾问 H. C. 罗林森（1810—1895）所发现。其后，他断断续续用了将近十年时间，冒着生命危险获取铭文拓片，并将它释读出来，该研究成果发表在 1846 年《皇家亚洲学会杂志》第 10 卷第 1、2、3 分册上。从此，它的内容始为世人所知。希罗多德《历史》中关于相关历史事件的叙述在这个铭刻上得到了重要补充。

——希罗多德著，徐松岩译注《历史：详注修订本（下）》

3. 波斯还是伊朗

大多数古代希腊作家都把阿契美尼德王朝的国家称为"波赛"（Posai）。这个名字出自阿契美尼德王朝自己对这个地区的称谓帕苏阿，或者波西斯。今天，伊朗这个地区被称为法尔斯（Fars），法尔斯就是"法尔斯语"（Farsi）这个词，即伊朗地区所说的现代波斯语的词根。

"波赛"在英语之中就成了"波斯"，西方作家用这个名词来称呼古代波斯人的故乡和他们所征服的地区。无论如何，古代波斯人通常把他们的国家称为"Eire-An"（伊朗）或者"Ir-An"（伊明），即"雅利安人的国家"。最早的波斯人即是自称为雅利安人的民族，他们是从东北亚来到西南亚的。

1935 年，波斯政府正式把国家的名称改为伊朗。

——米夏埃尔·比尔冈《古代波斯诸帝国》

4. 苏萨铭文

为了兴建他在苏萨的新王宫，大流士从整个帝国抽调了物资和工人。他在这个王宫留下的铭文说明了他是如何兴建这个王宫，如何从他的整个帝国输入各种物品的。

这就是我在苏萨建筑的宫殿，它的装饰材料来自远方。其地基挖得很深，直达岩层。地基挖好之后，再用碎石填满。部分地基深 40 肘尺，其他部分深 20 肘尺。宫殿就建筑在这些碎石上……

雪松材料来自黎巴嫩山区。亚述人把它运到巴比伦城；卡里亚人和希腊人把它从巴比伦运到苏萨……

这里使用的黄金来自吕底亚和巴克特里亚。这里使用的贵重的天青石和光玉髓来自粟特。这里使用的绿松石来自花剌子模。

白银和乌木来自埃及。这里用来装饰宫墙的装饰材料来自希腊。这里使用的象牙来自努比亚、印度和阿拉霍西亚。

这里使用的石柱来自埃兰的阿比拉杜斯村。那些加工石料的石匠是希腊人和吕底亚人。

那些制造金器的金匠是米底人和埃及人，那些制造木器的人是吕底亚人和埃及人。那些做砖坯的是巴比伦人。那些装饰宫墙的人是米底人和埃及人。

大流士王说：在苏萨，凡是下令要建筑的那些雄伟工程，那些雄伟工程都完成了……

——米夏埃尔·比尔冈《古代波斯诸帝国》

5. 波斯的民族政策

没有哪一个民族像波斯人这样乐于采纳异族风俗的。他们身着米底人的服装，因为他们认为这种服装比他们自己的服装要好些，而在战时他们披戴的又是埃及人的胸甲。

——希罗多德著，徐松岩译注《历史：详注修订本（上）》

我把被集中到这里（巴比伦城）的神像送回了他们的宫殿，使他们居住在永久的居所之中。我收集所有的居民，使他们回到他们的居住地。

——居鲁士圆柱铭文，转引自米夏埃尔·比尔冈《古代波斯诸帝国》

6. 罗马帝国的税吏

罗马帝国时期，农民缴税给税吏一景（注意左方的账册）。这幅于莱茵

河一带发现的浮雕，创作年代在公元 200 年前后

——约翰·赫斯特《你一定爱读的极简欧洲史》

7. 罗马帝国的灭亡

公元 3 世纪，帝国出现了危机，具体表现为农业凋敝，城市衰落和贸易停滞，而最大的问题则是物价上涨。对于帝国来说，经济衰落的直接影响就是税收减少，帝国无法应付日益庞大的支出。罗马皇帝认为，应对经济危机的最直接办法就是强制。为了免得土地荒芜和保证政府税收，罗马统治者不得不设法把耕作者束缚在土地上，因此法律限制农民的迁徙自由，令其必须留在土地上劳动并为统治者缴纳赋税。帝国后期，手工业者和商人也被固定在同业公会组织中，不许离开城市，每四年缴纳一次货币税。而城市的市议员则被固定在公职上，担负监督对居民征税的任务。帝国法律规定，凡逃避职责的市议员，一律处以罚金直至处死。为了压低物价，戴克里先在 301 年颁布了限制物价的敕令，提供了一张用银币"第那流斯"做单位来标明的物价表，以及各种对于违反者的处罚方法。帝国晚期，为了保证帝国的赋税，实行地税和丁税合一的制度。于是，每个人只要耕作一块土地，就等于认定了他所耕种的土地和这块土地上的丁额。这种认定的办法，使每个人对他的地和他的丁负责：不论在什么地方，都必须缴纳分摊在这份地丁上的税。由于他本人和土地合成了一个单位，他就因此丧失了迁移的自由，被固定在他的土地上和他的工作上。

罗马帝国的衰落，表现在社会风气上就是奢靡之风日盛，腐败与堕落并存，人们只顾享乐，不思进取，甚至于不愿生育，从而导致社会生产和道德风尚的退化。奴隶主贵族经常纵酒淫乐，差不多每天晚上都沉溺于喧闹而又淫秽的酒宴之中。罗马奴隶主还进行疯狂的娱乐，角斗、斗兽、海战和赛马是最为罗马观众所嗜好的娱乐活动。在他们的影响下，罗马的下层群众也纷纷效仿，热衷于纵酒享乐。4 世纪时罗马有不事劳动的流氓无产者计 80 万人，成为寄生于罗马帝国的"毒瘤"。帝国时代，节日不断增加。屋大维时，历法上的节日只有 66 天，提比略时增加到 87 天，到 4 世纪时又进一步增加到 175 天。此外，一年之中还要举行各种庆祝活动，图拉真皇帝曾安排过一

场持续 123 天的庆祝活动。许多城市都开设有众多酒吧以供大众饮宴。例如，在庞培古城人们发现了 120 个酒吧遗址。这种全民纵欲和全民沉醉的状况，不能不导致罗马帝国走向衰亡。

——高德步《中外经济简史》（第 3 版）

【延伸阅读】

1. 论著类

［1］奥姆斯特德. 波斯帝国史［M］. 李铁匠，顾国梅，译. 上海：上海三联书店，2017.

本书以极为广阔的学术视野，丰富的史料，全面而深入地论述了古代波斯帝国的兴起、发展和衰亡。其主要内容包括：古代的历史；伊朗人的起源；创始人的营地；波斯人的营地；被征服民族的生活等。

［2］李铁匠. 大漠风流：波斯文明探秘［M］. 昆明：云南人民出版社，2001.

本书是中国学者研究波斯文明的著作，介绍了波斯的文明序幕、伊朗与西方、伊朗的宫廷建筑、古代伊朗的艺术、伊朗与中国等内容。

［3］扎林库伯. 波斯帝国史［M］. 张鸿年，译. 北京：昆仑出版社，2014.

本书是伊朗人写的有关伊朗民族的起源和波斯帝国兴衰的一本书，比较翔实地讲述了这片古老的土地上波澜壮阔的过往。

［4］比尔冈. 古代波斯诸帝国［M］. 李铁匠，译. 北京：商务印书馆，2015.

本书为"历史上的帝国"系列图书（共 12 册）之一。全书主要由两部分组成，第一编讲述古代波斯诸帝国的历史，第二编讲述古代波斯社会与文化生活，另有年表、专业词汇、拓展阅读资料等内容。全书叙述脉络清晰，语言浅显易懂，是了解古代波斯历史、社会与文化的入门读物。

［5］阿伯特. 大流士大帝［M］. 赵秀兰，译. 北京：华文出版社，2018.

本书讲述了波斯帝国第三代君主大流士一世的生平事迹，主要叙述了大流士登基之前波斯帝国的情况，以及大流士与部分波斯贵族联合，杀死政变领袖穆护，并登上王位的惊心动魄的过程。

［6］考克斯.希波战争：文明冲突与波斯帝国世界霸权的终结［M］.刘满芸，译.北京：华文出版社，2018.

公元前 6 世纪，波斯帝国在西亚东部确立霸权后，开始向西亚西部、欧洲扩张。当波斯文明与希腊文明相遇时，征服与反征服的双方进行了近 70 年的较量。两种文明究竟为何会产生冲突？文明冲突为什么会导致战争爆发？文明交融必须通过战争形式实现吗？波斯文明内部属性如何催生出专制的基因？专制与武力扩张存在怎样的必然联系？希腊文明的内部属性如何催生出民主的基因？民主与捍卫自由存在怎样的必然联系？波斯帝国的世界霸权是如何在地缘战争中终结的？《希波战争：文明冲突与波斯帝国世界霸权的终结》进行了深刻剖析。

［7］于卫青.波斯帝国［M］.北京：中国国际广播出版社，2014.

本书包括波斯帝国的兴起、波斯帝国的强盛、希波战争、波斯帝国的衰亡等四部分内容。波斯帝国是世界历史上第一个横跨亚、非、欧三大洲的世界性大帝国，是世界帝国的领头雁。本书力求客观地反映波斯帝国由兴到衰的历史全貌，用 20 多万字对波斯帝国整个兴衰史作了简明系统的全面叙述。

［8］牛建军.地跨三大洲的波斯帝国［M］.郑州：中州古籍出版社，2014.

本书不仅完美地展现了波斯帝国的方方面面，而且非凡地展示出东方和西方世界的全景，主要内容包括波斯人的图腾、波斯诸神的谱系、波斯神话的起源和影响等。

［9］周启迪，沃淑萍.古代印度波斯文明［M］.北京：北京师范大学出版社，2018.

本书对古代印度文明和古代波斯文明作了全面介绍，主要内容包括古代印度时期的哈拉巴文化，吠陀时代、列国时代、孔雀帝国时代、贵霜帝国、佛教，以及居鲁士、冈比西斯、大流士时期的古代波斯，古代波斯的行省、军队、对外扩张、亚历山大东征、波斯帝国的灭亡等等，展示了古代印度文明和古代波斯文明的发展历程。

［10］斯凯尔顿，戴尔. 亚历山大帝国［M］. 郭子林，译. 北京：商务印书馆，2015.

本书刻画了亚历山大帝国在当时是如何成为军事强国，又是怎样使基督教在帝国的统治下形成影响的。在这个过程中，亚历山大大帝本人的个性、指挥千军万马的军事韬略和宗教领域里的影响也尽量地表述出来了。这本书还向读者展示了古代亚历山大帝国丰富多彩的日常生活。

［11］比尔冈. 古代罗马帝国［M］. 郭子龙，译. 北京：商务印书馆，2015.

全书主要由两部分组成，第一编讲述古代罗马帝国的历史，第二编讲述古代罗马社会与文化生活，另有年表、专业词汇、拓展阅读资料等内容。全书叙述脉络清晰，语言浅显易懂，是了解古罗马历史、社会与文化的入门读物。

2. 论文类

［1］晏绍祥. 波斯帝国的"专制"与"集权"［J］. 古代文明，2014，8（3）：7-26，112.

本文从古典著作和波斯帝国的文献出发，讨论它的统治方式及其特征，指出波斯大王掌控着对所有重要官职的任命以及财政资源，以书信指导着行省总督的管理，据此控制着贵族的命运，确有专制自为的意味。但作为波斯国王，国王权力的行使，较多地取决于国王个人的能力和意愿，他缺乏从中央到地方一以贯之的官僚系统支持，总督在军事、内政和对外政策上大体自主，较少受到国王的具体干涉。而在地方共同体中，虽然法律上国王和总督拥有无限权力，其命运有时会被国王与总督左右，但在日常管理中，它们大体自治，由此造成了波斯帝国统治中国王的专制与地方自治合作的特征，两者的结合，是帝国得以长期维持的基本原因。这种现象的产生，很大程度上与古代国家的统治能力以及波斯作为一个征服性帝国有关，因此，波斯帝国的中央集权基本停留在意识形态层面，而实际的政治运作，需要更有效率的地方自治。

［2］李隽旸，时殷弘. 帝国的冲动、惯性和极限：基于希罗多德波斯史撰的帝国战争考察［J］. 中国人民大学学报，2012，26（1）：99-108.

与其他文明的不可避免的接触是扩张主义帝国冲动产生的一个根本诱因。希罗多德笔下的古代波斯以其强劲的帝国冲动，通过一系列对外战争走上了对外大规模扩张之路。居鲁士大帝唤起了波斯人征服异族的愿望，塑造了对外征服战争的基本样式。冈比西斯以其个人激情，急剧加大了帝国动能的扩张主义要素。到大流士和薛西斯时期，波斯帝国已完全形成并达到巅峰，在政治制度和战斗精神等方面显示出对邻近民族的显赫优势。波斯四代君主的对外战争都显示了帝国冲动的惯性，大流士和薛西斯的希腊战争的失败则展示了帝国扩张的根本困境和极限。从希罗多德史撰展示和透视的古波斯帝国历程，可以提取关于帝国和帝国战争的某些重要遗训。

[3] 晏绍祥. 新形象的刻画：重构公元前四世纪的古典世界 [J]. 历史研究，2015（1）：152-168.

以《剑桥古代史》第6卷第2版为中心的讨论，表明西方学术界有关公元前4世纪古典世界历史的撰写出现了某些新的趋势。它们分别为：对公元前4世纪希腊世界历史的重构，对波斯帝国衰落论的解构以及对马其顿亚历山大大帝新的评价。根据该书的论述，公元前4世纪的希腊并非一片衰败景象，相反，该时期为希腊政治、技术和文化大变革时期。公元前4世纪的波斯帝国仍充满活力，是东部地中海地区最为重要的力量之一。其灵活的统治手腕和对被征服地区的相对尊重是把双刃剑，对内能有效维持自身的稳定，但对外难以抵挡马其顿的强力冲击。马其顿的崛起和成功，与此前希腊人在诸多领域取得的进步以及马其顿自身的发展，有着更直接的关系。因此，我们需要把腓力和亚历山大的成功置于马其顿与希腊历史的总体框架中加以理解。此书建构的公元前4世纪古典世界新的历史形象，吸收了近50年来西方学术界取得的新成果，其间得失，值得中国学术界重视。

[4] 周启迪. 试论波斯帝国的行省与总督 [J]. 北京师范大学学报（社会科学版），1995（3）：74-80.

波斯帝国是西亚、北非古代文明独立发展的最后阶段和集大成者它不仅在征服战争的规模上和征服地区的广大辽阔方面大大超过了它以前的帝国（如埃及帝国和亚述帝国），而且在反映古代西亚、北非文明的成熟程度上也要比它们深刻得多。对被征服地区的统治方式和剥削方式即波斯帝国统治集团所实行的行省制度和赋税制度说明了这个问题。我认为可以肯定几点：（1）波斯帝国实行了行省制度，但行省数目有过变化（划小或合并均有过）。（2）这种行省制度是与赋税制度有的，即划分行省是为了按行省征收赋税，可能还有征发劳役和兵役的问题。（3）确定了行省领导者总督的权力，但总督的权力也有过变化。这种变化不仅表现在行省的多次划小或合并上，而且表现在兵权的被夺和重新获得上。波斯帝国的行省制度在巩固波斯帝国统治方面起过重要作用。实践表明，它是对被征服地区进行统治和剥削的有效形式，因而为以后的罗马帝国广泛采用。但是，有关波斯帝国行省制度的问题在我国还研究得不多，甚至资料的搜集还很不够。这有待于我们的努力。

[5] 李忠存. 试析波斯帝国时代的文明大汇合 [J]. 广西师院学报（哲学社会科学版），1995，16（3）：101-107.

波斯帝国是人类历史上一个重要的里程碑。波斯民族创立了历史上第一个地跨亚非欧的世界大帝国，开辟了"帝国时代"，因此形成了世界上第一次文明大汇合，使所有的文明国家（或地区）相互沟通。在文明大汇合中产生了第一部"世界历史"巨著—希罗多德的《希波战争史》，并成为此次文明大汇合的丰碑。

第 二 单 元

中古时期的世界

◎ 第三课　中古时期的欧洲

【课标内容】

正式版课标：通过了解中古时期欧亚地区的不同国家、民族、宗教和社会变化，以及世界其他地区的社会状况，认识这一时期世界各区域文明的多元面貌。

初中课标：通过封君封臣制、庄园生活、基督教的传播，以及欧洲城市和大学的兴起，了解中世纪西欧封建社会的发展变化；知道《查士丁尼法典》，初步了解拜占庭帝国的历史地位；通过伊斯兰教的创立、阿拉伯帝国的崛起、日本大化改新，以及非洲、美洲的社会发展概况，初步了解中古世界历史发展的多样性。

课标分析：本课内容是新课标增加的内容，要求学生"认识这一时期世界各区域文明的多元面貌"，而这种不同文明的"多元面貌"主要通过"国家、民族、宗教和社会变化"来表现。

从这个意义上看，本单元的教学立意可以确定为"多元的区域文明"。

本单元的教学重点在于让学生认识不同区域文明的特色与成果，教学难点在于知识点多而细碎，不易整合。教学策略在于依据教学重点难点，点明不同区域文明历史发展线索，突出不同区域文明的特点及其由来，使学生认识到不同区域文明的差异（但不能忽略其共性）是特定地理、社会、经济、文化的产物。同时，要注意的是，不仅要考虑不同区域间的横向联系，还要考虑如何沟通不同区域文明的上古、中古、近代的纵向联系。

【教材分析】

部编版初中历史九年级上册第三单元"封建时代的欧洲"的内容基本涵盖了本课的内容，唯一没有涉及的点是俄罗斯的崛起与扩张，这个内容出现在部编版历史九年级下册第2课"俄国的改革"。

课题	子目	部编版教材内容
基督教的兴起和法兰克王国	基督教的兴起	介绍了基督教的兴起、法兰克王国和查理曼帝国，以及中世纪的封建制度，还介绍了克洛维和查理曼及其主要事迹
	法兰克王国	
	封君与封臣	
	查理曼帝国	
西欧庄园	庄园的领主与佃户	介绍了西欧庄园制度下的经济和社会生活
	庄园法庭	
中世纪城市和大学的兴起	自由和自治的城市	介绍了中世纪城市的复兴及其特点、市民阶层的形成和大学的兴起
	城市居民的身份	
	大学的兴起	
拜占庭帝国和《查士丁尼法典》	查士丁尼及《查士丁尼法典》	介绍了《查士丁尼法典》的由来及作用、拜占庭帝国的灭亡及其影响
	拜占庭帝国的灭亡	
俄国的改革	彼得一世改革	介绍了彼得一世改革的由来，其中对俄罗斯崛起部分的介绍与高中教材基本重合

基于此，本课不必把重点放在对相关历史内容如封君封臣制度、庄园与农奴制度、城市复兴与大学兴起等史实的简单复述，而是要在此基础上突出西欧天主教文明与东欧东正教文明的历史发展联系，帮助学生了解西欧天主教文明与东欧东正教文明的由来及其特点，认识到它们都是特定地理、社会、经济、文化的产物。

本课是部编版《中外历史纲要（下）》第二单元第1课。本课共三目，分别是"西欧封建社会""中古西欧的王权、城市与教会""拜占庭与俄罗斯"。

"西欧封建社会"一目共三段。第一段介绍西欧封建社会的由来与基本特征，第二段介绍封君封臣制度，第三段介绍庄园与农奴制度。

"中古西欧的王权、城市与教会"一目共四段。第一段介绍中古西欧王权的演变；第二、三段介绍城市的复兴，其中第二段介绍城市复兴的背景，第三段介绍城市的特点；第四段介绍基督教会在中古西欧的地位。

"拜占庭与俄罗斯"一目共三段。第一段介绍拜占庭帝国的兴起与主要成就，第二段介绍拜占庭帝国的灭亡，第三段介绍俄罗斯的崛起。

【教学立意】

灭亡西罗马帝国的日耳曼人在西罗马帝国的废墟上重建了政治秩序，封建制度、庄园制度和教会一统是这一时期西欧文明的主要特征，这种多权力中心的格局有利于新的政治、经济、文化因素的产生和发展。与之相对应的是虽然建立在古希腊文化基础上的东欧地区也出现了封建制度和庄园制度，但教会服从王权是东欧东正教文明不同于西欧文明的突出特点，深受拜占庭帝国影响的俄罗斯在维护王权的同时，其侵略扩张的特性尤为突出。

本课的教学立足点为文明史观视角下的中古时期欧洲史。

【教学目标】

通过分析相关历史文献（史料实证），释读历史地图（时空观念），了解西欧文明与以拜占庭和俄罗斯为代表的东正教文明的发展由来（唯物史观、历史解释），感受不同文明都是特定地理、社会、经济、文化的产物，并认识到地理、社会、经济、文化等方面给文明带来的影响，牢固树立构建人类命运共同体意识（历史解释、家国情怀）。

【重点难点】

重点：让学生掌握欧洲封建社会的基本特征及其向近代社会转型的历史逻辑。

难点：帮助学生理解欧洲不同文明的特点与影响。

【教学过程】

☞ 导入新课

（出示查理大帝加冕图）

讲述：这幅图所反映的历史大家在初中都学习过，公元 800 年 12 月 25 日那天，罗马教皇给法兰克国王查理戴上了皇冠，查理国王此后被称为查理大帝。教皇加冕是多少人做梦都渴望的事情，但查理大帝事后声称他很后悔，这一说法来自长期跟随在查理身边且深受其信任的艾因哈德，他在《查理大帝传》中是这样说的（出示材料）：

他宣称，如果早知道教皇有这样的计划，他根本不会在那天踏进教堂，尽管那是一个重大的节日。

——艾因哈德、圣高尔修道院僧侣《查理大帝传》

提问：为什么查理大帝会表示后悔，或者说为什么查理大帝希望别人相信他曾经后悔？

☞ 教学新课

一、走向稳定——西欧封建社会

（出示公元 9 世纪欧洲局势图）

提问：西罗马帝国被日耳曼人灭亡后，西欧曾经陷入过一段非常混乱的时期，现在大家看到的是从《欧洲中世纪史》中摘录的一幅地图。大家从中能获取什么信息？

预设：西欧面临东、南、北三面威胁，这些威胁分别来自马扎尔人、阿拉伯人和维京人；马扎尔人、阿拉伯人和维京人入侵的范围很广，尤其是维京人，这主要和他们从事海盗活动有关；马扎尔人、阿拉伯人和维京人都在西欧建立了自己的据点，说明西欧王国的力量相当衰弱。

这幅图虽然反映的是 9 世纪以后的局势，但西欧面临的这种外来威胁并不是 9 世纪才有的，当年阿拉伯帝国兴起后从北非一路打到西班牙，结果被法兰克王国给打败了。这段历史大家初中学习过。也就是说虽然当时西欧王国力量衰弱，但也并不是不堪一击。法兰克王国之所以能够打败横扫欧亚的阿拉伯大军，主要是因为法兰克人找到了一种新的组织方式，这种组织方式用欧洲人能接受的方法将王国统治起来，使欧洲在混乱中找到了秩序，在无序中找到了有序，这种组织方式就是封建制。

有关封建制度，大家初中学过，这里不再赘述。现在大家看到的是9世纪封臣的效忠誓词（出示材料）：

我……效忠我的主人，爱其所爱，仇其所仇。主人凡践履协约，因我委身投附而善待于我，赐我以应得，则我的一言一行，一举一动，必将以他的意志为准则，绝无违背。

——约翰·巴克勒、贝内特·D. 希尔、约翰·P. 麦凯《西方社会史》

提问：从中能获取什么历史信息？

预设：效忠是有条件的；大家认可效忠是有条件的；当时需要用誓言来约束封君与封臣。

讲述：也就是说，封君与封臣之间虽然是统治和被统治的关系，但是这种服从和效忠不是无条件的，而是有契约的限制，这就是通常所说的领主附庸关系有一定的契约性。如果一方背叛了契约，另一方就可以不承认原来的关系。因此，中世纪的西欧封建制中有"忠诚"，同时也有"撤回效忠"，正是从这里，产生了重要的权利———抵抗权。有学者认为封建制一诞生就包含了抵抗权的内容，并认为这是欧洲封建制最核心的部分。

与封建制度相适应的是，当时西欧普遍实行庄园制，有关庄园制的内容，大家初中已详细学过，这里简略回顾一下。庄园制的特点就是自给自足，不仅是经济上如此，政治和思想文化上也是一样，因为庄园里不仅有教堂，还有庄园法庭。庄园里的人分为两个阶层，一个是劳动者阶层，也就是农民或者农奴；另一个是统治者阶层，包括庄园主、管家和神父等。

二、走向繁荣——中古西欧的王权、城市与教会

讲述：中世纪当然不是只有庄园，到了中世纪中后期，由于封建制度给西欧带来了稳定，社会经济因此得到发展，罗马帝国时期曾经相当繁荣的城市经济在这一时期也兴盛起来，在初中历史教材上，这一现象被称为"城市

的复兴"。

（出示描绘 15 世纪佛罗伦萨的油画）

提问：现在大家看到的就是 15 世纪的佛罗伦萨，大家从中能够获取什么历史信息？

预设：画面上鳞次栉比的街道（房子又好又多）、高大结实的城墙反映出当时佛罗伦萨的经济非常繁荣；画家试图通过绘画表现佛罗伦萨的繁荣。

讲述：这幅画是佛罗伦萨人专门请人创作的，可见佛罗伦萨人为自己繁荣的城市而感到骄傲。中世纪的西欧出现了不少类似佛罗伦萨这样经济繁荣的城市，之所以城市经济繁荣，一个很重要的原因就在于中世纪城市的一个特点，那就是"自由"。更准确地说，这叫自治权，这种自治权是通过谈判、赎买甚至武装反抗等方式获得的。

由于限制城市发展的主要是封建领主，又由于城市工商业发展需要统一的市场，所以城市工商业者也就是市民阶层往往会选择与王权结盟，来共同对付封建领主。

（出示卡佩王朝和瓦卢瓦王朝的疆域图）

提问：城市经济的发展与市民阶层的支持，再加上对外战争的需要，使得中世纪后期政治上出现了一些新的变化。比如现在大家看到的是法国从卡佩王朝到瓦卢瓦王朝的疆域变化情况，从中能够获取什么历史信息？

预设：法国国王的领土越来越大，力量越来越强，意味着法国王权呈增强趋势。

讲述：法国王权的强大既因为得到了法国城市市民阶层的支持，也和英法百年战争的刺激有关。伴随着战争，法兰西民族国家逐渐形成，同样的情况也发生在英国以及伊比利亚半岛的西班牙和葡萄牙王国。

然而，王权的加强，也必然会激化王权与教权的矛盾，甚至导致双方发生冲突。中世纪西欧的天主教会势力十分强大（板书），教皇地位远远凌驾于西欧各王国的君主之上，能说明这一点的一个典型的故事就是"卡诺莎觐见"。其指的是在 11 世纪，神圣罗马帝国皇帝亨利四世与教皇发生冲突后，被迫向教皇屈服。他专程前往阿尔卑斯山，静候途经此地的教皇，并在教皇暂住的卡诺莎城堡（Canossa）外于隆冬之日赤足披毡站立3天，表示悔过。

"卡诺莎觐见"充分说明了当时教权的强大。因为教权如此强大，所以查理大帝只能由教皇加冕，从而意味着王权源于教权。这就是为什么查理大帝会感到不满，也是神圣罗马帝国皇帝亨利四世不得不屈服于罗马教皇的原因之一。如果连皇帝和国王们都不得不屈辱地服从教皇，普通百姓就更不必说了，否则，宗教裁判所的火刑架将会燃起柴火。对此，西欧上至各国君主，下到普通百姓必然心怀不满，这也是后来西欧出现宗教改革的原因之一。

中世纪后期欧洲历史的发展情况表明，西欧已经出现了新的政治、经济、文化因素，这些新的因素将在此后改变欧洲历史发展方向，进而影响整个世界的发展。

三、走向扩张——拜占庭与俄罗斯

讲述：当西欧还在混乱中重建秩序的时候，东罗马帝国，即拜占庭帝国正处于辉煌时期。查士丁尼统治时期的拜占庭帝国的政治、经济、文化都相当繁荣，有关情况初中历史教材介绍得非常详细，其中对后世影响最大的就是《查士丁尼法典》，又叫《民法大全》。

（出示画作《查士丁尼皇帝与侍者》）

提问：大家从这幅画中能够获取什么历史信息？

预设：画作上皇帝身穿紫衣，头戴华丽的皇冠，被金色的光环所环绕，手上拿着装有圣水的容器，即皇帝拿着宗教器物，而这本来应该是教士拿的。这意味着什么？王权与教权合一。查士丁尼皇帝在画中的位置不仅居中，而且形象显得最为高大的。这意味着什么？王权至高无上。他的左手侧是教皇和牧师，右手侧是两名牧师和来自军队的代表。这又意味着什么？教会和军队是王权的主要依仗。

讲述：与西罗马帝国深受古罗马拉丁文化影响不同的是，位于东方的拜占庭深受古希腊文化影响，这种不同不仅成为罗马帝国分裂的原因之一，也成为基督教分裂的重要原因。1054年，基督教正式分裂为西欧的天主教和东欧的东正教。与西欧天主教凌驾于王权不同，东正教会是服从王权的，这突出表现为教会首领由皇帝任命，历史上拜占庭帝国许多皇帝甚至任命宦官担任东正教会最高首领——君士坦丁堡牧首之位。

1453 年，内忧外患、风雨飘摇的拜占庭帝国亡于奥斯曼土耳其帝国，但东正教不仅没有消亡，反而因为被东欧国家特别是被后来的俄罗斯接受而不断扩大影响。有关俄罗斯崛起的历史，初中教材也有介绍，这里略作回顾。俄罗斯源于基辅罗斯，是由莫斯科河畔的莫斯科公国逐渐扩张而壮大起来的，俄罗斯君主认为自己继承了拜占庭帝国的法统，遂称自己为沙皇，就是俄语"凯撒"的意思。俄国沙皇利用东正教会的支持，通过不断地侵略扩张，从莫斯科公国逐渐壮大为横跨欧亚的俄罗斯帝国。俄罗斯帝国的历史就是一部侵略扩张的历史，这种对土地的热爱（贪婪）深刻地印在俄罗斯文明的发展当中，不仅沙皇公然声称"俄国国旗不论在何处一经升起，就不应再降落"，就连以反对沙皇专制、主张民主自由闻名的普希金，也大力支持沙皇派兵镇压波兰人民反抗俄国侵略而争取民族独立的起义。

☞ 课堂小结

所以说，历史是复杂的，人是有两面性的。比如法国大革命本来是反对君主专制甚至是君主制的，但是拿破仑却在 1804 年 11 月 6 日经由公民投票成为法兰西帝国的皇帝，并在同年 12 月 2 日于法国巴黎圣母院正式加冕。法国著名画家大卫的《拿破仑一世加冕大典》反映的正是这一历史场景。与查理大帝不同的是，拿破仑并不是由教皇（庇护七世）为他加冕，而是自己将皇冠戴到了头上。

这不禁使我想起罗曼·罗兰的一句话：

最革命者，也会在不知不觉中成为最古老的传统的人。

——罗曼·罗兰

【板书设计】

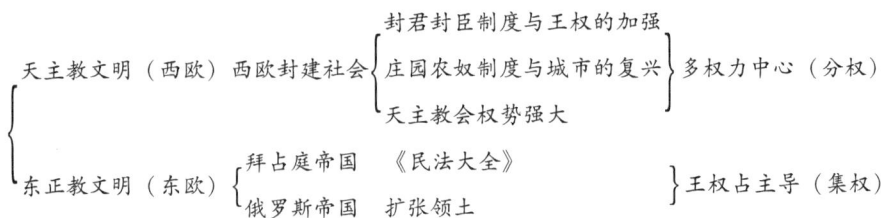

【资料附录】

1. 查理大帝

艾因哈德写道："查理……来到罗马……在那里度过了整个冬季。在此期间他获得了皇帝和奥古斯都的头衔……但他起初对此十分反感，他宣称，如果早知道教皇有这样的计划，他根本不会在那天踏进教堂，尽管那是一个重大的节日。"

——布伦达·拉尔夫·刘易斯《君主制的历史》

2. 西欧中世纪庄园生活

这幅弗兰德尔绘画反映了典型的庄园生活，庄园主正和他的总管商量收获葡萄，农民则锄地、采果实、修枝等。

——宛华《世界通史》

3. 查士丁尼

在《查士丁尼皇帝与侍者》一画中，皇帝身穿紫衣，头戴华丽的皇冠，被金色的光环所环绕，手持圣水的容器，威严而又冷漠，他在画中不仅是居中的，而且显得最为高大。他的左手侧是教皇和牧师，而其右手侧则是两个牧师和来自军队的代表。这显然是罗马帝国政治性质的一种典型写照。

——丁宁《西方美术史十五讲（第二版）》

◎ 第四课　中古时期的亚洲

【课标内容】

　　正式版课标：通过了解中古时期欧亚地区的不同国家、民族、宗教和社会变化，以及世界其他地区的社会状况，认识这一时期世界各区域文明的多元面貌。

　　初中课标：通过封君封臣制、庄园生活、基督教的传播，以及欧洲城市和大学的兴起，了解中世纪西欧封建社会的发展变化；知道《查士丁尼法典》，初步了解拜占庭帝国的历史地位；通过伊斯兰教的创立、阿拉伯帝国的崛起、日本大化改新，以及非洲、美洲的社会发展概况，初步了解中古世界历史发展的多样性。

　　课标分析：同第三课。

【教材分析】

　　本课内容集中在部编版初中历史九年级上册的第 11、12 课，部分内容在第 3 课。

课题	子目	部编版教材内容
古代印度	古代印度河流域文明	介绍了古代印度河流域文明比较突出的森严的种姓制度，以及释迦牟尼创立佛教是出于对这种种姓制度的不满，对种姓制度形成了冲击
	森严的种姓制度	
	释迦牟尼创立佛教	
古代日本	6 世纪前的日本	介绍了古代日本的历史发展，特别是大化改新、幕府的由来及其统治特征
	大化改新	
	幕府统治	
阿拉伯帝国	穆罕默德创立伊斯兰教	介绍了伊斯兰教的兴起及其扩张、阿拉伯帝国，以及阿拉伯文化的影响
	阿拉伯帝国	
	阿拉伯文化	

　　本课是部编版《中外历史纲要（下）》第二单元第 4 课。本课共三目，

分别是"阿拉伯帝国""奥斯曼帝国的兴起""南亚与东亚的国家"。

"阿拉伯帝国"一目共四段，第一段介绍穆罕默德创立伊斯兰教，第二段介绍阿拉伯人的扩张，第三段介绍阿拉伯帝国的经济政治发展状况，第四段介绍阿拉伯帝国的文化。

"奥斯曼帝国的兴起"一目共两段，第一段介绍奥斯曼帝国的兴起与发展，第二段介绍奥斯曼帝国的统治。

"南亚与东亚的国家"一目共六段，第一段介绍笈多帝国，第二段介绍印度教在笈多帝国时期得到统治阶级支持，第三段介绍德里苏丹国，第四段介绍日本的"大化改新"，第五段介绍日本的幕府统治，第六段介绍朝鲜。

从本课的目的划分来看，课程内容比较侧重于西亚。实际上，本课可以分为三大块，分别是西亚的阿拉伯帝国与奥斯曼帝国、南亚的印度笈多帝国和德里苏丹国、东亚的日本和朝鲜王国。

【教学立意】

由于历史地理与文化传统的不同，不同地区呈现出不同的文化。由于西亚地区受伊斯兰教文化影响，阿拉伯帝国和奥斯曼帝国都呈现出明显的政教合一的特点；受印度教文化影响的南亚地区则一直保持着种姓制度，甚至在穆斯林当中也出现了种姓；东亚各国深受中华文化影响，但也极力保持各国自身特色，形成丰富的东亚文化。

【教学目标】

通过分析阿拉伯、奥斯曼土耳其、印度、日本和朝鲜等地的文献记载与考古成果，进一步得习通过获取信息实证相关历史的能力（唯物史观、史料实证、历史解释），并能结合历史地图认识亚洲地区文明古国的特点（时空观念、历史解释），感受其多元面貌，同时能更加认同我国的改革开放政策，并以积极开放的心态看待文明的交流与融合（家国情怀）。

【重点难点】

重点：让学生了解中古时期亚洲地区的历史文化发展情况。

难点：教学内容多，部分内容如朝鲜的历史初中没有涉及，学生学习存在一定困难。

【教学过程】

☞ 导入新课

（出示动画电影《阿拉丁》的剧情截图）

讲述：大家小时候可能都听过一个故事，故事的名字叫《阿拉丁神灯》，阿拉丁是哪里的人？大家可能会以为他是阿拉伯人，但如果大家看《一千零一夜》原著就会发现，阿拉丁并不是阿拉伯人，而是中国人。

提问：《一千零一夜》是阿拉伯故事集，为什么中国人会成为阿拉伯故事里的一个主角呢？

☞ 教学新课

一、西亚伊斯兰文化圈

1. 阿拉伯帝国

讲述：有关阿拉伯帝国的历史，大家初中有学过。这里简单回顾一下。7世纪初，穆罕默德创立伊斯兰教。在他利用伊斯兰教的力量统一阿拉伯半岛后，他的继承者开始大规模向外扩张，先后征服叙利亚、两河流域、伊朗和北非的广大地区，到8世纪中期建立起地跨亚非欧三洲的大帝国。

（出示教材插图《阿拉伯人商业活动示意图》）

提问：大家看这幅地图，从中能获取什么历史信息？

预设：阿拉伯人商业活动范围广泛，涉及亚非欧三洲；阿拉伯商人活动区域位于亚欧丝绸之路的中心位置。

讲述：与贸易相伴随的必然是文化的传播。阿拉伯商人开展亚欧贸易的同时既吸收来自亚欧大陆的文化，又传播这些文化。于是来自中国的阿拉丁成为阿拉伯故事的主角，来自印度的数字摇身一变成为阿拉伯数字。我们学习中国史的时候就知道，文明能否发展取决于其能否吸收邻近文明的成果，阿拉伯人大量吸收来自邻近文明的成果，可以想象当时阿拉伯人在文化上的繁荣程度。

2. 奥斯曼帝国

阿拉伯帝国曾经盛极一时，都城巴格达是当时世界上远近闻名的大城市。

但是帝国最终亡于蒙古人的铁蹄。与此同时，蒙古征服加速了中亚突厥部族的西迁。突厥人（土耳其"Turk"音译变体）逐渐在小亚细亚扎根。14世纪初，突厥首领奥斯曼一世以安纳托利亚为基地，整合军事力量并推行扩张政策，其政权以奥斯曼家族为核心，故被称为"奥斯曼土耳其帝国"。

提问：武力扩张使奥斯曼土耳其帝国也盛极一时，成为地跨亚非欧三洲的大帝国。1453年，奥斯曼土耳其人攻占君士坦丁堡，灭拜占庭帝国，将君士坦丁堡改名伊斯坦布尔，定为奥斯曼帝国的首都。16世纪土耳其历史学家萨戴丁在其所写的《土耳其史》一书中曾这样记载君士坦丁堡沦陷后的情况，大家从中能获取什么历史信息？（出示材料）

　　劫掠继续了三天，没有一个兵士不靠夺得的战利品和奴隶而致富的。经过三天，素（苏）丹穆罕默德用重惩威吓的办法，禁止继续抢劫和仍然没有停止的屠杀。所有的人都服从了他的命令。

——萨戴丁《土耳其史》

预设：土耳其士兵对君士坦丁堡进行了洗劫；这种洗劫是得到允许的，甚至可以说是有意纵容的；作者旨在宣扬苏丹的仁慈，却无意中透露了苏丹的残忍；作者旨在宣扬苏丹的命令不可违抗，宣扬加强君权的合理性。

讲述：苏丹禁止抢劫的命令被有效执行，可能是因为士兵们抢了三天已经发了财，所以没有必要去违抗命令，也可能是因为士兵们抢了三天之后恐怕抢无可抢了。既然战争可以让士兵们致富，那么为了致富，士兵们就会渴望战争。这一切促使奥斯曼土耳其帝国越来越沉迷于武力扩张，直到其进攻维也纳受阻。

由于接受了伊斯兰教，奥斯曼土耳其帝国和阿拉伯帝国一样实行政教合一的制度，帝国的首领同时也是宗教领袖，不同的是前者叫苏丹，后者叫哈里发。这两个国家还有个共同点，它们都地域广阔，但它们"与其说本来是为人民的福利而组织的，不如说是为战争的便利而组织的"①。

---

① 希提. 阿拉伯通史 [M]. 马坚，译. 北京：商务印书馆，1979：857.

二、南亚印度教文化圈

1. 笈多帝国

讲述：西亚的奥斯曼土耳其帝国和阿拉伯帝国都深受伊斯兰教的影响，南亚的笈多帝国则深受印度教影响。印度教源于印度的婆罗门教，大家初中学过古代印度的历史，应该知道婆罗门教（印度教的前身）将人分成 4 个种姓——婆罗门、刹帝利、吠舍和首陀罗。正是在笈多帝国统治阶级的支持下，印度教战胜了佛教等其他宗教，逐渐发展为印度的主要宗教。

2. 德里苏丹国

笈多帝国时期是中世纪印度的黄金时代，也是印度种姓制度发展及巩固的时代，种姓制度对南亚地区影响极为深远，以至于当信奉伊斯兰教的突厥人在印度建立德里苏丹国时，原本宣扬信徒平等的伊斯兰教居然在印度也出现了类似种姓制度的等级制度。从这个意义上，不理解种姓制度，是没有办法理解和认识印度的。

（出示笈多帝国和德里苏丹国的疆域图）

提问：从中能获取什么历史信息？

预设：都集中在印度北方特别是恒河流域；都从未实现对印度的统一。

讲述：历史上的印度大陆从来没有完全统一过，无论是笈多帝国还是德里苏丹国，抑或是后来的莫卧尔帝国，概莫能外，今天的印度能够统一在很大程度上是和英国的殖民扩张有很大关系的。由于德里苏丹国和后来的莫卧尔帝国统治者都信奉伊斯兰教，印度的穆斯林数量随之大增。在 1947 年印度独立时，在英国殖民者的挑拨下，原本的英属印度被分为印度和巴基斯坦两个国家（还有从巴基斯坦独立出来的孟加拉）。

三、东亚儒家文化圈

1. 中国

讲述：印度教曾经传入中国，但没有在中国留下太大的影响。一个很重要的原因在于在印度教里，国王所在的刹帝利种姓是低于祭司所在的婆罗门种姓的，仅这一条就使得印度教不可能为中国强大的皇权所接受。相比较而言，同样源自印度的佛教却能为当时的中国所接受。有关佛教在中国的传播，我们初中学过，高一上学期也学过，这里不再赘述。大家应该还记得，佛教在中国广泛传播的一个原因就是中国化，或者说儒学化。我们在上学期分析过这段史料（出示材料）：

> 太祖皇帝初幸相国寺，至佛像前烧香，问当拜与不拜，僧录赞宁奏曰："不拜。"问其何故，对曰："见在佛不拜过去佛。"赞宁者，颇知书，有口辩，其语虽类俳优，然适会上意，故微笑而颔之，遂以为定制。至今行幸焚香，皆不拜也。议者以为得礼。

> ——欧阳修《归田录》卷上

我们知道，佛教本来是主张众生平等的，但是当时中国的佛教却主动迎合君主专制，这自然有利于佛教得到君主的支持。佛教能够在中国广为传播，很重要的原因就在于佛教主动适应中国文化。

2. 日本

佛教的中国化表明，任何一种外来的文化都必须根据本土的实际情况进行调整，因为人是有自己主观思想意识的。比如说日本，既吸收中国文化又有所调整。大家初中学过日本历史，应该还记得日本早期历史很大程度上是通过中国史书获知的。比如后汉书上有这么一段记载（出示材料）：

> 建武中元二年（公元 57 年），倭奴国奉贡朝贺，使人自称大夫，倭国之极南界也。光武赐以印绶。

> ——范晔《后汉书》

（出示汉委奴国王金印的图片）

或许史书上记载的未必绝对可信，但后来日本人真的挖出了这个印，印上面的文字是"汉委奴国王"，而古代"委"与"倭"相通，这就证明了《后汉书》这段记载的准确性。

也就是说，早在东汉的时候，日本人就向中国朝贡，说明当时的中国很强盛。朝贡的过程实际上也是学习的过程，到了唐朝时期，日本人下定决心要照搬唐朝制度文化进行改革，这就是"大化改新"。但是大家可能不知道，虽然日本学习了唐朝的各项制度，但是有一项制度日本没有全面推行，什么制度呢？（停顿）科举制（板书）。为什么日本没有系统引入中国的科举制呢？因为科举制的实施意味着平民也可以通过读书考试跻身上层社会，这不利于日本的贵族阶层，所以得不到贵族阶层的支持。如果说中国的国情是君主集权，那么日本的国情就是贵族专权。理解这一点就能理解为什么日本会出现幕府制度了。日本最后一个幕府是德川幕府，德川幕府统治时期制定了严格的身份等级制度，即除公卿贵族外，人们被划分为士、农、工、商各等级，以世袭为原则，次序不能颠倒。作为统治者的武士的地位空前提高，可以称姓和带刀，还具有杀罚的特权。

3. 朝鲜

如果说在日本地位最高的士指的是武士阶层的话，那么在朝鲜，地位最高的士则指的是两班贵族。（板书）所谓两班贵族，指的是上朝的时候，国君坐北朝南，文武大臣，分队站好，文的叫文班，武的叫武班，合起来就是两班。他们可以说是统治阶层的中坚力量。他们具有常人所不敢想的政治特权（世代有资格做官）和经济特权（免田赋、免徭役）。

虽然朝鲜学习了中国的科举制，但是在朝鲜参加科举考试必须在官方学校接受教育，攒到足够的学分（在成均馆修满 300 个圆点）才能报考，这使得普通人根本无法和两班贵族子弟竞争。为了保证两班贵族的身份延续，朝鲜还搞了"别试"，"别试"时间不定（正规的科举三年一次），经常考前几天突然通知。因此考得上的基本上就是能得到消息的两班子弟。随着时间推移，别试越来越多，李氏王朝近 600 年，正试有 163 次，别试却有 581 次。这样，科举道路基本为两班贵族所垄断。中国"朝为田舍郎，夕登天子堂"的情形，在朝鲜基本是不存在的。

除了朝鲜，越南也全面学习借鉴了中国的制度与文化。正如大家所知道的，由于古代中国经济发达、文化繁荣，所以周边国家都或多或少地学习了中国的制度与文化。曾经有一段时期，汉字就是周边国家的通用文字，尽管各国后来都发明了本国文字，但其上流社会仍普遍以能读四书五经、能写汉文诗为荣。

☞ 课堂小结

比如 17 世纪末日本诗人松尾芭蕉的诗写道："路远人已老，茫然四野皆枯秋，新梦仍萦绕。"有意思的是松尾芭蕉的这首诗是用中文写出来的。更有意思的是，我不知道松尾芭蕉是否读过马致远的《天净沙·秋思》，但我想大家都能感受到这两篇文学作品所共通的思绪。

有人说，越是民族的，越是世界的。但在我看来，真正世界的必然不是民族的，正是从这个意义上来说：

克服民族性是文化的胜利。

——爱默生《集外演讲录·席间闲谈》

【板书设计】

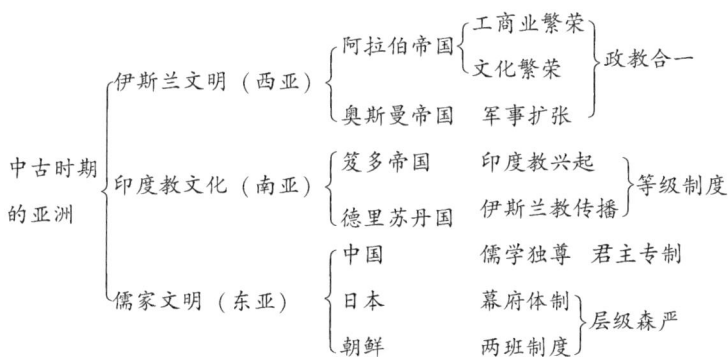

【资料附录】

1. 西亚伊斯兰文化圈

这个国家，与其说本来是为人民的福利而组织的，不如说是为战争的便利而组织的，它幅员广大，交通不便，民族复杂，在穆斯林和基督教徒之间——甚至在土耳其穆斯林和阿拉伯穆斯林之间，在基督教的这个教派和那个教派之间——存在着裂痕，具有这些缺点的一个国家，衰退的种子早已埋置在它的基本组织里了。它曾经面临民族主义获得胜利的世界，因而它的处境变得很坏。伊斯兰教国家，为了解决少数民族问题，而精心制定了宗教团体内部的自治制度，根据这个制度，各宗教团体享有大量的自治权，这个国家向来贯彻这个古典的制度，同时国家的最高权力，集中在一个人——素丹兼哈里发——的手中（最少在理论上是这样的），王位继承的系统，又不明确，所有这些，都增加了帝国组织先天的弱点。奇怪的不是帝国的分崩离析，而是分崩离析竟没有更早地发生。

——菲利浦·希提《阿拉伯通史》

2. 南亚印度教文化圈

吠舍（Vaisya），古印度四种姓中的第三种姓。社会上的基本生产者，包括农民和手工业者，也有商人。随着劳动分工的扩大和复杂化，吠舍种姓又分为许多不同的亚种姓。公元 7 世纪玄奘旅居印度时，吠舍种姓已专指"商贾"。

首陀罗（Sudra），古印度四种姓中的最低种姓。多属雅利安人征服的土著居民。无任何权利；仅从事低微和简单的劳动，或为高级种姓服役。极端遭受歧视，为一被压迫阶层。

——中华书局辞海编辑所修订《辞海试行本　第 8 分册　历史》

随着封建社会的形成，种姓制度也受到一定的影响。婆罗门和刹帝利两个高级种姓大部分由奴隶主阶级转化为封建主贵族阶级。吠舍种姓内部随着阶级分化而成为商人阶层独占的种姓，商人的社会地位随之提高，农业劳动受到统治阶级的鄙视。原属于吠舍种姓下层的自由农民的社会地位，从吠舍种姓的意义上说是下降了，其中一部分沦为封建依附农民，与原来的首陀罗农民日益接近，两者最后合流为一个混合种姓——新型首陀罗。从笈多王朝时代开始，至公元 7 世纪上半期的戒日帝国时代，首陀罗逐渐转化为专门从事农业生产劳动的种姓，他们的社会地位和经济状况有所提高和改善。这是印度封建制度形成具有重大意义的因素之一。新型的农民即封建依附农民的两个来源，包括原来的首陀罗农民及属于吠舍下层的村社自由农民。封建依附农民最主要来源是首陀罗分成农——租佃农民组成的。首陀罗封建依附农民称作 "Shudra Karsha Ka"。他们被束缚在封赐的土地上，作为可以转赠的财产，连同土地一道分封赏赐给封建主土地贵族，受封建主地租剥削和人身控制。新型首陀罗构成农业人口的绝大多数，农业生产劳动几乎完全是由这个种姓承担的。

玄奘在《大唐西域记》中明确地记述了这两个种姓职业的新变化："若夫种姓，有四流焉：一曰婆罗门，净行也（祭司）。二曰刹帝利，王种也（王公贵族及官吏、武士）。三曰吠舍，贸迁有无，逐利远近。四曰首陀罗，农人也，肆力畴陇，勤身稼穑。"玄奘把首陀罗描写为农业劳动者的记述，为 10 世纪以前的《那罗辛哈往世书》所证实。

——培伦《印度通史》

吠舍处于第三位，是雅利安人的一般自由民，主要从事农业、畜牧业和商业等活动。他们不享有任何特权，必须通过纳税来供养统治者。但也有人通过经商等手段致富，拥有较强的经济实力。

首陀罗是四个种姓中地位最低的，他们是被征服的土著或一些战败的雅利安人，只能从事一些不洁的、低贱的职业，如屠宰、收尸和仆役等。他们处于社会的最低层，几乎被剥夺了一切政治和经济权利，经常处于极端贫困的状态，其中有一部分是奴隶，还有一部分是下层平民。在宗教方面，首陀罗无权参加各种宗教活动，被认为是"一生族"。前三个种姓有权参加宗教活动，参加所谓的"再生仪式"，是"再生族"。

各种姓之间，特别是低级种姓与高级种姓之间的界限是非常严格的。他们彼此不仅不能通婚，也不能同桌进餐、相互往来，低级种姓的人更不能对高级种姓的人有任何不敬的表现，否则要受到严厉的处罚。种姓制度是印度统治者维护其特权的一种特殊的方法。

——顾学宏《亚洲通史》

有一个年轻的婆罗门，在旅途中十分饥饿。这时，一同赶路的贱民拿出自己的食物给他吃。饥不择食的婆罗门立即狼吞虎咽地吃了。回家后，他想，自己是婆罗门，怎么能吃贱民的食物呢？他越想越后悔，忍不住地大口吐食物，最后大口吐血而死。

——秦泉《世界上下五千年》

佛经中有这样一个故事：有两个婆罗门妇女到城里去。正在路上走着，偶然看见两个进城赶集的贱民。这两个婆罗门妇女立即决定不进城了。她们掉转头跑回家，用香水洗了自己的眼睛，因为她们觉得自己的眼睛被贱民玷污了。

——秦泉《世界上下五千年》

近代以来，印度的政治家和有识之士逐渐意识到，随着时代和社会的进步，种姓制度的负面影响逐渐增多，改善贱民地位，实现政教分离，建立世俗化社会的任务迫在眉睫。印度独立以前，早在 1917 年，国大党就正式把"取消不可接触制度"写进党纲。甘地不仅坚决主张改善贱民的社会地位，而且身体力行，与贱民席地同食，收养贱民义女，多次领导贱民进行反种族歧视的竞争。他称"贱民"为"哈里真"，即"神之子"。他的旨在革新的十三条《建设纲领》，也明确指明要"废除'不可接触'（贱民种姓）"。甘地在《我灵魂的痛苦》一书中写道："印度教徒应该和哈里真接近，要像对待自己的兄弟姐妹一样对待他们，寺庙、学校、一切公用水井、道路和休养所，都应该向他们开放。"1933 年 1 月 8 日，国大党根据甘地的建议，在马德拉斯组织了争取不可接触者进入印度教寺庙的运动，并把这一天定为"不可接触者进寺庙日"。

尼赫鲁对种姓制度产生和发展，采取历史分析的态度，认为种姓在世界上许多民族中都存在过，"把社会划分为种姓的办法并未引起像其他情形之下所可能引起的那样大的影响"。但同时，也不乏对种姓制度的清醒认识："在今天社会的组织中，种姓制度及其相关的许多东西是完全不调和的、反动的、拘束的，并且是进步的障碍。"

——郁龙余《印度文化论（第二版）》

3. 东亚儒家文化圈

太祖皇帝初幸相国寺，至佛像前烧香，问当拜与不拜？僧录赞宁奏日"不拜"。问其何故？对曰："见在佛不拜过去佛。"赞宁者颇知书，有口辩。其语虽类俳优，然适会上意，故微笑而颔之，遂以为定制，至今行幸焚香，皆不拜也。议者以为得礼。

开宝寺塔在京师诸塔中最高，而制度甚精，都料匠预浩所造也。塔初成，望之不正而势倾西北，人怪而问之。浩曰："京师地平无山，而多西北风，吹之不百年，当正也。"其用心之精盖如此，国朝以来木工一人而已，至今木工皆以预都料为法，有《木经》三卷行於世。世传浩惟一女，年十余岁，每卧，则交手於胸为结构状，如此踰年，撰成《木经》三卷，今行於世者是也。

国朝之制，知制诰必先试而后命。有国以来百年，不试而命者才三人，陈尧佐、杨亿及修忝与其一尔。

仁宗在东宫，鲁肃简公宗道为谕德。其居在宋门外，俗谓之浴堂巷，有酒肆在其侧，号仁和，酒有名於京师，公往往易服微行〔一〕，饮于其中。一日，真宗急召公，将有所问，使者及门，而公不在。移时，乃自仁和肆中饮归，中使遽先入白，乃与公约曰："上若怪公来迟，当托何事以对，幸先见教，冀不异同。"公曰："但以实告。"中使曰："然则当得罪。"公曰："饮酒，人之常情；欺君，臣子之大罪也〔二〕。"中使嗟叹而去。真宗果问，使者具如公对。真宗问曰〔三〕："何故私入酒家？"公谢曰："臣家贫，无器皿，酒肆百物具备〔四〕，宾至如归。适有乡里亲客自远来，遂与之饮。然臣既易服，市人亦无识臣者。"真宗笑曰："卿为宫臣，恐为御史所弹。"然自此奇公，以为忠实可大用。晚年，每为章献明肃太后言群臣可大用者数人，公其一也。其后章献皆用之。

太宗时，亲试进士，每以先进卷子者赐第一人及第。孙何与李庶几同在科场，皆有时名。庶几文思敏速，何尤苦思迟。会言事者上言举子轻薄，为文不求义理，惟以敏速相夸，因言庶几与举子於饼肆中作赋，以一饼熟成一韵者为胜。太宗闻之大怒，是岁殿试，庶几最先进卷子，遽叱出之，由是何为第一。

故参知政事丁公度、晁公宗愨，往时同在馆中，喜相谐谑。晁因迁职，以启谢丁。时丁方为群牧判官，乃戏晁曰："启事更不奉答，当以粪壤一车为报。"晁答曰："得壤胜于得启。"闻者以为善对。

——欧阳修《中国古代名家诗文集：欧阳修集》（卷3）

为了保证两班贵族的身份延续，还搞了"别试"，正规的科举三年一次，

"别试"时间不定，经常考前几天突然通知。普通书生连赶到考场都来不及，考得上的基本上就是有消息的"两班"子弟。随着时间推移，别试越来越多，李氏王朝近600年，正式163次，别试却有581次。

就这样，科举道路基本为两班贵族垄断。中国"朝为田舍郎，夕登天子堂"的情形，在朝鲜基本不存在。

李氏朝鲜就通过这样的手段，划出了一个相对稳定的上层统治集团，就是两班。李朝实质上将人分为四等。一等人就是两班，二等人则是所谓中人（就是乡吏等杂职），三等人良人（普通老百姓），四等人贱民（奴婢、妓女等等）。二等、三等人上升一等相当困难，四等根本没有希望。

——左右朝鲜政局近千年的"两班"，都是什么人 https：//baike. baidu. com/tashuo/browse/content？ id＝cb22cd3714a30825ce5c690a&lemmaId＝1249826&fromLemmaModule＝pcBottom

据《明实录》记载，洪武二十七年（1394年）一月，朱元璋发布诏令：

禁民间用番香番货。先是，上以海外诸夷多诈，绝其往来，唯琉球、真腊、暹罗许入贡，而缘海之人，往往私下诸番，贸易番货，因诱蛮夷为盗。命礼部严禁绝之，敢有私下诸番互市者，必置之重法。凡番香番货，皆不许贩鬻。其见有者，限以三月销尽。民间祷祀，止用松柏枫桃诸香，违者罪之。其两广所产香木，听土人自用，亦不许越岭货卖。盖虑其杂市番香，故并及之。

明廷一而再、再而三地颁布这类命令，这本身也告诉人们，私人海外贸易仍在暗中时有进行，无法完全禁绝。

明廷为了禁止私人出海贸易，有时甚至连渔民近海捕鱼也被禁止。例如，洪武十七年（1384年），"信国公汤和巡视浙江、福建沿海城池，禁民入海捕鱼"。明廷为了禁止人民"交通外夷"，对人民的生计所需毫不理会。

——晁中辰《明朝对外交流》

诗人松尾芭蕉的旅行经历从一个侧面表现出17世纪末期日本的政治稳定、经济繁荣以及文化成就。在过去的100年里，新旧城镇发展很快，国家的人口大大膨胀（从1200万到3000万）。更多荒地被开垦，耕种面积增加了百分之一百四十。金银铜矿的开采有了较大扩张，对石材和木材的需求且也迅速攀升。日用品的增加以及服务业的繁荣更是有目共睹。大名和他们的武士不再互相争斗残杀，转而集中精力开发农业和其他赢利行当。所有这些变化在很大程度上归功于旨在建立与维护和平的政策，而这些政策是在世纪初由德川家康首先规划出来的。

——时代—生活图书公司编著《武士与将军·日本：公元1000—1700》

◎ 第五课　古代非洲与美洲

【课标内容】

正式版课标：通过了解中古时期欧亚地区的不同国家、民族、宗教和社会变化，以及世界其他地区的社会状况，认识这一时期世界各区域文明的多元面貌。

初中课标：通过封君封臣制、庄园生活、基督教的传播，以及欧洲城市和大学的兴起，了解中世纪西欧封建社会的发展变化；知道《查士丁尼法典》，初步了解拜占庭帝国的历史地位；通过伊斯兰教的创立、阿拉伯帝国的崛起、日本大化改新，以及非洲、美洲的社会发展概况，初步了解中古世界历史发展的多样性。

课标分析：同第三课。

【教材分析】

本课内容初中教材没有涉及。

本课是部编版《中外历史纲要（下）》第二单元第5课。本课共两目，分别是"古代非洲文明"和"古代美洲文明"。

"古代非洲文明"一目共六段，第一段介绍古代非洲农牧业和工商业的发展与班图人的情况，第二段介绍东非的阿克苏姆王国，第三段介绍东非沿海兴起的一系列国家，第四段介绍西非的加纳与马里王国，第五段介绍西非的桑海王国，第六段介绍了南部非洲的津巴布韦文明。

"古代美洲文明"一目共五段，第一段介绍古代美洲的主要居民及其生产方式，第二段介绍玛雅文明，第三、四两段介绍阿兹特克文明，其中第三段整体上介绍阿兹特克文明，第四段介绍阿兹特克人都城特诺奇蒂特兰的情况，第五段介绍印加文明。

【教学立意】

班图人的迁移、与外部世界的贸易往来极大地影响了撒哈拉以南非洲的历史发展，非洲沿海地区和贸易要道地区逐渐兴起一系列国家，创造了丰富的文明；而美洲地区的相对隔绝既使得美洲原生文明处于相对安全的境地，又极大地限制了美洲原生文明的发展进步，使其在面对西方外来侵略时陷入极其困难的境地。

本课的教学立足点为地理交通推动文明的多样性发展。

【教学目标】

通过分析相关历史示意图、壁画与文献史料（时空观念、史料实证），了解古代非洲、美洲文明发展与地理环境、生产方式和对外交通贸易的关系（唯物史观、历史解释），知道古代非洲与美洲文明的成就，感受人类文明发展的多样性，进一步增强人类命运共同体意识，更加认同对外开放与文化交流的积极意义（家国情怀）。

【重点难点】

重点：让学生了解中古时期非洲和美洲地区的不同国家和社会变化。

难点：学生缺乏对中古时期非洲和美洲地区历史文化的了解。

【教学过程】

☞ 导入新课

（出示岩石教堂图片）

讲述：图片展示的是著名的岩石教堂，它是由一块大岩石开凿成的基督教堂。岩石教堂修建于 12 世纪，是世界文化遗产之一。大家知道岩石教堂在哪里吗？中东？欧洲？美洲？非洲？实际上它在东非的埃塞俄比亚。

提问：我们知道东非离阿拉伯半岛非常近，公元 7 世纪阿拉伯半岛的伊斯兰教已经兴起并影响了邻近的大片地区，东非其他地区基本上修建的是清真寺，为什么埃塞俄比亚这里修建的是基督教堂呢？

☞ 教学新课

一、古代非洲文明

1. 东非

（出示非洲古代文明遗址示意图）

提问：从中能获取什么历史信息？

预设：非洲古文明（王国）遗址众多且分布广泛；非洲古文明（王国）集中在沿海和大河流域或者说非洲内陆地区没有多少古代文明（王国）；非洲北部受欧洲古希腊与古罗马文明和亚洲阿拉伯文明的影响；非洲古文明（王国）的分布偏向北部，离亚欧大陆越近（交通越便利）分布越广，最南端几乎没有。

（出示非洲地形图）

提问：结合这幅地形图，大家又能获取什么历史地理信息？

预设：非洲古文明（王国）深受自然地理条件影响。

讲述：撒哈拉沙漠东西长约 5600 公里，南北宽约 1600 公里，约占非洲总面积 32%，把非洲大陆分为北非和撒哈拉以南非洲，这两个地区的发展存在一定的差距，但也有其独特性和发展潜力。北非古文明（王国）主要代表是古代埃及，之前有讲过，今天这节课我们主要介绍撒哈拉以南非洲的文明（王国）。

非洲是一块广袤的大陆，各地差异性很大，东非地区因为有高原的存在，气温还是比较适宜的。据相关研究，那里发现了最早的人类化石。公元前后，在今天的埃塞俄比亚高原兴起了阿克苏姆王国，由于控制了红海的贸易，到公元 4 世纪的时候，阿克苏姆王国进入鼎盛时期，一度成为地区强国，影响力远及阿拉伯半岛南部。

当然，任何影响都是相互的，无非多少和主次的问题。大家看地图就知道，东非地区离阿拉伯半岛和印度半岛比较近，自然会受到伊斯兰教和环印度洋贸易的影响。不过阿克苏姆王国兴盛的时候，伊斯兰教还没有形成，公元4世纪时阿克苏姆接受的是基督教，这就能理解那里修建的是基督教堂而不是清真寺了。在此之后，东非沿海地区出现了一系列信仰伊斯兰教的国家，其中比较著名的就有阿达尔苏丹国。同时，也出现了一些经济繁荣的城市，比如摩加迪沙，即现在的索马里的首都。索马里经济不发达，索马里海盗很有名，但是曾经的摩加迪沙是著名的贸易中心。

2. 西非

摩加迪沙这样的沿海城市（板书）之所以兴旺，前面讲过，主要还是商业贸易的原因，摩加迪沙刚好处于环印度洋贸易商路上。对外贸易决定着王国的发展，这一点不仅体现在东非地区的国家身上，同样也体现在西非地区的国家身上。

（出示《卡塔兰地图集》中的图片）

提问：这是由亚伯拉罕·克莱斯克于1375年绘制的《卡塔兰地图集》。这本地图集是受法国国王查理五世委托绘制的，并被后世称为"最完整的地理学知识图"。它代表了当时欧洲人对于世界的认识，请大家注意看地图左下方的非洲地区，这个坐着的人就是著名的马里国王曼萨·穆萨。他戴着黄金王冠，左手拿着权杖，眼睛盯着右手举起的大块黄金。这幅画中的形象当然不能直接代表真实的曼萨·穆萨，却是当时欧洲人对非洲特别是对非洲马里王国的认识，大家觉得这是什么样的认识呢？

预设：当时的非洲并不贫穷落后；马里是非洲强国；马里非常富裕，黄金很多或者说黄金多是马里的突出特点。

提问：这是我们的猜测，事实是否如此呢？图片上面有一段文字，这段文字翻译过来是这样的（出示材料）：

这位黑人君主名为穆萨·马里（Musse Melly），是几内亚的黑人国王。他的领地中有大量黄金，因此他是这里最为富裕尊贵的君主。

讲述：看来，当时欧洲人确实是这样看待马里国王的，至少制图的人是这样看的，而这幅图的广泛流传，更是加深了欧洲人对非洲的看法。马里为什么这么富裕呢？正如这段文字中所说的，马里的领地有金矿，盛产黄金，据说其黄金产量曾经占世界的一半，可见马里的富裕。不过，马里的富裕并不只是因为盛产黄金，更重要的是马里控制了跨撒哈拉的黄金贸易和其他贸易。等到后来逐渐失去对商路的控制，马里也就衰落下去，成为桑海王国的属国。而新航路开辟后原有的商路逐渐衰落，引起马里社会内部矛盾，最终使马里土崩瓦解。从这个意义上来说，商路的兴衰可以决定一个国家或者地区的兴衰。

3. 南部非洲

与马里一样，因为控制了非洲内陆沿海的黄金和象牙贸易，非洲南部国家津巴布韦逐渐兴盛。津巴布韦的本义是石头城，这从其境内著名的古代建筑群遗址——大津巴布韦遗址就能看出来。大家观察教材上大津巴布韦遗址的图片，我们可以看到，石头城的规模比较大，采用的是堆砌的方法，没有用泥灰等。这一方面说明建造者的技艺精湛，另一方面也说明建造所用的技术落后。

另外，津巴布韦文明属于非洲的原生文明，没有受多少伊斯兰教等外来宗教文化的影响，这一点从考古发掘出的文物中也能看出来。由于没有发现文字遗存，对于津巴布韦历史的研究，在很大程度上依靠考古发掘。

二、古代美洲文明

1. 玛雅

讲述：总的来讲，古代非洲文明相比较同一时期的欧亚大陆文明是落后的，虽然已经出现了冶铁业，但古代非洲农业没有从锄耕进入犁耕阶段，这主要是因为虽然古代非洲与亚欧大陆有联系，但这种联系始终是有限的。更甚的是古代美洲和澳洲，像古代美洲没有冶铁技术，生产力水平相当落后。尽管如此，古代美洲的原住民还是创造出了比较辉煌的文明成果。

（出示中、南美洲古代文明分布示意图和中、南美洲地形图）

从图中可以发现，古代美洲的印第安文明同山地有很大的关系，我们今天能够看到的古代美洲的印第安文明遗迹基本上是规模宏大的石头建筑。

（出示科潘的玛雅遗址的照片）

现在大家看到的就是世界文化遗产——科潘的玛雅遗址。玛雅并没有出现统一的帝国而是形成诸多邦国。同古代非洲的很多文明一样，玛雅文明的繁荣也和贸易商路密切相关，越能控制商路的邦国就越富裕，也就越能修建宏大的建筑。同时，尽管这一时期周边其他印第安部落已经有了冶铜技术，制作出了铜器，但是玛雅人坚持使用石器，也就是说玛雅宏大的建筑全都是用简单的石器工具修建完成的。也许你会问，玛雅文明早已消失，我们是怎么知道这些的呢？一则玛雅人留下了文字，这些文字大部分已经被破译出来，二则考古人员在玛雅没有发现任何金属工具，也没有发现任何使用金属工具的痕迹。

玛雅文明的兴衰历程是大家很感兴趣的话题，其实文明总是会出现兴衰起伏的趋势，古代希腊和罗马文明不也经历了兴衰吗？实际上，考古人员发现，在欧洲人到来的时候，玛雅文明已有复兴的迹象，而欧洲人的殖民侵略彻底打断了玛雅文明的复兴。

2. 阿兹特克

欧洲人对玛雅人的殖民侵略困难重重，因为玛雅没有建立中央集权的大一统帝国，欧洲人需要一个邦国一个邦国地征服。而在墨西哥中部的阿兹特克人，建立的是一个三国同盟的帝国。

（出示 16 世纪西班牙人画的特诺奇蒂特兰城市图）

这是 16 世纪西班牙人画的阿兹特克王国的首都——特诺奇蒂特兰，从图中明显可以看出，特诺奇蒂特兰是建在湖中小岛上的一座城市，类似意大利的威尼斯水城。在这种特殊的环境之下，阿兹特克发明了"浮动园地"，即在水里打上木桩再用树枝和芦苇编成水排，从湖里捞起淤泥，掺和进生活垃圾、土等，糊在排筏上，然后在上面种植各种农作物。由于土壤肥沃，收成十分喜人。

尽管是湖中小岛，阿兹特克人照样修建了大量的石头建筑，其中值得注意的就是金字塔。与埃及金字塔不一样的是，阿兹特克人修建的金字塔上是有神庙的，金字塔实际上是神庙的地基。阿兹特克人相信用活人祭祀能够获得神力，得到神的庇佑。

3. 印加

（出示库斯科城市图片）

这幅图描绘的是另一个印第安文明——印加帝国的首都——库斯科，被西班人征服前的库斯科城规划设计整齐完善，有四千余座巨石建筑，配有喷泉、石砌下水道和大型公共广场。

玛雅人和阿兹特克人都有文字，但是印加人没有。在欧洲殖民者到来之前，印加还停留在结绳记事的阶段，所以说，文字并不是文明必然的标志，不然美洲很多文明都要被排除出文明的行列。

（出示马丘比丘遗址图）

印加人不仅没有文字，也没有铁器。尽管印加人的生产力水平相对亚欧非来说是较低的，但印加人照样创造出了辉煌的文明成果。最能体现印加文明特色的是现在大家看到的这个世界文化遗产——马丘比丘印加古城遗址。它能保留下来，是因为它地处密林深处，同时印加人对西班牙征服者严格保密。直到 20 世纪，马丘比丘印加古城才被外面的世界发现。

马丘比丘印加古城遗址有 150 多处建筑，建筑的墙壁是用切削加工过的石块接合砌成的，这些石块接合得严丝合缝，就连薄薄的刀片也插不进去。遗址还有印加人用石头圈起来的梯田。今天安第斯山区的农民仍然在使用印加人留下的梯田，科学家曾经采用印加人的农业技术进行试验，发现这些梯田每亩的土豆产量惊人。

（出示索桥的图片）

历史上的印加人还修建了四通八达的道路，他们甚至用皮革、麻绳和龙舌兰纤维建造出十分牢固的"索桥"，用来连接河流两岸的道路，有些"索桥"至今仍在使用。

☞ 课堂小结

1950 年 5 月，秘鲁库斯科市发生了大地震，400 年前西班牙人营建的圣多明戈教堂被震垮。西班牙人是在印加人太阳神庙原址上修建的这座教堂，教堂的巨石墙壁就是原来的印加神庙墙壁。西班牙人的教堂没能扛住地震，而印加神庙的这些墙壁则经受住了地震，仍屹立于大地。

这使我想起这样一句话：

不伴随力量的文化，到明天将成为灭绝的文化。

——温斯顿·丘吉尔

【板书设计】

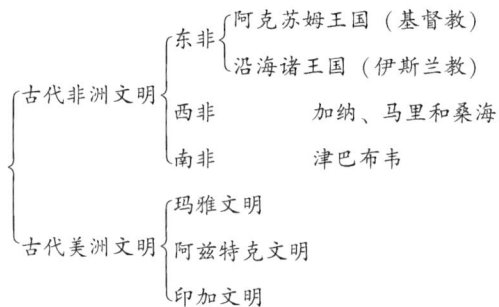

第三单元

走向整体的世界

◎ 第六课　全球航路的开辟

【课标内容】

正式版课标：通过了解新航路开辟所引发的全球性流动、人类认识世界的视野和能力的改变，以及对世界各区域文明的不同影响，理解新航路开辟是人类历史从分散走向整体过程中的重要节点。

初中课标：通过哥伦布、麦哲伦等航海家的探险活动，以及新航路开辟后的殖民扩张、物种交换和全球贸易，了解资本原始积累的野蛮性和残酷性，认识新航路开辟的世界影响，理解世界逐渐形成一个整体。

课标分析：高中课标更侧重于对新航路开辟的深层次理解和全球影响的广泛分析，而初中课标则更侧重于基础的历史事实和对世界影响的初步认识。高中课标鼓励学生批判性地思考新航路开辟的影响，包括其积极和消极的方面，而初中课标则更侧重于事实的介绍和基本理解。两个课标都强调新航路开辟在世界历史中的重要性，但高中课标更强调其作为历史节点的意义，而初中课标则更侧重于其作为世界一体化初步形成的标志。

总之，高中新课标强调"全球""精神"，视域更全面深入，价值更丰富多元。如体现"自信探索"的大航海精神，是人类勇于探索、不断进步的精神，在"自信探索"精神引领下，人们认识世界的视野更加开阔，能力不断增强；又如体现"包容开放"的文明交往态度，尊重不同区域的文明，善于学习不同文明的优秀文化，用包容开放的态度对待人类历史从分散走向整体的过程。①

【教材分析】

本课内容集中在部编版历史九年级上册的第 15 课。

课题	子目	部编版教材内容
探寻新航路	探寻新航路的热潮	介绍了探寻新航路的历史背景、哥伦布和麦哲伦的航行历程，以及新航路开辟的历史影响
	哥伦布"发现"美洲	
	麦哲伦船队环球航行	

本课是部编版《中外历史纲要（下）》第三单元第 7 课。本课共三目，分别是"新航路开辟的动因和条件""新航路的开辟""其他航路的开辟"。

旧版本教科书人教版《历史 2（必修）》"开辟新航路"一课阐述了西欧开辟新航路的背景、过程和影响，新教科书则重点阐述"全球航路的开辟"，不仅介绍葡萄牙和西班牙开辟的新航路，还补充了英国、法国、荷兰、俄国等欧洲其他国家开辟新航路的情况，但未涉及对影响的分析。

第一目"新航路开辟的动因和条件"，增加了伊比利亚半岛居民对海洋的早期探索和人文主义鼓励冒险精神的内容，其余为旧版教科书内容的调整和扩展。

第二目"新航路的开辟"，增加了"麦哲伦在太平洋上的艰苦生活"，描写航海中的艰辛，宣扬航海家不畏艰险、勇于探索的精神；增加"哥伦布《航海日记》片段"以及"西班牙国王和麦哲伦等人订立的关于发现香料群岛的协定"作为"史料阅读"和"学思之窗"，更利于培养学生史料实证和历史解释的素养。

第三目"其他航路的开辟"均为新增内容，介绍了英国、法国、荷兰、俄国等国开辟的北大西洋和南太平洋以及北太平洋到北冰洋的海上航线，这

---

① 葛家梅."自信探索"立意的"全球航路的开辟"学习设计［J］. 中学历史教学参考，2020（17）：22-25.

些航线使世界主要大洋和大陆之间建立了直接联系。旧版教科书最后一目"走向会合的世界"后移到第7课。

基于"自信探索"价值立意进行学习设计时，可以以"全球航路的开辟"为依托，聚焦"自信探索"，突出时代精神。在新航路开辟的背景中突出探索精神，如人文主义鼓励冒险，海洋文明下的伊比利亚半岛居民天性中的探索海洋的性格。利用地图、史料进行情境学习，体会大航海时代航海家的艰辛与不屈不挠以及基于经验与智慧的自信，用情感体验激起学生勇于探索的精神。以"其他航路的开辟"这一史实来展开"全球航路"学习，使学生认识人类的"自信探索"是人类世界走向整体过程中的重要动力。

"新航路开辟的动因和条件"，初高中教科书基本类似，高中教科书更突出时代精神，如"人文主义鼓励冒险精神""希望通过海外扩张来传播基督教"。关于"新航路开辟"，初中教科书侧重于介绍路线，高中教科书则增加"战胜航海困难"的情感体验和"史料实证"等素养提升的内容，如"西班牙国王和麦哲伦订立的关于发现香料群岛的协定""麦哲伦船队在太平洋上的艰苦生活"的史料阅读以及《麦哲伦船队中的"维多利亚号"》绘画作品。高中教科书增加的"欧洲人继续进行海上探险"更具全球视野，也更符合地理大发现的史实。

【学情分析】

高一学生正处在十五六岁，他们思维活跃，有强烈的好奇心。因此要针对学生的特点，调动他们身上的积极因素，鼓励他们以各种形式表达自己的见解。同时，高一学生在思维上已经从以形象思维为主向以抽象思维为主过渡，具有一定的抽象分析比较能力，而且，经过初中的学习，学生已经具有一定的历史知识基础。当然，对于这种基础不能作过早估计。

就本课而言，相关内容在初中已经学习过，如何从新的角度去拓展学生对这段历史的认识仍然是一项艰难的挑战。

基于这样的学情，本课拟采用创设历史情境，制造认知冲突，引导史料分析，建构历史逻辑的方式来帮助学生了解新航路开辟的原因、过程及其意义，并为后面的学习作铺垫。

【教学立意】

不同区域的古代文明呈现出多样化的特点，但是相互隔绝的状态不利于文明的进步与发展。15—16世纪欧洲社会经济的变化推动欧洲开辟了连接欧亚的新航路，持续不断的航海探索不仅丰富了人们的地理知识，同时其他大洲和大洋通过新开辟的海上航线建立了直接联系，从而推动了人类文明的整体发展特别是欧洲文明的发展。

【教学目标】

通过对15世纪前后相关文学著作、绘画作品、历史地图的学习，明白开辟新航路的原因，从时势与英雄人物的角度理解人类历史是人民群众创造的；通过对马克思等经典作家论述的研读，从必然与偶然的角度理解新航路的开辟，认识到其是人类历史从分散走向整体过程中的重要节点，更加从内心里认同我国的对外开放政策。

【重点难点】

重点：让学生掌握新航路开辟的史实。

难点：让学生理解文明发展与开放之间的辩证关系。

☞ 导入新课

（出示世界主要文明分布图）

讲述：人类历史上曾经出现过很多文明，大家能数得上来的有：东亚的儒家文明、南亚印度教和佛教文明、西亚伊斯兰教文明、欧洲基督教文明等，这些都是亚欧大陆的文明。除了这些之外，还有美洲的印第安文明、撒哈拉以南的非洲黑人文明以及澳洲的土著文明。

提问：比较这些文明，我们会发现，历史上亚欧大陆的文明发展水平普遍比较高，而其他大陆的文明水平则要低得多，这是为什么呢？

☞ 教学新课

一、"单恋"

1. 打破隔绝的必然

（出示材料）

人类的历史证明，一个社会集团，其文化的进步往往取决于它是否有机会吸取邻近社会集团的经验。

——弗朗兹·博厄斯

讲述：我们知道，欧亚大陆的这些文明彼此之间一直相互联系。欧洲和西亚文明之间的沟通十分频繁，而以中国为代表的东亚文明虽然与欧洲相隔千山万水，但通过丝绸之路仍然保持着一定的联系。正是由于不同文明之间的彼此联系，欧亚大陆的文明普遍呈现出较高的水平。非洲黑人文明的发展水平高低不等，不过与美洲印第安文明相比较，其总的发展水平更高，而澳大利亚仍处于石器时代。换言之，如果其他地理因素相同，那么，人类取得进步的关键就在于各民族之间的可接近性和相互影响。只有那些易接近、有机会与其他民族相互影响的民族，才有可能得到突飞猛进的发展；而那些与世隔绝、缺乏外界刺激的民族，多半停滞不前。

人类文明要发展，人类社会要进步，就必须打通彼此相互隔绝的状态，这样才能吸取邻近社会集团的经验。从这个意义上来说，新航路的开辟是历史的必然（板书）。

教学后记：注意跟学生讲清，这里的交流只是文明进步的必要条件，而不是充要条件。也就是说，交流一定是要有的，但必须受到控制，不然弱势一方容易被强势一方消灭。

另外，这部分内容的处理要有合理进度，不能都由学生来完成，不然整节课的教学任务无法完成。

2. 欧洲首航的偶然

如果说新航路的开辟是历史的必然的话，那么为什么完成这一历史任务

的是欧洲人（准确地说是西欧）而不是其他地区的人呢？因为这一时期的欧洲出现了资本主义萌芽。（出示材料）

一旦有适当的利润，资本就胆大起来。如果有 10% 的利润，它就保证到处被使用；有 20% 的利润，它就活跃起来；有 50% 的利润，它就铤而走险；为了 100% 的利润，它就敢践踏一切人间法律；有 300% 的利润，它就敢犯任何罪行，甚至冒绞首的危险。

——卡尔·马克思《资本论》

提问：马克思的观点是什么？如何证明其观点的正确？

预设：马克思阐述了资本对利润的追求；资本主义的发展历史可以证明马克思的上述观点。

讲述：我们以开辟新航路为例。当时什么贸易买卖利润极高呢？很显然是与东方的贸易。西方人对于东方的丝绸、茶叶、陶瓷十分渴求，另外，还有一样东西，西方人对它的渴求甚至超过了丝绸、茶叶一类的商品，它就是香料。在英文中 spice（香料）与 special（特殊的、特别的）是同根词，意指特别贵重之物。通常说的香料包括胡椒、肉豆蔻、丁香、桂皮、生姜等，在今天看来算不上是贵重之物。但是，当时欧洲没有这些东西，产地在亚洲。中世纪的欧洲人不大会吃，他们的烹饪手法较为单一，未发展出"炒"这一方式。同时，他们的储藏手段也较为有限，肉类储藏基本都靠盐来腌制，极为难吃。这就需要胡椒、生姜、桂皮来调味。因此，这些东西就被视为珍品（出示材料）。

（东方的某国家）出产如胡椒、肉豆蔻、甘松、香油、生姜、荜澄茄、丁香和其他一切有价值的香料和药材，因此有许多商船装载商品前来交换，并且获得巨大的利润。这里收集的黄金的数量多得无法计算，甚至达到令人难以置信的程度。

——马可·波罗《马可·波罗游记》

提问：从材料中能获取什么信息？

预设：马可·波罗希望大家相信东方遍地黄金、满野香料；说明黄金和香料是那个时代欧洲人很在乎的东西，因为能够获取巨大的利润；看到这本书的欧洲人会极度渴望前往东方。

（出示东西方贸易路线图）

讲述：这幅图前面我们学过，可以看到，亚欧之间的陆上商路必须经过阿拉伯，海路必须经过意大利，由此阿拉伯商人和意大利商人控制了东西方贸易。东西方直接贸易的成本虽不低，但利润极高，因而西欧有很强的动力"不让中间商赚差价"。

二、相遇

讲述：显然，意大利以外的欧洲要想"不让中间商赚差价"，就要避开原有商路，另寻一条通往东方的道路。由于古希腊的"地圆学说"在当时的欧洲比较盛行，这就为避开阿拉伯商人和意大利商人提供了理论的支持。最早寻找前往东方新航路的是葡萄牙。

（出示《圣文森特祭坛画》）

提问：这幅画创作于15世纪，作者是葡萄牙王室宫廷画家。画面中间穿红衣服站立者就是里斯本的主保圣人圣文森特。画共分六个部分，从左到右分别是：修士画板、渔夫画板（绿衣人身披渔网，伏地老者手执鱼椎骨制成的念珠）、王子画板、大主教画板、骑士画板和圣物画板。这幅画非常好地反映了15世纪葡萄牙的历史风貌。大家从中能够获取哪些信息呢？

预设：航海业的地位比较高或航海家的地位相当于骑士，略高于普通修士（更不用说一般民众）；航海得到国家力量的支持；教会和骑士（王子属于骑士阶层）是葡萄牙统治阶层的支柱；宗教有着巨大的影响力。

讲述：在王子画板中有一个人像，这个人特别有名，叫亨利王子（也有叫恩里克王子的），是一个从没出过海的航海家。虽然他没有出过海，但是在他的资助和组织下，葡萄牙人沿非洲西海岸不断探险，最终到达了非洲最南端的好望角。

有关迪亚士和达·伽马，大家初中学过，这里不再赘述。值的一提的是，就在达伽马大获成功之后不久，葡萄牙诗人创作了一部以达·伽马为主角的长篇史诗《卢济塔尼亚人之歌》，史诗中有这样的表述（出示材料）：

他们（葡萄牙人）是一群非凡的人，不仅能征善战，而且熟谙各种危险……通过疯狂的掠夺获得永生。

——路易斯·德·卡蒙斯《卢济塔尼亚人之歌》

提问：从这段文字中能获取什么信息？

预设：作者热情赞美葡萄牙人的英勇无畏；掠夺在当时不是一种耻辱而是一种荣耀（"非凡的人"），是获得永生的方式之一；达伽马等人的行为在当时的葡萄牙人看来就是掠夺，不过他们不以为耻反以为荣；史诗会强化对外掠夺的价值。

讲述：这种价值观并不只是葡萄牙人独有，而是当时西欧一种普遍的看法。理解这一点，对于正确认识历史和今天的欧美具有重要的意义。

提问：如果我们仔细看西、葡两国的航海线路，就会发现一个有趣的现象：葡萄牙是沿非洲西海岸向东到达亚洲的，而西班牙则是向西越过大西洋到达美洲再到亚洲的，为什么会有这个不同呢？

预设：葡萄牙一直沿非洲西海岸探索，他们熟知这条航线，进而垄断这条航线，迫使西班牙只能另寻一条航线。因为当时"地圆学说"比较流行，所以西班牙选择了向西寻找到达亚洲的航行路线。

讲述：需要指出的是，葡萄牙人花了上百年才沿非洲西海岸到达好望角，为什么不到十年时间他们就直接到了亚洲？这是因为非洲东海岸一直存在着广泛的海上贸易，比如说郑和下西洋就曾到达非洲东海岸，我们前面讲古代非洲历史时也提到过非洲东部与阿拉伯半岛和印度存在密切的商业往来，也就是说那里已经存在航海路线，葡萄牙人只需要沿着原有的航线前行即可，不需要重新探索一条航线。事实也确实如此，正是在阿拉伯水手的指引下，葡萄牙顺利地抵达了印度。从这个意义上说，亚欧新航路的开辟是亚欧非文明共同努力的成果。

三、一体

（出示新航路开辟时期各国航海家的航行路线图）

提问：从这幅图中能获取什么信息？

预设：开辟新航路的时间长；参与国家多；各国的航线方向不一，英国是向西北方向，荷兰是向东北方向；联系的地区多，基本上所有地区都不再与世隔绝了。

教学后记：新航路的开辟时间长达 4 个世纪，说明这件事情很艰难；这么艰难还能持续下去，说明这件事情实在是非常有利可图。

（依次出示 17 世纪、15 世纪、18 世纪和 16 世纪的 4 幅地图）

提问：这些探索，丰富了人们的地理知识，最直观的反映就是这一时期出版的世界地图。这 4 幅地图分别出版于 15 世纪、16 世纪、17 世纪和 18 世纪，请观察地图，结合所学知识，指出这 4 幅地图的出版时代（顺序）分别是什么？

预设：第一张图是 17 世纪的，北美西海岸画得不太准确，北美北部一片空白，没有五大湖；第二张图是 15 世纪航路开辟前的，连非洲好望角都没有出现；第三张图是 18 世纪的，北美西海岸画得比较准确，五大湖画出来了，澳大利亚也画出来了；第四张图是 16 世纪的，非洲画得比较准确，但美洲不太准确。

讲述：欧洲人出版的这些地图，始终将自己放在世界的中心，这是"欧洲中心观"在地图制作上的反映；欧洲人将新航路开辟称为"地理大发现"，在他们看来，这些地方根本不存在（从欧洲人角度出发，他们确实不知道这些地区），是他们"发现了"这些地方。

总的来说，通过几个世纪商业驱动的航海探索，人类不仅丰富了有关地球的地理认识，而且在原有的贸易路线之外开辟了众多新的海上贸易路线，世界主要的大洋与大陆之间，通过海上航线建立了直接联系。

☞ 课堂小结

人类的这段历史进程给予类似英国这样的岛国一个难得的发展机遇，西班牙、葡萄牙是起了个大早却赶了个晚集，英国则抓住了这个历史机遇，通过参与殖民扩张和掠夺，推动了国内市场的发展，进而引发了改变历史的工业革命，最终成就了与自己体量远不相称的国际地位。

（出示标示 19 世纪末英国控制的区域的地图）

提问：这幅地图中标红的地方为英国本土和英国控制的殖民地。我们从这个图中能获取什么历史信息？

预设：英国控制的殖民地遍及世界各大洲；殖民地以沿海地区为主；控制的殖民地的面积远远超过英国本土。

讲述：正是因为英国控制的殖民地范围广泛，所以原来西班牙人自称的"日不落帝国"成为英国的专有称号，英国伦敦格林尼治天文台成为0度子午线所在地，英国俨然把自己当成了世界的中心。

英国借助时势获得了与其自身体量不相匹配的国际地位，我们要肯定和学习英国崛起过程中对不同文明成果的吸收和利用，正是这种开放与兼容推动了英国的崛起，尽管这种开放是通过殖民扩张与掠夺来体现的，比如英国著名的大英博物馆，其馆藏精品绝大部分是通过掠夺亚非拉地区而得来的，其中就包括我国敦煌莫高窟的大量无价文物。

正是从这个意义上，我比较认同苏联文艺理论家的开放体系论，那就是：

任何一个进步的体系，也都是开放的，不然就会丧失其发展的可能性，因而也就会丧失其进步性的特点。

——德·马尔科夫《论社会主义现实主义艺术概括的形式》

【板书设计】

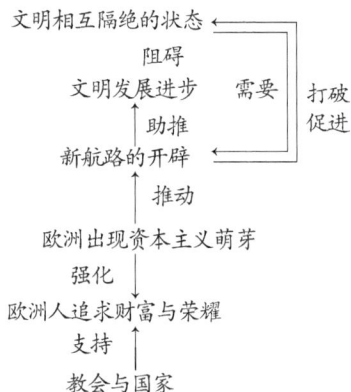

【资料附录】

1.《卢济塔尼亚人之歌》

他们（葡萄牙人）是一群非凡的人，不仅能征善战，而且熟谙各种危险……通过疯狂的掠夺获得永生。

——路易斯·德·卡蒙斯《卢济塔尼亚人之歌》，转引自美国时代生活编辑部《发现新大陆：公元 1400 年—1500 年》

2.《圣文森特祭坛画》

这幅六屏祭坛画描绘了神职人员、贵族、骑士和普通民众，共有 57 个人物。然而，对于大航海而言，它的意义在于保留了大航海先驱亨利王子的形象。亨利王子只是画中众多人物中的一位，出现在左数第三块画板上，位置居中。亨利王子安静而虔诚地在红衣圣徒旁侍立，仅露出大半个身子，但头上那顶硕大而奇特的黑帽子非常显眼，这亦成为后世所绘亨利王子的标志。1960 年里斯本修建地理大发现纪念碑，碑上的亨利王子雕像，就照搬了这幅祭坛画中亨利王子的形象：王子手捧着一艘轻帆船模型站在船头，头上戴着那顶标志性的大帽子。这组雕像中，手持画笔的那位就是贡萨尔维斯。

画家贡萨尔韦斯的身世很少为人所知，生卒日期不详。那个时期的文献显示他活跃在 1450 年到 1490 年之间。这幅祭坛画完成于亨利王子离世的 1460 年，画家选取了终身未娶的亨利王子的晚年形象。画面前景有多位祈福的骑士，还有一大捆缆绳，似乎象征着航海与征服。关于这幅画的技法与画中人物，尤其是王室成员，还有许多争议，但它仍被看作葡萄牙古代艺术的巅峰之作，当然也是一件国宝级文物。

——梁二平《世界名画中的大航海》

3. 资本论

一旦有适当的利润，资本就胆大起来。如果有 10% 的利润，它就保证到处被使用；有 20% 的利润，它就活跃起来；有 50% 的利润，它就铤而走险；为了 100% 的利润，它就敢践踏一切人间法律；有 300% 的利润，它就敢犯任何罪行，甚至冒绞首的危险。

——卡尔·马克思《资本论》（第一卷）

4. 文化交流的重要性

人类的历史证明，一个社会集团，其文化的进步往往取决于它是否有机会吸取邻近社会集团的经验。一个社会集团所获得的种种发现可以传给其他社会集团；彼此之间的交流愈多样化，相互学习的机会也就愈多。大体上，文化最原始的部落也就是那些长期与世隔绝的部落，因而，它们不能从邻近部落所取得的文化成就中获得好处。

——弗朗兹·博厄斯《种族的纯洁》，转引自方木铎《发现博物馆里的历史》

5.《马可·波罗游记》

第六章　爪哇岛

离开印度支那，向南和东南方向之间行驶二千四百公里之后，就可以到达一个面积很大的岛，叫做爪哇岛（这一章将爪睦岛和加里曼丹岛混在一起谈）根据一些消息灵通的航海家报告，这是世界上最大的岛，方圆约四千八百多公里，只受一个国王的统治，居民不必向其他任何强国进贡。他们信奉佛教。

这个国家商品种类很丰富。岛上出产如胡椒、肉豆蔻、甘松香油，生姜、荜澄茄、丁香和其他一切有价值的香料和药材，因此有许多商船装载商品前来交换，并且获得巨大的利润。

这里收集的黄金的数量多得无法计算，甚至达到令人难以置信的程度。刺桐（泉州）和蛮子商人一般从这里输入大量黄金，直到现在仍旧不变，也从这地方获得最大量的香料，送销到世界各地。大汗没有征服这个岛屿，主要原因是出于航程太远，和海途多险这两点。

——马可波罗口述，鲁思梯谦笔录《马可·波罗游记》

6. 哥伦布

1492 年 4 月 17 日，国王和女王表示同意哥伦布的书面协议草案。我们这里引用这个具有历史意义的协议中最重要的两条：

"作为海洋领主的陛下从今以后赐予克里斯多芬·哥伦布以'唐'① 的尊号，并委任他为一切海岛和大陆的司令，这些海岛和大陆是他亲自发现和夺

---

① 授予"唐"的尊号表明，哥伦布已被提升到宫廷贵族的行列。——原注

得的，或是由于他发挥了航海技能而发现的。在他逝世以后，这个尊号和属于他的一切权力、特权将永远赐予他的继承人和后代……陛下把哥伦布封为被发现和夺得的海岛、大陆的副王和首席执政者。为了管辖每个海岛和大陆，必须选出适合于这个职务的人……"（由哥伦布提名候选人）

"一切商品，不论是珍珠或宝石，黄金或白银，香料或其他货物……凡是在司令管辖范围内购买、交易、发现或夺取的，他都有权把全部获得物的十分之一留给自己，以偿清耗去的费用，其余的十分之九应呈献给陛下。"

两周以后，即 4 月 30 日，国王和女王正式授予哥伦布和他的继承人以"唐"的尊号（约定在探险成功时的尊号），还有"海岛和大陆司令"以及副王和总督的头衔，同时宣布他有权得到与这些职务相符的薪俸，这些薪俸将从上述地域新发现地的总收入中扣除。另外，哥伦布还有权处理与此相联系的刑事和民事案件。

国王陛下把这次海外探险首先看作是一次充满冒险的商业贸易事业。女王所需要的不是证实古代著作家或中世纪游历家的言论，她更需要的是直接感受到的保证。女王看到一些头脑清醒而又行动稳健的财阀支持这个计划时，终于决定了这件事。路易斯·桑坦赫尔和塞维利亚的商界代表人物借给了国王 114 万马拉维第①（约合 1.2 万金卢布）。城市资产阶级的显赫代表人物与有影响的宗教界人士一起支持哥伦布，并为他的成功而奔波。

——马吉多维奇《世界探险史》

◎ 第七课　全球联系的初步建立与世界格局的演变

【课标内容】

正式版课标：通过了解新航路开辟所引发的全球性流动、人类认识世界

---

① 西班牙货币旧称。——译注

的视野和能力的改变，以及对世界各区域文明的不同影响，理解新航路开辟是人类历史从分散走向整体过程中的重要节点。

初中课标：通过哥伦布、麦哲伦等航海家的探险活动，以及新航路开辟后的殖民扩张、物种交换和全球贸易，了解资本原始积累的野蛮性和残酷性，认识新航路开辟的世界影响，理解世界逐渐形成一个整体。

【教材分析】

本课内容集中在部编版历史九年级上册的第 16 课。

课题	子目	部编版教材内容
早期殖民掠夺	葡萄牙与西班牙的殖民掠夺	介绍了葡萄牙、西班牙、英国、荷兰、法国这几个欧洲国家的殖民掠夺和殖民争霸历史
	英国的殖民扩张	
	荷、法、英殖民争霸	

本课是部编版《中外历史纲要（下）》第三单元第 7 课。本课共三目，分别是"人口迁移与物种交换""商品的世界性流动""早期殖民扩张"。

"人口迁移与物种交换"一目共三段，第一段介绍各大洲之间人口迁移的情况，第二段介绍世界动植物的大交流情况，第三段介绍人口和动物的全球流动导致了各种疾病的传播。

"商品的世界性流动"一目共五段，第一段整体上介绍全球海路的开辟大大提升了海路在世界贸易中的重要性，第二段介绍三角贸易的形成，第三段介绍葡萄牙人的对华贸易情况，第四段介绍西班牙人的对华贸易情况，第五段讲日本与美洲的白银大量流入，形成了一张白银输入中国的贸易网络。

"早期殖民扩张"一目共四段，第一段以葡萄牙、西班牙为主介绍了欧洲列强的殖民扩张情况，第二段介绍殖民扩张对非洲、美洲和亚洲的影响，第三段讲殖民扩张使欧洲出现商业革命和价格革命，第四段从整体上归纳殖民扩张的历史影响是"人类社会开始进入大变革的时代"。

【教学立意】

新航路的开辟引发了世界范围内商业贸易的变化，海外贸易的巨大发展进而带动人口与物种的大流动与大变迁，同时影响到世界经济格局的变迁。

欧洲的殖民侵略与掠夺为自身发展提供了资本的原始积累，推动了欧洲资本主义的发展；同时给亚非拉带来了深重的灾难，世界逐渐形成以欧洲为中心的政治格局。

【教学目标】

通过对15—18世纪相关文学著作、绘画作品、历史地图的学习，感受开辟新航路对人类认识世界的视野和能力的改变，体会其对世界各区域文明的不同影响，同时更加认同中国的对外开放政策。

【重点难点】

重点：让学生理解新航路开辟是人类历史从分散走向整体过程中的重要节点。

难点：让学生辩证认识殖民扩张的历史作用。

【教学过程】

☞ 导入新课

（出示俄国彼得一世改革图片）

讲述：大家在初中学过俄国彼得一世改革，这场改革是向西欧学习，为此彼得一世采取了很多极端举措，包括强迫俄国人穿西式服装，甚至是剪掉俄国人引以为荣的长胡须。可以这么说，当时西欧怎么样，彼得一世就要俄国人怎么样。

提问：但是，大家都知道，西欧没有农奴制。那么彼得一世为什么不向西欧学习，改革农奴制，反而进一步强化农奴制呢？

☞ 教学新课

一、新的世界

讲述：前面我们讲过，科学家根据印加人的农业生产技术进行试验，发现印加人的梯田所种植的土豆亩产量惊人。这当然和土豆本身是高产作物有关，不光土豆，玉米、红薯也都是高产作物。它们不光高产，对土地的要求还很低，所以随着这些高产作物传到其他大陆，不仅仅是改变了其他大陆的饮食结构，更极大地促进了人口的增长，比如我们学过关于明清人口猛增的相关知识。

（出示 1500—1800 年人口增长情况统计表）

提问：这是学者统计的全球人口增长情况，大家从图中能获取什么信息？

预设：人口不断增长；人口增长前慢后快，呈加速增长趋势。

讲述：需要指出的是，并不是每个地区、每个族群的人口都是增长的，事实上，美洲印第安人的数量不仅没有增长，反而减少了约 90%。出现这种现象，一方面是因为西方殖民者的屠杀和迫害，另一方面也与来自欧洲的传染病的流行有关。也就是说，随新航路开辟而在全球范围内流动的不仅是动植物、人类，还包括微生物如病毒。

变化的不仅仅是人口数量的增长，还有人口的结构。美洲本来没有白人，也没有黑人，但由于殖民侵略，来了很多欧洲白人；由于黑奴贸易，出现了大量非洲黑人。加之不同族群之间相互通婚，又形成新的混血儿群体。

（出示拉丁美洲人种由来表）

提问：从中能获取什么历史信息？

预设：拉丁美洲存在不同种族间的通婚；拉丁美洲出现许多新的族群，社会结构发生剧烈变化。

二、新的社会经济

讲述：有意思的是，这种不同种族间的通婚行为主要发生在南美的西、葡殖民地，在北美的英、法殖民地通婚现象要少得多，英国移民极力阻碍不同种族间的通婚，拒绝接受、承认混合双亲的后裔。这就解释了为什么北美种族歧视比南美要严重得多，因为在北美，种族歧视由来已久，根深蒂固。当然，这并不是说南美的欧洲人就没有种族歧视，当地欧洲人打内心里瞧不起美洲土著和非洲黑人，那他们为什么又愿意离开家乡，去遥远的美洲和其他地方呢？原因其实在上一课有提到——追求荣耀和财富。比如参与征服阿兹特克帝国的一个西班牙士兵这样描述他的感受（出示材料）：

我跟你说吧，我看到这些财宝时，大为惊讶。……我有生以来从未见到过如此多的财宝。

——贝尔纳尔·迪亚斯·德尔·卡斯蒂略《发现和征服墨西哥》

提问：从中能获取什么历史信息？

预设：阿兹特克人的财宝众多；西班牙人感到惊讶，一是因为阿兹特克人财宝多，二是由于西班牙士兵大多出身低层，少有机会见到大量财宝，少见自然多怪；这样的记载会吸引更多的欧洲人前往美洲探险。

（出示描绘 16 世纪南美银矿开采现场的绘画）

提问：西班牙人不仅发现了美洲人的大量财宝，也发现了这些财宝的来源——金矿和银矿。现在大家看到的是创作于 16 世纪 80 年代中期的一幅插画，反映的是南美某地的银矿开采情况。在画面中，驼着银矿石的羊驼正沿山而下，矿工正在碾碎矿石，从中提取纯银。此外，我们还能从图中获取什么历史信息？

预设：围绕采矿业形成了定居点；定居点有了农业等配套行业；采矿业的规模较大；采矿业的发展引人注目。

讲述：西班牙在南美掠夺了大量的黄金和白银，却没有成为经济强国，套用斯蒂芬·茨威格的那句话：所有时代赠送的礼物，早已在暗中标好了价格。西班牙人的钱来得太容易了，这使得他们不愿意从事生产劳动，因为生产劳动来钱慢，并且他们热衷享受。这两点加在一起，使西班牙人大量向国外购买商品，而能满足他们需求的一是英法等西欧国家，二就是东亚的印度和中国，特别是中国。由于中国庞大的体量和较强的生产能力，包括殖民地在内的西班牙人大量购买中国的商品，那些来往于菲律宾和墨西哥之间的帆船有个专门的称呼，叫"马尼拉大帆船"，经由这些马尼拉大帆船，中国的商品流入西班牙人领地而美洲的白银则大量流入中国，这直接促成了明朝银本位制的建立。

由于中国繁荣的工商业，其所需要的白银同样是巨大的，不光是美洲的白银，其他地区的白银，也在往中国流动。参与白银贸易的也不只是西班牙人，还有葡萄牙人。葡萄牙人骗占了澳门，形成了以澳门为主要中转站的海上贸易网络。他们大量购买中国的丝茶瓷器等商品，而用来支付这些商品的白银则来自欧洲和日本。有学者认为，当时大概一半以上的白银流入中国。这些白银虽然不像美元一样是廉价印出来的，却是廉价掠夺而来的。换句话来说，西方通过占领美洲，通过使用成本极为低廉的奴隶劳动力，获取了足以稀释全球财富的白银资本。他们在 1500—1800 年的 300 年时间里，总共向中国输入了 6 万吨白银（相当于 15 亿两白银，明清时代一两大体在 40 克上下浮动），以此换取那个时代全世界稀缺、昂贵的工业制成品——瓷器（还有丝绸、茶叶等其他物资），这些天量的财富对掌握了"世界铸币权"的西方人来说，几乎等于"白拿"。

三、新的格局

讲述：与西班牙在美洲的殖民地可以依赖金银采矿业获取大量财富不一样的是，在巴西殖民的葡萄牙掠夺财富则严重依赖蔗糖的生产与出口。由于蔗糖的生产需要大量农业劳动力，葡萄牙人早在 16 世纪 30 年代就开始从非洲进口奴隶，经过半个世纪，葡萄牙人的蔗糖生产就完全离不开黑人奴隶了。危险的工作环境、人身虐待、酷热、食物缺乏以及拥挤的住处，导致了奴隶的高发病率和高死亡率：蔗糖生产业基本上每年都要损失 5%～10% 的奴隶。在巴西，绝大多数的种植园都是如此，奴隶的死亡人数常常超过了出生人数，另外，养育一个奴隶孩子至少需要 12 年的支出，这对奴隶主来说是纯粹的经济损失。这一切意味着对奴隶的需求是持久的，葡萄牙人因此成为最早进行大规模黑奴贸易的欧洲国家。与此同时，葡萄牙是沿着非洲海岸线开辟新航路的，在相当一段时间里，非洲沿海是葡萄牙的势力范围，从事非洲黑奴贸易对葡萄牙人来说可谓是天时地利人和。

从非洲运送奴隶到美洲，从美洲运送矿产和农产品去欧洲，再从欧洲运送枪支等制成品到非洲，这就是臭名昭著的"三角贸易"。通过三角贸易，欧洲赚取了十分丰厚的利润。也就是说，通过抢劫和不平等贸易，欧洲获取了大量财富。

（依次出示两幅创作于不同时期，但都名为《放贷者和他的妻子》的艺术作品）

讲述：尽管，真正的财富并不是货币，而是物资。但我们还必须承认，货币对于商业发展的积极作用。我们看这两幅绘画，前一张是尼德兰画家马修斯于 1514 年所作的，原名《借贷银钱的人与他的妻子》（也译为《放贷者和他的妻子》），现收藏于法国罗浮宫博物馆。后一张是另一位尼德兰画家马里纳斯创作于 1540 年的作品，也叫《放贷者和他的妻子》。两幅画中的男主人公都在"称金"，这是 16—17 世纪荷兰人的一个普遍的行为，由于金银在使用过程中常有减损，细心的商人都需要称量金银的重量，以确认其真正的价值。在交易、计算和管理中，用天平称量钱币都是必要的。以称金的人物或场景为题材的风俗画在当时非常流行，现在我们看到的只是两幅比较典型的画作。

提问：我们从这两幅画作中能获取什么历史信息呢？

预设：金银等贵金属被广泛使用（价格革命）；商业空前繁荣（商业革命）；人们的思想受到冲击（思想革命）。

讲述：金银等贵金属大量流入欧洲，物资生产能力并没有同步提高，自然造成通货膨胀，物价猛涨，人们称这一历史现象为"价格革命"。价格革命对于英法这些手工业生产比较发达的西欧国家极为有利，西、葡掠夺的金银因此大量流入英法。东欧包括俄国工商业不发达，但是农业生产条件好，价格革命意味着农产品价格同样猛涨，从事农业生产和农产品出口变得极为有利可图。东欧包括俄国本来农奴制已经开始瓦解，但由于粮食价格的猛涨，贵族们为了生产更多的粮食，为了获得更多的利润，反而强化了农奴制。彼得一世改革强化农奴制的原因在于，他需要生产和出口更多的粮食来为他的改革提供资金。

商业的空前繁荣被人们称为"商业革命"，突出体现在以股份公司和证券交易所等为代表的商业组织形式的革命性创新上。

欧洲通过掠夺和贸易获取了大量金银，但是这些金银并不是资本，什么是资本呢？（出示材料）

生产资料和生活资料，作为直接生产者的财产，不是资本。它们只有在同时还充当剥削和统治工人的手段的条件下才成为资本。

——卡尔·马克思《资本论》第一卷

资本也是一种社会生产关系。这是资产阶级的生产关系，是资产阶级社会的生产关系。

——《马克思恩格斯选集》第一卷

讲述：从马克思等人的论述来看，资本就是资本主义（生产关系），它必须和剥削、统治工人联系起来，必须进入生产领域。从这个意义上来说，这一时期欧洲掠夺的财富还不是资本，而是资本的原始积累，当那些奴隶主、商人拿着掠夺来的资金开办各种工场的时候，资本主义也就不再是萌芽而成为一种正式的生产关系了。欧洲的对外殖民扩张推动了欧洲资本主义的发展，这是近代以来欧洲最终确立其在世界格局中的中心地位之根本原因。

☞ 课堂小结

1861 年，经历克里米亚战争失败的俄国为了发展资本主义，实现富国强兵，被迫实行农奴制改革。俄国农奴制的兴亡，和世界政治经济格局的变化密切相关。不仅仅是俄国，近代以来世界各国逐渐成为一个整体，牵一发而动全身，某一国家的变化不可避免地会对世界其他国家和地区产生影响。从这个意义上，我想用英国诗人邓恩的一句话来结束今天这节课：

没有谁是一座孤岛，在大海里独踞。

——约翰·邓恩

【板书设计】

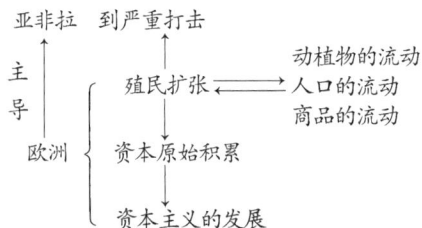

【作业设计】

阅读材料，完成下列要求。①

材料一

17 世纪中期，荷兰海上势力扩展至全球，被称为"海上马车夫"。1651年，为了增强霸权实力，英国议会通过新的《航海条例》，这成为英荷海上大战的导火索。双方先后发生了第一次英荷战争（1652—1654）和第二次英

① 摘自 2024 年江西高考历史卷第 19 题。

荷战争（1665—1667）。1670 年 6 月，英法两国签订《多佛密约》。1672 年 3 月，法荷战争爆发。同月，英国对荷兰不宣而战。荷兰掘开拦海大坝，海水倒灌淹没国土，法国陆军进攻才暂时受阻。在海战中，荷兰击败英法联军。多年战争几乎耗尽了荷兰的经济储备。

——摘编自彭波、施诚《千年贸易战争史》

材料二

1688 年，利用英国国内高层政治矛盾，荷兰的威廉王子成功推翻詹姆斯二世国王并获取英国王位，这就是英国"光荣革命"。这场不流血革命一方面强化了英国的重商主义产业政策以及英国政府发行国债的能力，另一方面通过吸收和利用荷兰的金融资本打造了一个能够在各方面与法国匹敌的英荷联盟，尤其是对海外殖民地的统治方面，百年之后再将变得虚弱的荷兰一脚踢下悬崖（第四次英荷战争），实现独霸世界的"日不落帝国"美梦。结果的确是这样：通过赢得对法国的竞争，英国以更快的速度迅速崛起，不到一百年之后就引爆了第一次工业革命，改变了人类历史进程。

——摘编自文一《科学革命的密码：枪炮、战争与西方崛起之谜》

（1）根据材料一，概括这一时期欧洲列强殖民争霸的态势。

（2）根据材料一、二，结合所学知识，简析"光荣革命"对世界殖民体系的影响。

答案（14 分）

（1）态势：荷兰处于霸主地位；英法挑战削弱荷兰海上霸权；荷兰由盛转衰。（6 分）

（2）影响："光荣革命"巩固了英国资产阶级统治，英国获得荷兰金融资本，逐渐取得殖民霸权；荷兰失去了金融资本，丧失了海上霸权；法国面对英荷同盟竞争力减小，最终被英国打败；"光荣革命"为工业革命创造了条件，工业革命增强了欧洲列强殖民扩张的能力。（8 分，要从英、荷、法、世界四个维度回答。）

解析

（1）据材料一"17 世纪中期，荷兰海上势力扩展至全球，被称为'海上马车夫'"，可得荷兰处于霸主地位；据材料一"双方先后发生了第一次英荷战争（1652—1654）和第二次英荷战争（1665—1667）""1672年3月，法荷战争爆发"，可得英法挑战削弱荷兰海上霸权；据材料一"多年战争几乎耗尽了荷兰的经济储备"，可得荷兰由盛转衰。

（2）据材料一"17世纪中期，荷兰海上势力扩展至全球，被称为'海上马车夫'"、材料二"百年之后再将变得虚弱的荷兰一脚踢下悬崖（第四次英荷战争）"，以及"不到一百年之后就引爆了第一次工业革命，改变了人类历史进程"等并结合所学，可从英国、荷兰、法国以及世界四个维度思考和组织答案。

如对英国：巩固了英国资产阶级统治，英国获得荷兰金融资本，逐渐取得殖民霸权。

对荷兰：荷兰失去了金融资本，丧失了海上霸权。

对法国：法国面对英荷同盟竞争力减小，最终被英国打败。

对世界：为工业革命创造了条件，工业革命增强了欧洲列强殖民扩张的能力。

【资料附录】

1. 人口增长

大航海带来的动植物品种的交流使世界人口激增。1500年，亚欧大陆从黑死病的折磨中复苏，人口约为4.25亿。到1600年，人口增加了25%，达到5.45亿。接下来的一个世纪中，人口增长速度减慢，但到1700年，人口达到6.1亿。但是从这时开始，人口的增长速度超过了历史上的任何一个时期。到1750年，人口达到7.2亿，1800年人口突破9亿，也就是说，在这100年中，人口增长了50%。人口的增加大部分要归功于由全球交流所带来的饮食营养的改善。

——杰里·本特利、赫伯特·齐格勒《新全球史：文明的传承与交流（上）》

2. 渴望财宝

我跟你说吧，我看到这些财宝时，大为惊讶。……我有生以来从未见到过如此多的财宝。

——贝尔纳尔·迪亚斯·德尔·卡斯蒂略《发现和征服墨西哥》，转引自芭芭拉·A. 萨默维尔《阿兹特克帝国》

第四单元

资本主义制度的确立

◎ 第八课　欧洲的思想解放运动

【课标内容】

正式版课标：通过了解文艺复兴、宗教改革、启蒙运动与资产阶级革命的历史渊源，认识资产阶级革命的发生和资本主义政治制度的确立，是近代西方政治思想理念的初步实现。

初中课标：通过了解资本主义性质的手工工场和租地农场的出现，初步理解近代早期西欧社会经济的重要变化；通过了解欧洲兴起的文艺复兴运动及其代表人物和作品，如《神曲》、莎士比亚的戏剧，初步理解"人文主义"的发展及其对人的思想解放的意义。

【教材分析】

本课内容集中在部编版历史九年级上册的第 14 课和第 19 课。

课题	子目	部编版教材内容
文艺复兴运动	文艺复兴	介绍了文艺复兴运动的背景和主要代表人物及其突出成就
	但丁	
	达·芬奇	
	莎士比亚	
法国大革命和拿破仑帝国	旧制度的危机	介绍了法国的启蒙运动

本课是部编版《中外历史纲要（下）》第四单元第 8 课。本课共四目，分别是"文艺复兴""宗教改革""近代科学的兴起""启蒙运动"。除了"文艺复兴"，其他三目内容初中基本都没有涉及。

"文艺复兴"一目共六段，第一段介绍文艺复兴的含义，第二段介绍文艺复兴的背景和原因，第三段介绍人文主义的内涵，第四段介绍文艺复兴在意大利的代表人物与成就，第五段以莎士比亚为代表介绍文艺复兴在欧洲的扩展和历史影响，第六段特别从思想上介绍文艺复兴的影响："文艺复兴在一定程度上冲击了封建秩序，解放了长期被宗教戒律压抑和禁锢的人性，使人们开始更多地关注人本身与现世世界。"

"宗教改革"一目共三段，第一段介绍德国宗教改革的背景、内容与影响，第二段极其简要地提到了其他地区的宗教改革，第三段介绍宗教改革的影响："宗教改革进一步解放了人们的思想，传播和发展了人文主义，有利于欧洲资本主义的成长，推进了欧洲民族国家的形成和文化教育事业的发展。"

"近代科学的兴起"共三段，第一段介绍近代科学革命的产生，第二段以哥白尼和牛顿为例介绍了近代科学的成就，第三段介绍科学革命的影响。

"启蒙运动"共七段，第一段介绍启蒙运动出现的原因，第二段介绍启蒙运动的含义，第三段介绍启蒙运动的发展历程，第四段介绍启蒙运动的理性精神，第五段介绍法国启蒙思想家的政治主张，第六段介绍欧洲其他国家启蒙思想家的主张如亚当·斯密和康德，第七段介绍启蒙运动的影响："启蒙运动进一步解放了人们的思想，为资本主义制度的建立作了理论准备和舆论宣传，直接推动了美国独立战争和法国大革命，有助于在这些国家建立资产阶级统治。启蒙思想也成为殖民地半殖民地人民争取民族独立的精神武器。"

【教学立意】

中世纪晚期，西欧经济和社会逐渐向资本主义社会转型。经济和社会的发展以及近代科学的兴起推动了思想观念的变迁，这种变迁依然遵循着从感性到理性、由表及里的规律，即社会先后经历了文艺复兴、宗教改革和启蒙运动。思想解放是社会变革的先导，此后的欧洲社会出现了巨大的变革，此起彼伏的资产阶级革命和改革最终推动了资本主义制度的确立。

本课的教学立足点为思想解放。

【教学目标】

通过分析相关油画、漫画、新闻报道和学者著述，了解文艺复兴、宗教改革、近代科学的兴起、启蒙运动的历史，感受西欧人文精神的复兴和发展，认同以人为本的人文精神，认识思想解放对社会变革的巨大影响。

【重点难点】

重点：让学生掌握欧洲思想解放运动的历程。

难点：让学生理解欧洲思想家的思想理论，如自然权利学说，社会契约论等。

【教学过程】

☞ 导入新课：

（出示名为《愚人船》的绘画作品）

讲述：这幅画是由 15 世纪的荷兰画家希罗尼穆斯·博斯创作的。根据人物的服饰我们可以很容易看出船正中的两个人的身份，弹奏乐器的是位修女，坐在对面的是位教士（修士），他们正要咬挂着的一大块肉，桌子上还有吃剩的水果和喝剩下的酒。很明显，画中的修士、修女都不是什么存理灭欲的圣徒，而是沉溺于吃喝玩乐之徒。也就是说，作者借此画批判这些教士、修士和他们背后的天主教会。

提问：那问题来了，前面我们学习中世纪的欧洲时，知道中世纪天主教会对包括荷兰在内的西欧有着巨大的影响力，当时西欧的民众大多是十分虔诚的天主教徒，画家本人其实也是个虔诚的教徒。既然是虔诚的教徒，那应该对教士和教会十分恭敬才对，为什么作者不去赞美教士和教会，反而讽刺和挖苦他们呢？

教学设想：从世界名画导入，结合前面所学知识，引导学生思考背后的原因。由于学生对这幅画缺乏足够的了解，所以选择由老师介绍画作的创作背景和主要内容，从而渗透时空观念、史料实证和历史解释素养的培养。

☞ **教学新课**

一、文艺复兴

讲述：中世纪时期人们对天主教是很虔诚的，当时有这么一句话，叫作"为信仰而生活"。最能体现这一点的莫过于中世纪时期出现的修道院。修道院往往建在远离人类社会的地方，比如山区。在修道院里面生活的是修士或者修女，他们过着非常简朴的生活，因为他们相信，通过克制自己的欲望，死后灵魂可以升入天堂，成为"义人"，教会叫这个为"因行称义"。而那些放纵欲望的人死后就会坠入地狱受折磨，大家都害怕下地狱，所以就只能拼命克制欲望。但是人们发现，教会那帮教士光顾着要信徒们克制欲望，自己却放纵欲望，这当然引起了信徒们的强烈不满，所以才会有《愚人船》这样的作品出来。这时的人们依然信上帝，但未必信教士，未必信教士们嘴里说的话。受这种情绪的推动，西欧出现了近代第一场思想解放运动——文艺复兴运动。大家在初中学过有关文艺复兴的内容，这里我们简单回顾一下。

请大家依据教材，分别回答文艺复兴产生的原因、人文主义的内涵、文艺复兴的发展过程、代表人物及历史意义。

教学设想：本课内容众多，考虑到学生初中学习过文艺复兴的知识，这里教师不再作具体展开，而是让学生依据教材内容对文艺复兴的相关内容进行回顾。

二、宗教改革

讲述：文艺复兴把人们从神权的禁锢中解放出来，是一次伟大的思想解放运动。但是文艺复兴的成就主要表现在文学艺术领域，由于当时西欧老百姓基本上是文盲，文艺复兴的影响是主要局限在上层和知识分子阶层，真正把社会下层普通老百姓席卷进来的则是宗教改革运动。

之所以出现宗教改革运动，是因为当时西欧的天主教会非常腐败。教会神职人员不学无术、声色犬马，去妓院比去教堂还频繁。教会腐败还有一个突出表现是出售"赎罪券"。比如教皇列奥十世宣称信徒只需认购"赎罪券",就可以使灵魂得救,而出售"赎罪券"的教士可获三分之一所得。一方面,对那些不愿日复一日忍受烦琐教规约束的人来说,购买"赎罪券"无疑是一条通向天堂的捷径;另一方面,对教士来说,这是一个发财的好方法。我们来看看当时的教士是怎么打广告的(出示材料):

只要买赎罪券的钱币落入钱柜叮当一响,买主挂记的那个罪人的灵魂会立刻从炼狱直飞天堂。

谁若杀害了父母、兄弟、姐妹、妻子或其他任何一个亲属,只要交纳5~7枚金币,便可洗清罪恶了。

———约翰·台彻尔("赎罪券"推销者)

提问:这样的广告会有什么样的效果?

预设:鼓励和纵容犯罪。

讲述:有人将这样的广告称为"绝对的无耻和诱人犯罪的可怕言论",这个人就是马丁·路德。他是一名修道士,当时在威腾堡大学担任神学教授。据说忍无可忍的他在维腾堡教堂的大门口贴出了第一张战斗檄文:《九十五条论纲》(全称叫作《关于"赎罪券"功效的九十五条辩论意见》)现在节选其中三条(出示材料):

第二十八条　很显然,当钱币投入钱柜中"叮当"作响的时候,增加的只是利心和贪欲心,至于代祷是否有效,完全只能以上帝的意志为转移。

第三十六条　每一个基督教徒,只要感觉到自己真诚悔罪,也同样可以得到赦罪或全部免罚。

第三十七条　任何活着或死了的真基督徒,即令没有赎罪票,也都分享基督和教会的一切恩惠,这些恩惠是上帝所赐的。

———马丁·路德《九十五条论纲》

提问:与"赎罪券"的广告相比,《九十五条论纲》表达的核心论点是什么?

预设:花钱未必能赎罪;真诚悔改可以赎罪;批判教会贩卖"赎罪券"(提醒学生马丁·路德并不反对"赎罪券"本身)。

讲述:由于当时已经出现印刷术,马丁·路德的《九十五条论纲》得以在半个月传遍德意志，在一个月传遍欧洲，从而引起了一场持续不断的广泛讨论。路德反对教会的"因行称义"，主张只要信仰虔诚即可得救，死后可上天堂，这个观点被称为"因信称义"。教皇要求路德收回自己的观点，认罪悔过，遭到路德的拒绝。罗马教皇于是宣布路德是异教徒，德国（神罗）皇帝也宣布路德的人身不再受帝国法律保护，路德的处境一时非常危险。为了保护路德的安全，一名支持他的贵族派人将其送到安全的地方隐居起来。在那里，路德用80天时间将《圣经·新约》译成了通俗德文。这版《圣经》极受德国民众欢迎，在问世之后被不断再版，迄今仍是德语《圣经》最受欢迎的版本。但是当时能够读书写字的人还是很少，对大多数信徒来说，即使有了德语的《圣经》，他们也不会念，还需要专职的宗教人士领读。所以，马丁·路德后半生所做的主要工作就是建立全新的教会。在路德的影响下，法国、英国等也先后出现宗教改革运动，这些改革后的基督教被统称为新教。

（出示《17世纪西欧宗教改革形势图》）

提问：从地图中能获取什么信息？

预设：天主教一统西欧的局面被打破，不仅出现了新教，其影响范围还相当广；新教的影响范围主要在欧洲的西北部（西欧偏北部一点）。

讲述：宗教改革进一步解放了人们的思想，更广泛和更深入地传播和发展了人文主义。新教提倡的勤劳节俭的品德和积极的生活态度，促进了新教国家资本主义经济的发展。脱离罗马教廷的民族教会的建立，推进了欧洲民族国家的形成和文化教育事业的发展。

三、科学革命

讲述：宗教改革之后出现了一个"人人可为祭司"的新时代，上帝再也无法以统一的面目团结世人。于是，人开始代替"神"出现在混乱和冲突中，依靠自己的理性，去探寻、建立一种新的人间秩序。

由于文艺复兴和宗教改革解放了人们的思想，这一时期欧洲出现了科学革命。波兰天文学家哥白尼提出"日心说"，否定天主教会宣扬的"地心说"，"日心说"虽然并不完全正确，但冲击了教会的思想理论，标志着科学从神学的束缚下开始独立。哥白尼的"日心说"并不是根据生活经验和想象而来的，而是建立在数十年如一日不懈的天文观察和数学计算上。这意味着人们对世界的认识已经从经验和想象转变为实验和论证了。近代科学之父伽利略非常重视实验的作用，相传他曾在比萨斜塔做过一场著名的铁球实验，通过实验，他发现了自由落体定律等物理学定律。在伽利略等人研究的基础上，1687年，英国人牛顿出版了《自然哲学的数学原理》一书，轰动了整个欧洲知识界。

四、启蒙运动

讲述：正是通过这本书，牛顿证明了这个世界是可以用数学来说明的，这个世界不是按照上帝的意愿，而是按照某种原理在运行的。牛顿的这一发现产生了巨大的影响。在牛顿科学发现的启发之下，人们很自然地由自然界联想到人类社会。既然自然界有一个统一的规律，人类社会也不会例外。既然凭理性可以发现自然界的规律，那么凭理性也就可以发现人类社会的规律，从而构建一个符合规律的理想社会。

人类社会有什么规律呢？欧洲的思想家们经过思考，得出了这样的结论（出示材料）：

著作家们一般称之为自然权利的，就是每一个人按照自己所愿意的方式运用自己的力量保全自己的天性——也就是保全自己的生命——的自由。因此，这种自由就是用他自己的判断和理性认为最合适的手段去做任何事情的自由。

——托马斯·霍布斯《利维坦》

人是自然界的一员，人所享有的权利可以称为"自然权利"。理解这一点非常重要，启蒙思想家后来的推论基本上是从这里开始的，可以说这一理论是启蒙思想的思维起点。我们来分析这句话，自然权利首先指的就是自由，当然除了自由之外，还有平等，还有追求幸福的权利，诸如此类。我们把这种理论称为"自然权利学说"。自然权利是人与生俱来的，所以又叫作"天赋人权"。

　　然而，如果每个人都有"做任何事情的自由"的话，社会就会进入无政府状态，每个人的自由就无法得到保障。因此，为了防止大家因争取这个自然权利而无休止地争斗，就有必要共同制定一个规则，这个规则就叫"契约"。大家注意，人们制定"契约"的目的是什么？是为了使人们能够更好地享有自己的自然权利。我们把这个理论称为"社会契约论"。

　　英国人霍布斯在名著《利维坦》中提出并阐述了这两种理论。这里我们可以发现，启蒙运动实际上是从英国开始的，但是启蒙运动的中心却在法国。为什么呢？因为启蒙运动的矛头是指向专制王权的，而当时法国的君主专制程度在整个欧洲是相当高的。法国的启蒙思想家很多，最有代表性的有三个人，分别是伏尔泰、孟德斯鸠和卢梭。我们先来看伏尔泰的观点（出示材料）：

　　仁慈的国王是上天能给予大地的最好的礼物。

——伏尔泰

　　提问：如何理解这句话？

　　预设：伏尔泰主张"开明专制"，也就是君主立宪制。其实伏尔泰并不反对君主制度，他只是觉得君主不应当滥用权力。怎样才能不滥用呢？伏尔泰把希望寄托在了国王们的宅心仁厚、良心发现上。

　　讲述：伏尔泰的这一学说在当时的欧洲风靡一时，他也成为一些所谓"开明君主"的座上宾。然而，伏尔泰与这些所谓的"开明君主"最终都不欢而散。这说明，指望国王良心发现不能保护人们的权利，不能使人们生活得更加幸福。

　　其实英国人洛克早就看到这一点，所以他在《政府论》一书中明确提出，必须用权力来制约权力。他的这一思想被另一个法国人继承和发扬，这个人就是大家熟悉的法国启蒙思想家孟德斯鸠。他提出了著名的"三权分立"学说。

　　教学设想：请学生解释一下什么叫"三权分立"或者教师自己总结一下，重点要让学生明白"三权"的所指，同时要厘清"三权"之间的关系。

　　按照他们的理论，国王的权力是要受到制约的。从这个意义上来说，包括伏尔泰在内的这些启蒙思想家实际上希望建立的是一种什么样的政治制度呢？对，君主立宪制。然而，也有人有不同看法，这个人就是卢梭。我们来看看卢梭是怎么分析的（出示材料）：

> 人生而自由，却无往而不在枷锁之中。
>
> ——让-雅克·卢梭《社会契约论》

卢梭同样提倡自然权利，但是他认为君主专制是束缚自由的镣铐，即使把铁的镣铐换成木质的镣铐，人还是没有自由。所以他主张干脆把镣铐砸碎，也就是说直接废除君主制度，建立共和制度。

为此，他提出了自己的一套理论，叫"社会契约论"。卢梭主张每一个人要把自己的全部权利都转让出去，不过不是转让给国家，而是转让给社会，所以叫社会契约。国家或者说政府是由人民这个社会共同体建立起来的，它只是人民利益的执行者，倘若国家或者政府违背了人民的意志，人民就有权推翻这个国家或者政府。很显然，在这里，国家的权力来源于人民，人民是国家的主人，我们把这种理论称为"人民主权"或"主权在民"。

总之，启蒙思想家有个共同点，就是推崇理性。他们对于理想社会的构建，并不是基于感性，而是通过理性获得的。然而，如果说社会需要规则的话，那么人心需要的却是自由。极致的理性实际上就是一种非理性，所以理性并不必然带来幸福，因为幸福还是一种感觉。所以怎么办呢？德国思想家康德提出了一个方案，那就是批判。他写了三大本著作，分别叫《纯粹理性批判》《实践理性批判》和《判断力批判》。可见康德要批判的是理性。在"法庭"上，理性既是法官，也是被告，理性不再只是高高在上（出示材料）：

> 启蒙运动就是人类脱离自己所加之于自己的不成熟状态。不成熟状态就是不经别人的引导，就对运用自己的理智无能为力。……要有勇气运用你的理智！这就是启蒙运动。
>
> ——伊曼努尔·康德

启蒙不是接受别人的理性，根据别人的理性来认识世界，而是要自己运用自己的理性来认识世界。只有自己运用自己的理性，启蒙才算完成。也就是说，康德强调人的思想必须是自由的。

伏尔泰等人反对君主专制制度，追求的是人身自由；康德则将这种对自由的追求上升到思想自由，即人的自由不仅是人身的自由，也是思想的自由。这就完善了启蒙运动的目标，也标志着启蒙运动的完成。

☞ 课堂小结

18—19 世纪的欧洲发生了天翻地覆的变化，出现了新的政治制度——资产阶级民主政治，产生了新的生产方式——资本主义工业大生产，形成了新的文艺形式——浪漫主义和现实主义。

（出示画作《晚祷》）

这幅画是法国著名现实主义画家米勒于 1859 年创作的。画面中，夕阳西下，劳动了一天的农民夫妇，听到远方教堂钟响，丢下手中的活计，俯首默默祷告。这幅画现在收藏在法国卢浮宫，被法国人视为国宝。为什么这幅画如此打动人心？因为米勒不再用画笔描绘上帝、教会，而是将普通劳动者作为绘画的对象。这些普通的劳动者，他们平凡的日常生活，感染和打动了无数的欣赏者。

这使我想起启蒙思想家康德的一句话：

不论是谁在任何时候都不应把自己和他人仅仅当作工具，而应该永远看作自身就是目的。

——伊曼努尔·康德

【板书设计】

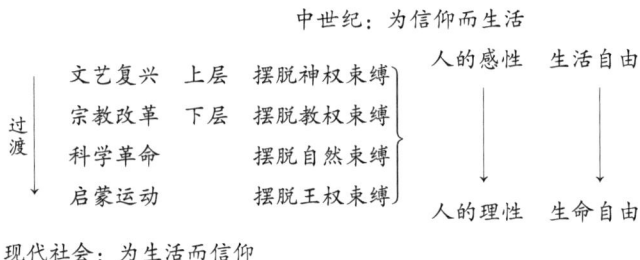

中世纪：为信仰而生活

过渡
文艺复兴　上层　摆脱神权束缚
宗教改革　下层　摆脱教权束缚
科学革命　　　　摆脱自然束缚
启蒙运动　　　　摆脱王权束缚

人的感性　生活自由

人的理性　生命自由

现代社会：为生活而信仰

【作业设计】

阅读材料，完成下列各题。①

材料一

欧洲文艺复兴的策源地在意大利，宗教改革的故乡在德国，启蒙运动的中心在法国，决非偶然，它们显然是由各自深刻而特定的社会历史条件所决定的。

——摘自董小燕《西方文明：精神与制度的变迁》

材料二

意大利人文主义者阿尔贝蒂认为，财富的日益增长是家庭幸福生活的重要组成部分，一个家庭应当修建和装饰自己的房子，拥有珍贵的书籍和健壮的马匹。加尔文认为基督教学说必须适应经济生活的需要，每一个基督徒都可以通过自己在现世的勤奋劳作与成功来证明自己是上帝的"选民"。启蒙运动时期，法国有学者认为，经济也存在一套自然法则，那就是供给与需求。当政府对经济行为干预最小之时，这些法则运行得最好。

——摘编自裔昭印主编《世界文化史》（增订版）

材料三

当物质活动作为基础性的东西决定精神与制度发展的同时，后者也通过影响物质活动的目的性和倾向性来制约物质活动，使物质生产方式服从精神（或文化观念）的引导。

——摘自董小燕《西方文明：精神与制度的变迁》

（1）结合所学知识分析材料一中"各自深刻而特定的社会历史条件"分别是什么？概括材料二的基本观点及其共同精神。（14分）

（2）结合材料，运用所学知识论证材料三阐述的观点。（12分）

答案

（1）社会历史条件：意大利最早出现资本主义萌芽，古典文化遗存丰厚；德意志处于四分五裂的状态，遭受罗马教廷的精神控制与经济掠夺；法

---

① 摘自2012年安徽高考文综卷第37题。

国资本主义经济发展程度较高，典型的君主专制激发了资产阶级的强烈反抗。基本观点：鼓励追求财富；主张适应现世生活，提倡个人奋斗；反对政府干预经济。共同精神：人文主义。

（2）能结合材料和史实，言之成理即可。

等次	得分	观点	论证	表述
第一等	9—12 分	观点正确，能辩证认识问题	史实准确，史论结合密切	思路清晰，表达确切
第二等	5—8 分	论点基本正确，认识不够全面	史实基本准确，史论结合不够密切	有基本思路，表达不够确切
第三等	0—4 分	论点不准确，认识模糊	未能结合史实，仅能罗列部分史实	缺乏条理性，表达欠通顺

解析

（1）文艺复兴最早出现在意大利的社会条件：意大利最早出现资本主义萌芽，形成中的资产阶级利用古希腊罗马文化反对封建教会；宗教改革最早出现在德国的社会条件：四分五裂的德国成为教会剥削最严重的地区；启蒙运动中心出现在法国的社会条件：资本主义经济发展与欧洲大陆专制统治最森严的矛盾。第2问关键信息："财富的日益增长""经济生活的需要""现世的勤奋劳作与成功""当政府对经济行为干预最小之时，这些法则运行得最好。"概括即得。这些观点都体现了对人和人的价值的尊重，即人文主义。（2）材料论证了物质活动和精神与制度发展的辩证关系：前者决定后者，后者反过来影响前者的发展。以文艺复兴、宗教改革、启蒙运动为例论证此观点，如资本主义萌芽的发展，资产阶级为了摆脱教会的精神控制，在思想领域领导文艺复兴运动，思想的解放反过来又推动资本主义进一步发展。

◎ 第九课 资产阶级革命与资本主义制度的确立

【课标内容】

正式版课标：通过了解文艺复兴、宗教改革、启蒙运动与资产阶级革命的历史渊源，认识资产阶级革命的发生和资本主义政治制度的确立，是近代西方政治思想理念的初步实现。

初中课标：知道英国 1640 年革命、美国独立战争和法国大革命的进程，了解《权利法案》《独立宣言》、1787 年宪法和《人权宣言》《拿破仑法典》等文献的主要内容，初步认识这些资产阶级革命的历史意义。通过了解拉丁美洲独立运动与印度民族大起义等史事，理解殖民地民族解放斗争的正义性和艰巨性；通过了解美国内战、日本明治维新、俄国 1861 年改革等史事，初步认识资本主义世界体系的形成。

课标分析：要求学生认识资产阶级革命的发生和资本主义政治制度的确立是近代西方政治思想理念的初步实现，也就是要关注理论与实践之间的关系。

【教材分析】

本课内容集中在部编版历史九年级上册的第 17—19 课以及九年级下册的第 2—4 课。

课题	子目	部编版教材内容
君主立宪制的英国	议会与王权的斗争	介绍了英国资产阶级革命的有关历史人物和历史事件如克伦威尔、光荣革命等
	革命的发生	
	《权利法案》	
美国的独立	独立战争的序幕	介绍了美国建国史上的有关历史人物和历史事件如华盛顿、《独立宣言》的制定等
	华盛顿与独立战争	
	《独立宣言》与美国宪法	

续表

课题	子目	部编版教材内容
法国大革命和拿破仑帝国	旧制度的危机	介绍了法国大革命的有关历史人物和历史事件如拿破仑、罗伯斯庇尔、《拿破仑法典》的制定等
	法国大革命	
	拿破仑帝国	
俄国的改革	彼得一世改革	介绍了俄国历史上的两次重大改革
	废除农奴制	
美国内战	南北矛盾的加剧	介绍了有关美国内战的历史人物和历史事件如林肯、《解放黑人奴隶宣言》的颁布等
	内战爆发	
	北方的胜利	
日本明治维新	德川幕府与锁国时代	介绍了日本德川幕府的统治、倒幕运动以及明治维新的措施和影响
	倒幕运动	
	明治维新	

本课是部编版《中外历史纲要（下）》第四单元第 9 课。本课共四目，分别是"英、美、法资产阶级革命""资本主义制度的确立""资本主义的扩展"。

"英、美、法资产阶级革命"一目共三段，第一段介绍英国革命，第二段介绍美国独立战争（不涉及联邦宪法），第三段介绍法国革命。

"资本主义制度的确立"一目共五段，第一段介绍资本主义经济制度的本质是资本剥削雇佣劳动。"随着资产阶级革命的成功，资本主义经济制度逐渐确立。"第二段介绍英国君主立宪制，第三段介绍美国共和制（以联邦宪法为内容），第四段说"法国经历了共和制和君主制的多次反复，最后确立了共和制度"。第五段说"资本主义国家大多形成两党制或多党制，代表资产阶级不同利益集团的政党，通过定期选举轮流执政"。

"资本主义的扩展"共七段，第一段讲资本主义在全球范围内继续扩展，第二段介绍俄国农奴制改革，第三段介绍美国南北战争，第四段介绍意大利的统一，第五段介绍德国的统一，第六段介绍日本明治维新，第七段介绍资本主义扩展的历史影响。

【教学立意】

近代欧洲社会生活的变化推动了思想解放运动，启蒙思想家根据理性的原则提出了不同的政治思想理论。受这些理论的影响，资产阶级领导发起了一场又一场的革命，并根据启蒙思想家的理论建议了新的国家制度。受这些革命的冲击，一些专制君主也被迫进行内部改革，建立资产阶级民主政治制度，资本主义政治制度也因此不断扩展。

【教学目标】

通过分析相关油画、漫画、新闻报道和学者著述，了解资产阶级革命的发生和资本主义政治制度的确立，认识到资本主义制度的确立是对启蒙思想家政治理论的实践，既适应了历史发展又推动了历史发展，同时也带来了殖民扩张和霸权主义的肆虐。

【重点难点】

重点：带领学生了解不同国家的革命、改革和制度建设。

难点：让学生认识影响不同资本主义国家政治制度的因素。

【教学过程】

☞ 导入新课

（出示图片"查理一世被送上断头台"及"路易十六被送上断头台"）

讲述：在初中我们学过英国资产革命，应该还记得查理一世在革命中被送上了断头台。无独有偶，后来的法国大革命中也有同样的事情发生了。难怪人们常说，历史总是惊人的相似。除了都发生将国王送上断头台这样的事情外，英、法两国的革命领导人克伦威尔和拿破仑也都被手下要求担任国王，不同的是英国的克伦威尔拒绝了，法国的拿破仑则接受了。如果我们放眼全球，很多国家的资产阶级革命中都出现了类似的现象，比如南美解放者玻利瓦尔也曾担任过国王。

提问：我们不禁要问了，为什么这种情况会反复出现，这背后的原因究竟是什么呢？

教学设想：从资产阶级革命出现的共同现象与不同结果导入，在激发学生学习兴趣的同时培养学生的时空观念、历史解释和家国情怀的素养。

☞ 教学新课

一、新的时代——革命的时代

（出示标示英、法、美革命发生的时间的地图）

提问：我们先来看这张地图，从中能获取怎样的历史信息？

预设：英、法、美这三场革命都发生在17—18世纪，都发生在大西洋沿岸；这是因为这一时期英、法、美三国的资本主义经济最为发达，资产阶级力量最为强大。（为什么不是在地中海沿岸？因为资本主义经济不够发达，资产阶级力量不强。为什么不是在太平洋沿岸？因为只有资本主义萌芽，缺少爆发革命的条件。）

提问：17—18世纪大西洋两岸发生的资产阶级革命，一方面和资本主义的迅速发展、资产阶级力量的壮大有关系，除此之外，还和什么有关系呢？我们不妨来看看当时人们的一些言论吧，这是英国审判查理一世的法官说的一段话，反映出怎样一种思想观念？（出示材料）

在国王和他的人民之间存在一个契约协定……这就好像一条纽带，纽带的一头是君主对国民应尽的保护义务，另一头是国民对君主应尽的义务。先生，一旦这条纽带被切断，那么只能说，别了，君主统治。

——约翰·布拉德肖

预设：契约论。

提问：这是美国独立战争中的重要文献《独立宣言》，它体现出哪些思想观念？（出示材料）

我们认为这些真理是不言而喻的：

人人生而平等，造物者赋予他们若干不可剥夺的权利，其中包括生命权、自由权和追求幸福的权利。为了保障这些权利，人类才在他们之间建立政府，而政府之正当权力，是经被治理者的同意而产生的。……政府企图把人民置于专制统治之下时，那么人民就有权利，也有义务推翻这个政府，并为他们未来的安全建立新的保障。

——《独立宣言》

预设：天赋人权、契约论、主权在民等。

提问：这是法国大革命中的重要文献《人权宣言》，大家认为它体现出的是什么思想观念？（出示材料）

第一条 人生来就是而且始终是自由的，在权利方面一律平等。社会差别只能建立在公益基础之上

第三条 整个主权的本原根本上乃存在于国民（La Nation）。任何团体或任何个人皆不得行使国民所未明白授予的权力。

——《人权宣言》

预设：天赋人权、主权在民。

讲述：可见，这一时期大西洋两岸发生的资产阶级革命既与资本主义的发展有关，也与我们上节课学过的启蒙思想的影响有关（板书）。启蒙思想中的天赋人权、人民主权、社会契约等理论，为推翻专制王权的资产阶级革命提供理论依据。

教学设想：本课内容众多，考虑到学生初中学习过英、法、美三国革命，这里教师不再作具体展开，而是让学生依据教材内容，对这三场革命进行整体比较，培养学生的时空观念、历史解释和唯物史观等核心素养。

二、新的制度——资本主义政治制度

讲述：英、法、美三国革命当中都出现了拥护领导人当君王的现象，这反映出新思想的深入必是有一个过程的，绝不可能一蹴而就。也就是说，虽然已经是新的时代，很多人的思想却依然停留在过去，这充分反映出历史发展的复杂性。这种复杂性还体现在各国革命领导人对王权的不同态度上。

英国资产阶级革命领导人克伦威尔拒绝了议会要求他担任国王的建议，因为传统上国王要受到议会的制约，而克伦威尔不想受到议会的制约。这反映了英国政治历史的一个特点，那就是传统的力量很强大。英国光荣革命后建立了君主立宪制（板书），其中有一个制度叫责任内阁制，这个制度的演变就很能说明这一点。

　　本来英国国王是出席内阁会议的，后来乔治一世不想参加内阁会议，慢慢形成国王不再出席内阁会议的习惯。国王不出席会议，内阁会议就由当时多数党领袖、财政大臣沃波尔来主持，也就是首相，由此又形成内阁首相由议会中多数党的领袖担任的习惯。后来还形成了如果议会通过对政府的不信任案，内阁就要垮台，以及首相也有权解散议会，重新选举的习惯。

　　在这个过程中，英国的君主立宪制不断发展完善，形成了君主统而不治、议会权力至上的政治制度。

　　美国就不一样了，美国历史很短，也就没有多少君主制的传统，更重要的是，美国革命的原因是反抗英国暴政，这就使得美国人对政府权力十分警惕，非常不信任，理解这一点非常重要。美国革命中大陆军总司令华盛顿也曾被部下拥戴担任国王，但是他拒绝了。一方面可能是因为他个人确实反感君主制，更重要的原因还在于北美没有君主制传统，同时大陆会议始终充满戒心。换句话来说，即使华盛顿愿意担任国王，恐怕也不可能成功。美国人对政府权力的这种高度警惕，使得美国最终通过联邦宪法来体现权力的制约平衡。关于这个内容，大家在初中有学习过，即三权分立。另外我还想提一下的是联邦制度，什么是联邦制呢？（出示材料）

　　宪法未授予合众国、也未禁止各州行使的权利由各州或其人民保留之。

——美国宪法修正案第十条

（结合副板书引导学生理解联邦制）

  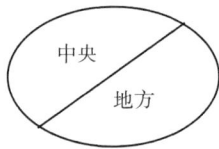

中央集权制　　　　邦联制　　　　　联邦制
（中央说了算）　（地方说了算）　（中央、地方各管一块）

　　联邦制既能集中全国力量应对国内外危机，又能让地方因地制宜发展社会经济，所以法国思想家托克维尔说过这样一句话（出示材料）：

　　（联邦制）为了把因国家之大而产生的好处和因国家之小而产生的好处

结合起来。

——阿历克西·德·托克维尔

提问：托克维尔是法国人，他却对美国的制度十分推崇，这句话出自他写的《论美国的民主》。他为什么如此推崇美国的民主呢？

预设：既是因为美国的制度有优越之处，也是因为他对法国制度的不满。

讲述：托克维尔还写了《旧制度与大革命》，这里的"旧制度"指的是大革命之前法国的君主专制制度。上节课我们说启蒙运动中心在法国，是因为当时法国的君主专制程度很高，也就是说法国有着较强的君主专制传统。理解这一点就能明白为什么拿破仑愿意接受元老院的提议担任皇帝了。克伦威尔不愿意担任国王，因为传统上国王要受议会制约；拿破仑愿意担任皇帝是因为传统上法国国王权力至高无上。不同的表现，背后的原因其实是相同的——都是为了集中权力。这也部分解释了为什么资产阶级革命中不断出现王权复辟现象——因为革命会带来混乱，混乱需要秩序，秩序则需要集权。

当然，也正是因为法国君主制的传统十分强大，所以大家就能够理解为什么大革命之后的法国会历经波折。法国在经历君主制和共和制的多次反复后，最终通过颁布《法兰西第三共和国宪法》确立了共和体制。（板书）

《法兰西第三共和国宪法》又叫 1875 年宪法，这个时候的世界正发生着巨大的变化：一方面源自英国的工业革命正如火如荼地扩展到欧美和全球，另一方面，各国的政治改革甚至是战争也在不断发生，典型的有美国内战、日本明治维新、俄国农奴制改革以及意大利的统一和德意志的统一。美国内战、日本明治维新和俄国农奴制改革大家初中都学过，这里着重介绍一下大家不太熟悉的德意志统一。

（出示描绘关税同盟成立前德意志商人过海关的漫画）

提问：首先我们根据服饰判断人物的身份，这两个人是什么身份呢？

预设：中间偏左的这个人手中拿着若干纸，穿着制服，戴着制服帽，应该是海关的官员；旁边那个人是货车的主人。

讲述：这幅漫画创作于 1834 年，当时德意志处于四分五裂之中，某些邦实在太小，货主有时一天之内不得不分几次把货物装上车卸下来。由此大家可以推测一下作者创作这幅漫画反映的是什么问题？有什么意图呢？

预设：德意志的分裂不利于经济的发展；人们呼吁结束德意志的分裂，实现统一。

提问：这幅漫画戳中了德意志人的痛点。所以从社会角度来看，这幅漫画会产生什么样的效果呢？

预设：追求统一的思想更加深入人心。

讲述：刚才我们分别从漫画本身、作者意图、社会反响三个维度来深入解读了这幅漫画，这种解读方法不仅可以用在对这幅漫画的解读上，也可以用在对很多文艺作品的解读上。

总之，这幅漫画反映出德意志人深感国家分裂的痛苦，所以他们非常渴望统一。最终，一个叫普鲁士的德意志王国通过三次王朝战争完成了德意志的统一。然而，也正是因为德意志是由普鲁士通过战争的方式而实现的统一，这就使其统一之后深受普鲁士王国的影响，保留了大量的专制主义和军国主义色彩，这一点体现在德意志帝国宪法身上。请看宪法的内容（出示材料）：

●第十一条 联邦的主席职位属于普鲁士国王，普鲁士国王享有德意志皇帝的尊称。皇帝在国际关系上为帝国的代表，以帝国的名义宣战与媾和……

●第十五条 联邦议会的主席职位及其事务的领导权属于皇帝任命的帝国宰相……

●第十七条 建议并公布帝国法律及监督其执行之权属于皇帝……

●第六十一条 在本宪法公布之后，在全帝国内就应立刻全部采行普鲁士的军事立法……

●第六十三条 帝国的全部军事力量组成为统一的军队，在平时和战时受皇帝指挥……

——《德意志帝国宪法》

提问：大家从这些条文中能看出些什么？

预设：皇帝是国家领导人；皇帝掌握行政权；皇帝掌握立法权和司法权；

皇帝掌握军事权，控制军队。

讲述：从德意志帝国宪法的这些条文中，我们可以明显感受到一点，那就是同英国国王相比，德国皇帝的权力要大得多。英国国王是统而不治，德国皇帝是既统又治，大权在手。

日本的明治维新实行君主立宪制，学的就不是英国而是德国。为什么呢？当然是因为德国君主立宪制之下，皇帝是有实权的。

教学设想：选择介绍德国君主立宪制，是因为相比较而言，美国内战、日本明治维新和俄国农奴制改革学生初中都学过，而德国统一这个知识点既重要，学生又最为陌生。

三、新的世界——资本主义世界市场

（出示英、法、德、美、俄的工业生产位次、占有殖民地、资本主义道路、政体特点的比较表格）

提问：大家从这张表格中可以分析出什么？

预设：德国的工业生产呈迅速增长趋势；德国所拥有的殖民地与其工业生产能力严重不匹配；欧美列强都走上了资本主义道路；欧美列强都在掠夺殖民地。

讲述：通过德国的这段历史，我们可以发现，资本主义制度的确立一方面使生产力得到了快速发展，另一方面，也促使列强进一步加紧对外殖民扩张，把广大亚非拉地区变成殖民地和半殖民地，进行压榨和掠夺。而随着非洲基本被瓜分完毕，再也没有新的土地可以瓜分的情况下，列强之间的矛盾迅速激化，这一切都预示着一场世界性的战争即将到来。

☞ 课堂小结

1911 年，随着民族资本主义的发展壮大，中国爆发了资产阶级革命——辛亥革命。无论是辛亥革命的指导思想三民主义，还是革命后临时政府颁布的《临时约法》，都体现出主权在民等启蒙思想。也就是说，启蒙思想家的政治思想不仅深刻地影响了欧美，也深刻影响了包括中国在内的亚非拉国家。甚至我们还可以说，启蒙思想不仅影响了世界历史，也在深刻地影响着当下的世界。比如，我们的宪法上就明确写着这样一条：

中华人民共和国的一切权力属于人民。

——《中华人民共和国宪法》

【板书设计】

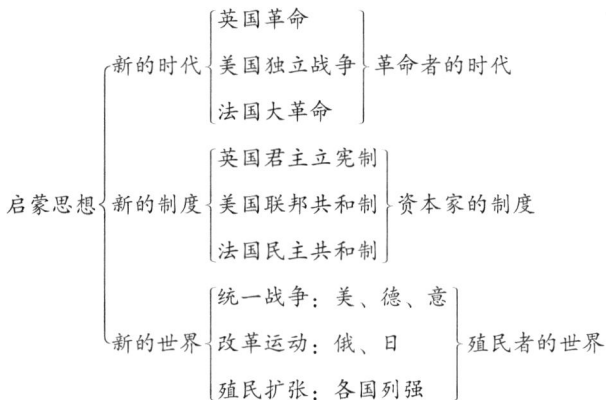

第五单元

工业革命与马克思主义的诞生

◎ 第十课　影响世界的工业革命

【课标内容】

正式版课标：通过了解工业革命带来的社会生产力的极大发展以及所引起生产关系的深刻变化，理解工业革命对资本主义世界体系的形成及对人类社会生活的深远影响。

初中课标：通过了解珍妮机、蒸汽机、铁路和现代工厂制度，初步理解第一次工业革命的影响；通过了解早期工人阶级的斗争，马克思、恩格斯的革命活动和《共产党宣言》的发表，理解马克思主义诞生的历史意义；通过了解第一国际成立、巴黎公社，理解马克思主义的传播和国际工人运动的发展。通过了解第二次工业革命的主要领域和代表性成果，初步理解科学技术发展带来的社会进步和社会问题。

课标分析：正式版课标相比实验版课标对两次工业革命的学习要求更加具体，由了解基本史实这一宽泛的表述变成"了解工业革命带来的社会生产力的极大发展以及所引起生产关系的深刻变化"这一更具体的表述，同时对工业革命影响的学习要求也从仅仅"探讨其对资本主义世界市场发展的影响"调整为更明确、更具广度的"理解工业革命对资本主义世界体系的形成及对人类社会生活的深远影响"。

【教材分析】

本课内容集中在部编版初中历史九年级上册的第 20 课和九年级下册的第 5—6 课。

课题	子目	部编版教材内容
第一次工业革命	纺织技术的革新	介绍了珍妮机、蒸汽机、铁路和现代工厂制度、工业化时代
	蒸汽机和工厂制度的确立	
	火车与铁路	
第二次工业革命	电的应用	介绍了第二次工业革命的特点、内燃机的发明与汽车制造业的发展、飞机的诞生、化学工业的产生，以及第二次工业革命的影响
	内燃机和新的交通工具	
	化学工业和新材料	
工业化国家的社会变化	人口增长和大众教育	介绍了工业革命给工业化国家带来的巨大变化，包括人口增长、大众教育的推广、城市化、环境污染和贫富分化加剧
	城市化	
	环境污染和贫富分化加剧	

本课是部编版《中外历史纲要（下）》第五单元第 1 课。本课共三目，分别是"工业革命的背景""工业革命的进程"和"工业革命的影响"。

"工业革命的背景"一目共三段，第一段明确"工业革命"的概念和发源地，第二段从政治、经济、科技等方面介绍工业革命发生在英国的原因，第三段指出英国面临提高生产力的迫切需求，于 18 世纪中期开始工业革命。

"工业革命的进程"一目共八段，第一段明确第一次工业革命和第二次工业革命之间的关系，第二段介绍棉纺织业的工业革命进程，第三段介绍瓦特改进蒸汽机，第四段强调蒸汽机这一发明的重大意义，标志人类进入"蒸汽时代"，第五段介绍第一次工业革命在欧洲大陆和北美的扩展，第六段介绍第二次工业革命出现的条件，第七段介绍第二次工业革命的主要表现以及获得显著发展的工业领域，第八段通过将第二次工业革命同第一次工业革命进行对比，明确了第二次工业革命的显著特点。

"工业革命的影响"一目共六段，第一段介绍工业革命在促进生产力发展方面的影响，第二段介绍工业革命在促进生产组织与管理方式变革方面的影响，第三段指出工业革命造成社会阶级结构的重大变化，第四段指出工业革命带来了社会生活的巨大变化，第五段介绍工业革命带来的负面影响，第六段指出工业革命促使世界各地的联系日益紧密，资本主义世界经济体系最终形成。

【学情分析】

高一学生正处在十五六岁，他们思维活跃，有强烈的好奇心。因此要针对学生的特点，调动他们的积极性，鼓励他们以各种形式表达自己的见解。同时，高一学生在思维上已经从以形象思维为主向以抽象思维为主过渡，具有一定的抽象分析比较能力，而且，经过初中的学习，学生已经具有一定的历史知识基础。当然，对于这种基础不能作过高的估计。

就本课而言，相关内容在初中已经学习过，如何从新的角度去拓展学生对这段历史的认识仍然是一个艰难的挑战。

基于这样的学情，本课拟采用创设历史情境、制造认知冲突、引导史料分析、建构历史逻辑的方式来帮助学生了解工业革命对包括资本主义世界市场在内的世界历史发展的影响，并为后面的学习提供铺垫。

【教学研究综述】

作为传统的核心主干知识，本课一直存在于高中教材中，并一直是各种公开课的主角。有关这一课的史学研究和教学设计比比皆是。

金毓认为要突出唯物史观，所以选择从煤、棉、茶等微观角度去审视这段历史[①]。王叶军和王英认为教学的定位必须聚焦在"英国工业革命推动世界市场的初步形成"这个核心命题上。要做到这一点，一方面要充分认识到课程标准将"工业革命"和"世界市场"联系起来的重大意义；另一方面要在实践中努力解决以下四个问题，即"工业革命何以首先在英国发生""工业革命的重大进程""工业革命如何对资本主义世界市场产生影响""资本主

---

① 金毓. 以物载史，涵育唯物史观：以统编教材"影响世界的工业革命"一课为例［J］. 历史教学（上半月刊）. 2020（7）：67-72.

义世界市场初步形成阶段的基本表现"。① 受罗伯特·艾伦《近代英国工业革命揭秘：放眼全球的深度透视》一书的启发，吴斯琴试图从英国独特的社会模式（工业革命前英国社会独具特色的高工人工资与低煤炭价格）中窥探工业革命的爆发，以引导学生打破思维定式。②

【教学立意】

18 世纪中叶开始的两次工业革命不仅极大地改变了人类社会的生产与生活方式，还塑造了世界格局，最终确立了以欧美为中心的世界政治经济体系。工业文明时代的到来，在极大地提高了人类社会生产力的同时，也造成了对自然界的破坏和污染，带来了人的异化。

【教学目标】

通过对两次工业革命发明成果一览表、20 世纪初世界形势图、居里夫人照片和相关历史照片的分析解读，体会工业革命带来的社会生产力的极大发展以及其所引起的生产关系的深刻变化，理解工业革命对资本主义世界体系的形成及人类社会生活的深远影响，同时提高解读表格、分析历史地图，以及从历史照片中获取有效信息的能力，体会到发明创造对文明发展和社会进步的巨大推动作用，认识到当今中国对科技的持续投入的意义。

【重点难点】

重点：让学生掌握两次工业革命产生的特点及影响。

难点：让学生理解工业革命对资本主义世界体系的形成及对人类社会生活的深远影响。

【教学过程】

☞ 导入新课

（出示利物浦队的队徽和体现利物浦与英国相对位置关系的地图）

提问：喜欢足球的同学可能知道英超有个足球队叫利物浦队，顾名思义，

---

① 王叶军，王英. 正确理解和把握工业革命与世界市场的关系：《"蒸汽"的力量》一课的教学定位与关键环节处理 [J]. 历史教学（上半月刊），2017（5）：3-9.

② 吴斯琴. 承续精华，突破创新：以"影响世界的工业革命"为例 [J]. 历史教学（上半月刊），2020（10）：29-35.

球队位于利物浦这个地方。利物浦原本是英格兰西北的一个渔村，17 世纪以后成为英国的一个重要港口城市，是什么原因促成了这一转变呢？主要原因在于其参与了殖民扩张与黑奴贸易。到了 19 世纪，利物浦进一步发展成为国际化大都市，这一次它又靠的是什么呢？

☞ 教学新课

一、当发明成为一种时尚

提问：利物浦从一个小渔村逐渐变成一个国际化大都市，从某种程度上是英国历史发展的一个缩影。其中利物浦在 19 世纪的飞速发展得益于这一时期爆发于英国的工业革命。大家都知道英国是世界上最早发生工业革命的国家，我们的问题是，为什么英国会首先发生工业革命呢？

（引导学生从几个方面进行归纳）

预设：资本主义制度的进一步发展；广阔的殖民地；圈地运动；手工工场的进一步发展。

（出示"工业革命发明成果一览表"）

提问：总之，在庞大的市场需求推动下，英国的棉纺织业等生产领域出现了一系列的发明创造。请大家仔细阅读这张"工业革命发明成果一览表"，回答从中可以获取什么信息？

预设：发明成果主要集中在轻纺工业；发明者主要为英国人且是一线工人和技术人员；发明活动延续上百年；发明者众多。

教学设想：这里主要指导学生如何阅读表格材料并从中获取历史信息。

讲述：工业革命首先出现在英国，之所以叫工业革命，就是因为使用机器进行生产。1825 年，英国取消机器出口的禁令，工业革命随之迅速扩展到欧洲大陆和美洲。到了 19 世纪中后期，随着经济的发展和科学理论的突破，欧美再次出现了一次发明创造的高潮。

（出示"第二次工业革命重要成果表"）

提问：请看这张"第二次工业革命重要成果表"，你又能从中获取哪些信息呢？

预设：发明成果主要集中在重化工业；发明者主要为美国人和德国人且主要是科学家和工程师；发明者众多。

教学设想：这里继续培养学生阅读表格材料并从中获取历史信息的能力，进一步培养学生时空观念和历史解释的素养。

讲述：从第一次工业革命开始到第二次工业革命结束，整个过程跨越了大约150年，发明成果涉及各个领域，发明者来自众多国家的各个阶层。从某种意义上来说，发明创造成为当时的一股时代潮流和一种流行时尚。之所以会这样，原因很多，其中一个重要原因就在于严格的专利保护制度（不展开）。专利保护制度保护了知识产权，鼓励人们不断地进行发明创造，有力地推动了两次工业革命的浪潮。

二、改变便成为一场必然

讲述：两次工业革命改变了人类的生产生活方式，改变了世界的面貌。从人类的生产生活方式来看，这种改变体现在三个方面：一是资本主义发展到了垄断阶段，私人垄断资本主义取代了自由资本主义；二是资产阶级代议制取代了封建君主专制；三是充斥着机器工厂的城市取代了充满田园牧歌的乡村。

教学后记：倘若课堂时间充裕，可以将下面的内容补充至"二、改变便成为一场必然"这部分。

（出示"世界工业增长指数表"）

提问：从表中可以获取什么信息？

预设：生产力飞速发展，工业指数50年的时间增长了6倍多。

讲述：工业革命使工厂取代了手工工场；第二次工业革命后，生产日益集中，出现了垄断组织。

（出示"英国就业人口比重饼状图"）

提问：从图中可以获取什么信息？

预设：经济结构和社会阶级结构发生重大改变；工业的地位上升，工人阶级数量增长，超过就业人口的一半。

（出示"20 世纪初的世界地图"）

提问：从图中可以获取什么信息？

预设：世界基本被瓜分完毕，以欧美为中心的资本主义世界体系最终建立。

今天我们究竟如何认识这两场工业革命呢？我们不妨通过当时人留下的照片来了解一下。

（展示居里和居里夫人的照片）

提问：这是居里和居里夫人的两张照片，从图中能获取什么信息？

预设：社会生活发生巨大变化，表现在：交通工具的变迁，出现了自行车；妇女地位的提高，女性从事科学研究，女性着装由裙变裤；休闲和体育运动逐渐兴起。

教学设想：通过出示数据、图表、照片，说明工业革命对世界的影响，培养学生时空观念和历史解释的素养。

三、反思要成为一个追求

讲述：工业革命极大地提高了社会生产力，工人阶级的闲暇时间因此也有所增加。有了更多时间的工人阶级投身于各项体育运动，其中足球成为工人阶级的一个重要爱好，利物浦这个因为工业革命而兴旺的城市也因此在足球运动上取得不俗的成绩。

但是，工业革命在促进人类文明进步的同时，也给环境和人类自身带来深重的创伤。

（展示《12 英尺粗的战利品》，图中几位伐木工人正骄傲地炫耀即将被他们伐倒的巨树）

提问：从图中能获取什么信息？

预设：森林遭到了砍伐，环境遭到了破坏；工人们和拍摄者认为这是人类力量的胜利，没有意识到其危害；破坏环境的行为不仅得不到制止，反而被进一步推动。

（展示《断掌工业》，图中描绘了浓烟蔽日的工厂和血淋淋的断指）

提问：从图中能获取什么信息？

预设：工厂排放浓烟，环境遭到破坏；工人的手指被机器切断，身体受到摧残；作者的意图是揭示工业发展对自然和人类的危害，促使人们反思工业化。

（展示《机器与人》，照片描绘了在庞大的机器面前，一名气管装配工人必须成天弯着腰，以一个固定的角度握住扳手，以便不停地检修每一颗螺钉）

提问：这幅图为刘易斯、海因于 1920 年的摄影作品。在庞大的机器面前这个气管装配工必须成天弯着腰，以一个固定的角度握扳手，以便不停地检修每一颗螺钉。这类表现机器时代工人的艰辛的照片在 20 世纪初大量出现，与之相伴的还有一系列的电影，其中有代表性的是卓别林的《摩登时代》。从这些流行的照片与影片中，我们能获取怎样的历史信息呢？

预设：人成为机器的附庸，成为机器的一部分，人逐渐异化成为工具，精神受到摧残；这样的现象在当时非常普遍，因为类似的照片大量出现；拍摄者和出版者希望引起人们对这个问题的关注，改善劳动者的处境；读者们受到触动，支持改善劳动者的处境，有利于劳动者处境的改善。

教学设想：这一部分引导学生如何去认识工业革命带来的影响，从价值观上去引领学生，体现历史教学的人文性。

☞ 课堂小结

讲述：最后，让我们回到利物浦足球队本身。正如这幅图所显示的那样，由于工业革命，英国的产品从利物浦这样的港口涌向世界各地，换句话来说，到了 19 世纪末 20 世纪初，一个欧美主导的资本主义世界体系已经形成了。

（展示"19 世纪后期英国海外贸易示意图"）

从利物浦等港口出发的商船带走的当然不只是机器和机器制成品，包括英语在内的西方文化也随之传到世界各地。以足球为例，19 世纪后期世界各地都出现了足球运动。1900 年，第二届奥运会上，足球被列为正式比赛项目；1904 年，国际足联正式成立；1930 年，第一届世界杯足球赛正式举行。如今，起源于英国的现代足球运动是世界上参与人数最多的体育运动，也就是说，现代足球运动已经不再只属于英国，而成为人类文明共有的内容。

【板书设计】

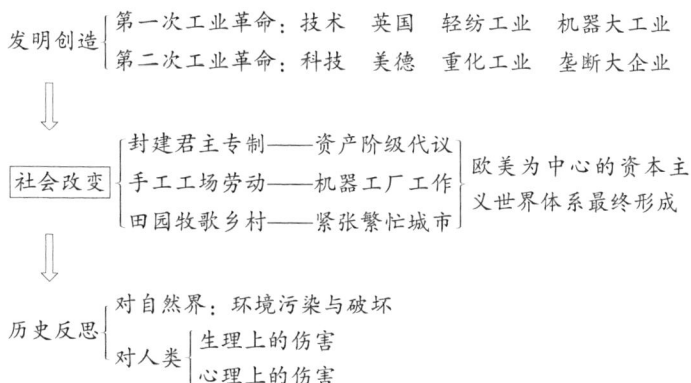

【作业设计】

英国开始的工业革命极大地改变了人类社会的面貌，学者们对此进行了深入研究。请你对下述问题表达自己的见解。①

材料一

（英国拥有）很大的、不断扩展的市场……英国还拥有更多的、可作工业革命的资金用的流动资本，源源流入英国的商业利润比流入其他任何国家的都多……由于行会较早瓦解，由于对传统的条块农田的圈占，英国获得了充裕的流动劳动力……贫穷的农民们失去了自己的部分甚至全部的土地，被迫当租地人或打散工的人，否则，就不得不去城里找工作。

——斯塔夫里阿诺斯《全球通史》

材料二

瓦特机发明前，英国工业生产动力主要是水力……这样的动力缺陷是明显的。

煤炭是英国工业革命的主要动力来源……（大不列颠拥有）"供应不会枯竭的优质煤炭"。（引者按：若干代以后真的还是"供应不会枯竭"吗？）

---

① 摘自 2009 年浙江高考文综试卷第 39 题。

英国工业革命……在人类历史上首次创造了烟囱多于教堂尖顶的图景。

——马克垚《世界文明史》

材料三

一些学者已经为工业化对环境的影响感到不安了。1827 年法国数学家富里埃指出二氧化碳的排放会使大气变暖。在他以后，瑞典学者阿伦尼乌斯提出了"温室效应"。

——德尼兹·加亚尔《欧洲史》

（1）根据材料一，概括该学者认为工业革命的爆发首先需要满足的三项因素；并结合所学知识，分析 18 世纪的英国是如何满足这三项因素，从而促成了工业革命的首先爆发。（9 分）

（2）指出近代蒸汽动力技术产生的主要原因。（4 分）

（3）根据材料二、三，并结合所学知识，分析蒸汽机的创制对历史发展的直接影响。（13 分）

答案

（1）三项因素：市场、资金、劳动力。市场：殖民扩张扩大了海外市场，圈地运动扩大了国内市场；资金：殖民扩张和海外贸易提供了来源；劳动力：圈地运动和行会较早的瓦解，提供了劳动力资源。

（2）社会生产的直接推动和实验科学的长期孕育。

（3）蒸汽机采用新的能源，极大地提高了生产力，人类进入"蒸汽时代"；推动了燃料工业、机械制造业、材料工业的革命；随着汽船和蒸汽机车的发明，出现了交通运输业革命，联结世界经济的纽带逐渐形成；蒸汽机的使用，使工厂规模扩大，加快了城市化进程；蒸汽机导致煤的大量开采和使用，蕴含了"能源问题"，加剧了环境污染，实际上已向人类昭示了"可持续发展"的重要性。

◎ 第十一课　马克思主义的诞生与传播

【课标内容】

正式版课标：通过了解马克思主义产生的时代背景以及马克思、恩格斯的理论探索与革命实践，了解《共产党宣言》的主要内容，理解马克思主义产生的世界意义。

初中课标：通过了解珍妮机、蒸汽机、铁路和现代工厂制度，初步理解第一次工业革命的影响；通过了解早期工人阶级的斗争，马克思、恩格斯的革命活动和《共产党宣言》的发表，理解马克思主义诞生的历史意义；通过了解第一国际成立、巴黎公社，理解马克思主义的传播和国际工人运动的发展。

课标分析：相较原实验版课标，正式版课标增加了"了解马克思主义产生的时代背景以及马克思、恩格斯的理论探索与革命实践"，有关《共产党宣言》和马克思主义的学习要求没有变化，删除了有关巴黎公社的学习要求。

【教材分析】

本课内容集中在部编版历史九年级上册的第 21 课。

课题	子目	部编版教材内容
马克思主义的诞生和国际共产主义运动的兴起	马克思与恩格斯	介绍了马克思、恩格斯的革命活动，《共产党宣言》的内容，第一国际和巴黎公社
	《共产党宣言》	
	第一国际和巴黎公社	

本课是部编版《中外历史纲要（下）》第五单元第 11 课。本课共三目，分别是"早期工人运动与社会主义思想的萌发""马克思主义的诞生""国际工人运动的发展"。

"早期工人运动与社会主义思想的萌发"一目共四段，第一段介绍在工业革命后贫富分化严重，第二段介绍工人阶级的生产生活条件差，第三段介绍工人阶级的斗争，第四段介绍"空想社会主义"。

"马克思主义的诞生"一目共十段，第一、二段介绍马克思主义的诞生，第三、四段介绍《共产党宣言》的内容及意义，第五、六、七段介绍马克思与恩格斯的革命实践，第八、九、十段介绍了马克思主义的影响。

"国际工人运动的发展"一目共四段，第一段介绍"第一国际"，第二、三、四段介绍巴黎公社的建立、革命措施和历史意义。

相比较初中版，新教材略去了有关马克思、恩格斯的生平，补充介绍了马克思主义产生的时代背景，对巴黎公社的介绍也非常详细。

【学情分析】

相当一部分学生对马克思主义较为陌生，甚至在认识上还存在着误区。而历史学家认为，历史学手握着理解世界的钥匙。从这个角度看，本课正是从历史学的角度帮助学生深入了解马克思主义。

从教学的经验来看，学生对本课内容不太感兴趣。这是因为学生在思想上存在疑惑，心理上感到畏难，并带有一定的偏见，认为这一课的教学内容过于神秘化。

基于这样的学情，本课拟采用创设历史情境、制造认知冲突、引导史料分析、建构历史逻辑的方式来帮助学生了解马克思主义产生的背景，掌握《共产党宣言》的主要内容，认识马克思主义产生的重大意义。

【教学研究综述】

顾博凯以马克思主义原典为史料，帮助学生理解"马克思主义是科学的、人民的、实践的、不断发展的开放的理论"，为此选取了《共产党宣言》及再版序言，以及《政治经济学批判》序言相关内容。[1]

张树林、范鸿鸣从马克思主义诞生的历史背景出发，分析马克思主义基本原理，让学生深刻认识到马克思主义是鲜活的，是随着时代的变化发展着的科学理论和伟大思想；通过对历史和现实的拓展，探讨马克思主义所面临

---

[1] 顾博凯. 立足跨学科视角，突显历史学科特点：以"马克思主义的诞生与传播"一课为例[J]. 历史教学（上半月刊），2021（4）：69-72.

的时代挑战，透视其不失理论光辉的现实意义，帮助学生更加坚定道路自信、理论自信和制度自信。①

刘睿娟从单元视域下将"工业革命与马克思主义的诞生"单元的学习主题凝练为"嬗变·困顿·憧憬"，具体为：嬗变——工业改变世界，困顿·憧憬——时代困境与真理的追寻，其中"马克思主义的诞生与传播"课时对应单元主题——"嬗变·困顿·憧憬"之中的"困顿·憧憬"。教学中利用多元素的历史地图，借助史料阅读、绘制马克思主义理论中国化发展时间轴，使学习过程活动化，让学生在探究中不断落实学科核心素养。②

【教学立意】

欧洲自柏拉图以来就形成了一种追求理想社会的历史传统，以卢梭为代表的欧洲思想家深刻地指出私有制是社会不平等和社会悲剧的根源。工业革命在带来社会生产力飞速发展的同时，也加剧了社会不公和社会不平等。历史传统和社会现实交织，主张废除私有制的社会主义思想在欧洲兴起。马克思等人在借鉴吸收前人理论成果的基础上提出了科学社会主义，其对共产主义的描述体现了人类的终极理想，深刻影响了世界历史的发展。

【教学目标】

通过提取英国有关童工问题的议会文件的有效信息，解读欧洲工人运动形势图和阅读《共产党宣言》，感受工人阶级的苦难生活，认识改造资本主义制度的必要性和共产主义道路的必然性，从中提高根据特定的时间和空间分析历史人物、历史事件和历史现象的能力，并更加认同社会主义核心价值观。

【重点难点】

重点：让学生了解马克思主义诞生的背景、《共产党宣言》的主要内容。

难点：让学生理解马克思主义产生的历史意义。

---

① 张树林、范鸿鸣. 从时代脉搏中追寻思想恒光："马克思主义的诞生与传播"教学设计［J］. 中学历史教学参考，2024（33）：50-53.

② 刘睿娟. 单元教学视域下"马克思主义的诞生与传播"教学探索［J］. 中学历史教学参考，2023（29）：60-62.

【教学过程】

☞ 导入新课

（出示油图《三月十四日》）

讲述：这幅油画所描绘的是无产阶级革命导师马克思逝世时的场景，他在生命将尽时说了这么一句话（出示材料）：

有一点可以肯定，我不是马克思主义者！

——戴维·麦克莱伦《马克思传》

提问：如果如马克思所说，自己不是马克思主义者，那么谁才是马克思主义者？马克思主义者究竟应该是什么样子的？

教学设想：通过马克思否认自己是马克思主义者这样一个认知冲突来调动学生的学习兴趣，激发学生的探究欲望，同时快速地引出本课要学习的主题内容。

☞ 教学新课

一、历史背景

讲述：英国著名作家狄更斯的《双城记》虽是以法国大革命为故事背景，但实际上通过历史隐喻批判了 19 世纪英国社会问题。这本小说是这样开头的（出示材料）：

这是最好的时代，也是最坏的时代。

——查尔斯·狄更斯《双城记》

提问：为什么说 19 世纪是最好的时代？

预设：工业革命推动了社会生产力的极大发展。

提问：那为什么又说这是最坏的时代呢？我们不妨来看一下这两则材料，两则材料都来自英国议会关于矿山童工情况的报告文件。由于这份报告文件，英国议会于 1842 年通过"矿山法"，禁止矿窑使用妇女和不满 10 岁的童工。同学们从这两则材料及相关史实中能够获取哪些历史信息？

（出示描绘矿山童工工作场景的画作①，以及萨拉·古德的证言）

萨拉·古德（8岁）证言：我是高沃煤矿的矿坑通风口值班工人。……我早晨4点钟，有时3点半就起来，5点半以前出门。……有时清晨上班时，我非常瞌睡。

——《议会文件》1842年

预设：材料展现出童工受到残酷的压迫（图片直观反映空间上的压迫、文字则反映时间上的压榨）；这一现象发生在工业革命已经完成，社会生产力获得极大发展，社会财富极大增加之后，因此变得格外令人难以忍受；议会正在关注童工问题；童工问题比较普遍，且相当严重；童工工资低，会进一步压低普通工人工资，童工都是工人阶级后代，意味着工人阶级普遍经受着苦难；这一现象在1842年仍没有得到解决是因为议会控制在资产阶级手中（维护资产阶级利益），这也说明当时的政治经济制度必须得到改变。

教学设想：旨在引导学生通过材料了解当时的情况，培养学生史料实证的核心素养。

教学后记：这里花了一点时间，但我感觉较为满意，因为培养了学生的能力。这里可以引导学生从材料本身的意思、材料所处的时间、材料的出处等几个方面来获取信息。学生的表现也很棒，有一名男生从议会制度的层面谈了他的收获，说议会控制在资本家手中，这一点是我最初备课时没有想到的。这个案例也说明了要相信学生，要给予学生展示才华的机会，只有这样才能实现教学相长。

材料的直接含义：童工的劳动条件非常恶劣。（时间、空间）

材料的出处：时间——1842年说明工业革命没有改变工人阶级的被压迫状况；空间——议会说明议会正在关注此事。

在此基础上问为什么：

---

① 注：画上一个看门工把地下门打开让推车工把煤车推过。这种门大部分时间关闭着，它也是矿窖的通风口。那些看门工的年龄通常在5岁到10岁之间，他们每天12小时在黑暗中孤独地坐着，为推车工开闭风门。推车工大都是年轻的小女孩，推着装载约400公斤的煤车，从采煤工作地将煤运到煤窖口，每天要推6公里，通过的隧道常常不足50厘米高。

为什么工业改革没有改变工人阶级的被压迫状况？因为1832年议会改革并没有让工人阶级获得政治权利，工人阶级没有足够力量去争取改善自己的状况。为什么？工人缺乏科学理论作为指导。

为什么议会在关注童工问题？因为童工现象相当普遍。为什么？因为工人阶级无力养活家庭。

这样一层层追问，最后引出需要一个科学理论来指导工人阶级建立一个新的政治制度。

讲述：总之，之所以说那是最坏的时代，是因为社会底层没有享受到生产力发展带来的好处。社会贫富差距拉大，工人贫困加剧。如果你是一位充满正义感的青年，面对这种情况你会有何想法？（这时停顿等待学生反应，当时有学生拍桌子，我顺势就说，对，怎能不拍案而起。）当时欧洲的有志青年确实对这样的社会现实不满，他们希望能够建立一个理想的社会，并且他们发现，其实早在两千多年前，他们的祖先就已经探索过这样的问题了，比如古希腊思想家柏拉图曾说过这样一段话："让我们永远走向上的路，追求正义和智慧。"

有人曾经这样评价西方文化，说要么是柏拉图式的，要么是反柏拉图式的。由此可见柏拉图对西方文化的影响何其深远。上述这句话选自柏拉图的名著《理想国》，这本书顾名思义，就是设想一个理想的国度是怎样的。于是，从柏拉图开始，西方文化中就出现了一种追求理想社会的传统。此后西方不断出现这样的思想家，比如说15世纪英国思想家托马斯·莫尔，他在《乌托邦》一书中曾这样描述他心目中的理想社会（出示材料）：

在乌托邦人们没有私有财产，所以全心全意热心为公众做事。

——托马斯·莫尔《乌托邦》

托马斯·莫尔所设想的理想社会有什么特点呢？没有私有财产，人人为我，我为人人。同学们，这样的社会叫什么你们知道吗？对，这就是社会主义社会，而且是社会主义社会的最高形式——共产主义社会。因此，托马斯·莫尔被认为是一个空想社会主义者，因为社会主义反对私有制，而托马斯·莫尔也确实是主张公有制而反对私有制的。

当时和托马斯·莫尔一样属于空想社会主义者的还有意大利的康帕特拉，他写过一本书叫《太阳城》。等到了 19 世纪，又出现了三名空想社会主义者，他们分别是法国的圣西门、傅立叶和英国的欧文。我们先来看一段欧文的讲话（出示材料）：

目前，私有财产是贫困的唯一根源，由于贫困而在全世界引起各种无法计算的罪行和灾难。它在原则上是那样不合乎正义，如同它在实践上不合乎理性一样。在合理组织起来的社会里，私有财产将不再存在。

——罗伯特·欧文《新道德世界书》

欧文这段话同样体现出反对私有制的看法，既然社会主义等于反对私有制，那么欧文等人当然属于社会主义者。同时，欧文等人虽然提出了废除私有制的设想，甚至也进行了实践，但实践结果表明他们的设想无法实现，只能是空想。正是从这个意义上，他们的思想被人称为"空想社会主义"。

与欧文等人将希望寄托在国王和资本家们良心发现不一样的是，饱受贫困折磨的工人阶级选择了游行示威甚至是武装反抗，出现了后来我们称之为欧洲三大工人运动的历史事件。

（出示欧洲工人运动形势图）

提问：从图中能获取什么信息？

预设：欧洲工人运动集中在英、法、德，因为这三个国家资本主义经济最为发达，工人阶级规模最大，遭受的压迫最深。

讲述：这三大工人运动有两个共同点：一是都发生在发达的资本主义国家，二是都失败了。这表明工人阶级已经觉醒，同时他们迫切需要科学理论的指导才能取得斗争的胜利。

二、马克思主义的创立

讲述：正是在这一背景下，马克思和恩格斯共同创立了马克思主义。有关马克思、恩格斯的生平事迹同学们在初中都学习过，这里就不展开了。马克思主义诞生的标志是《共产党宣言》于 1848 年发表。下面我们来看一看《共产党宣言》的一些内容（出示材料）：

共产党人可以把自己的理论概括为一句话：消灭私有制。

——卡尔·马克思、弗里德里希·恩格斯《共产党宣言》

（引导学生认识：马克思主义属于社会主义，因为反对私有制。）

无产阶级用暴力推翻资产阶级而建立自己的统治。

……

他们公开宣布：他们的目的只有用暴力推翻全部现存的社会制度才能达到。

——卡尔·马克思、弗里德里希·恩格斯《共产党宣言》

（引导学生认识：马克思主义提出了实现社会主义的途径与方法——阶级斗争，这是切实可行的、科学的，因此马克思主义又被称为科学社会主义。）

除了《共产党宣言》，马克思主义理论的重要文献还有《资本论》，在《资本论》一书中，马克思创立了剩余价值学说，揭露了资本主义制度和资本家剥削的秘密。

此外，马克思和恩格斯还创立了唯物史观，科学地揭示了生产力与生产关系、经济基础与上层建筑的辩证关系，提出了人民群众对历史发展的巨大作用。

三、巴黎公社

马克思主义的唯物史观，在马克思写的《法兰西内战》一书中就有非常明显的体现。这本书发表于 1871 年 6 月，针对的是当时发生在法国的一个无产阶级革命政权——巴黎公社。

提问：巴黎公社大家初中也学过，这里请大家阅读教材，回答一下巴黎公社建立的背景是什么？

预设：普法战争失败，社会矛盾激化。

提问：大家阅读教材，回答一下巴黎公社成立后采取了哪些革命措施？

预设：打碎旧的国家机器，建立立法与行政合一的政权机关和司法机构；废除旧军队和旧警察，代之以国民自卫军和治安委员会；人民有权监督和罢免由选举产生的公职人员，所有公职人员的工资不得超过熟练工人的工资；由工人合作社管理工厂；实行八小时工作日。

讲述：从巴黎公社采取的这些举措来看，它是在维护哪个阶级的利益呢？无产阶级。所以我们说巴黎公社的性质是无产阶级政权，巴黎公社是无产阶级建立政权的首次尝试。它虽然失败了，但是它的实践丰富了马克思主义的学说，为国际工人运动提供了宝贵的经验和教训。

值得注意的是，巴黎公社是否明确提出了反对私有制的纲领呢？没有，所以巴黎公社是无产阶级革命，但不是社会主义革命，这话不是我说的，是马克思说的（出示材料）：

（公社）不是社会主义的，也不可能是。

——卡尔·马克思

☞ 课堂小结

所以，什么是马克思主义的精髓，我看就是实事求是，与时俱进。1872年，恩格斯在《共产党宣言》德文版序言中写下这样一段话：

历史表明我们也曾经错了，暴露出我们当时的看法只是一个幻想。历史走得更远：它不仅打破了我们当时的错误看法，并且还完全改变了无产阶级借以进行斗争的条件。1848年的斗争方法，今天在一切方面都已经过时了，这一点值得在这里比较仔细地加以探讨。

——弗里德里希·恩格斯

恩格斯是伟大的，他能够承认错误，能够尊重事实，能够根据社会实践的变化进行调整，这才是真正的马克思主义。现在大家理解为什么马克思临终前会说他不是马克思主义者了吧，因为在马克思看来，真正的马克思主义者绝不是那种将马克思说过的话当成万古不变的真理的人。马克思主义是不断发展的开放的理论，但我想，无论马克思主义怎么变化，对公平正义的追求，对人民大众的关怀是不变的。为什么马克思主义至今仍是西方发达国家中具有影响力的社会思想之一？为什么马克思主义被称为"一种号称世界通行的语言"？因为马克思主义不仅仅是革命的学说，而且是为了人的自由与解放、为了人的幸福的学说。他所提出的伟大设想，指明了人类文明发展的方向，有着经久不衰的生命力、强大的解释力和重大的影响力。马克思主义学说，不仅是属于无产阶级的，更是属于全人类的。我想，只要这个世界还存在着压迫与不公，人们就不会忘记马克思主义。

如果说马克思主义就是天下为公，公平公正；如果说马克思主义就是人类解放，平等自由；如果说，马克思主义就是实事求是，与时俱进，那我要说："有一点可以肯定，我是马克思主义者。"

最后，我们用邓小平同志的一句话来结束今天这节课吧！

实事求是是马克思主义的精髓。

——邓小平

【板书设计】

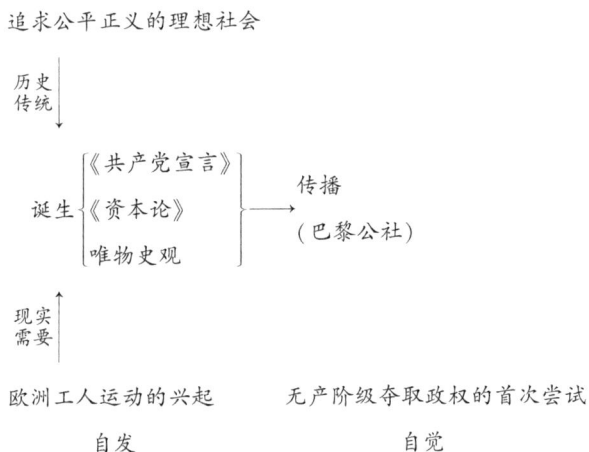

【作业设计】

阅读材料，完成下列要求。（12分）①

以下材料摘自1933年3月8日《红旗周报》刊登的中国共产党纪念巴黎公社的相关文章。

材料一

今年国际无产阶级纪念巴黎公社，是在特殊的历史时机中举行的……因此今年巴黎公社纪念的意义，是更加重大，而学习巴黎公社的革命经验以及

---

① 摘自2024年河北高考历史试卷第20题。

苏联无产阶级的伟大的历史创造是更加迫切了。

材料二

动员党、团、工会及一切群众组织到广大的群众中，经过各种集会、演讲和刊物宣传巴黎公社的意义与教训，并使这一宣传与拥护中国苏维埃，揭穿国民党投降帝国主义紧密地联系起来。

（1）根据材料一并结合当时的国际背景，谈谈对"特殊的历史时机"的认识。（6分）

（2）根据材料并结合所学知识，探究中国共产党纪念巴黎公社的活动对当时中国革命的意义。（6分）

答案

（1）认识：经济大危机引发了严重的政治危机，资本主义世界面临着动荡不安的局面；同时，法西斯势力在意大利、德国和日本等国迅速崛起，对全球和平与安全构成了威胁；而在苏联，斯大林模式已经确立，社会主义建设正在稳步推进；此外，世界反法西斯联盟尚未形成，各国间的政治关系紧张复杂。

（2）意义：有助于坚定人民革命信念；有助于坚决反对国民政府"攘外必先安内"方针；有助于推进苏维埃政权建设；有助于进一步推动马克思主义基本原理同中国具体实际相结合。

解析

（1）根据所学知识，1933年国际形势包括"经济大危机""苏联社会主义建设""亚非拉民族民主运动""法西斯势力对外扩张"等方面，据此可知，此时中国共产党纪念巴黎公社的国际背景应包括：经济大危机席卷资本主义世界；法西斯势力扩张；苏联社会主义建设成效显著；亚非拉民族民主运动持续发展。根据题目要求，对"特殊的历史时机"的认识，可围绕整体国际背景作答，或围绕其中一点展开论述。

（2）依据所学知识可知，1927年大革命失败后，中国共产党开始走上建立农村革命根据地，武装夺取政权的道路，于1931年成立中华苏维埃共和国。而九一八事变之后，国民政府对日本侵略者实行不抵抗政策，却推行

"攘外必先安内"的方针，以主要力量"围剿"红军和革命根据地，使中国共产党面临严峻的革命形势。1933 年，中国共产党开展纪念巴黎公社活动，并将其"与拥护中国苏维埃，揭穿国民党投降帝国主义紧密地联系起来"，无疑有利于鼓舞人民的革命士气，坚定革命信念，也有助于反对国民政府的反动方针，巩固苏维埃政权。此外，巴黎公社的革命经验教训和苏联无产阶级的伟大历史创造，体现出将马克思主义基本原理与本国具体实际相结合具有重要意义，中国共产党的纪念活动，可进一步推进马克思主义基本原理与中国具体实际相结合，取得革命的胜利。

【资料附录】

1. 马克思《政治经济学批判（序言）》

人们在自己生活的社会生产中发生一定的、必然的、不以他们的意志为转移的关系，即同他们的物质生产力的一定发展阶段相适应的生产关系。这些生产关系的总和构成社会的经济结构，即有法律的和政治的上层建筑竖立其上并有一定的社会意识形式与之相适应的现实基础。物质生活的生产方式制约着整个社会生活、政治生活和精神生活的过程。不是人们的意识决定人们的存在，相反，是人们的社会存在决定人们的意识。社会的物质生产力发展到一定阶段，便同它们一直在其中运动的现存生产关系或财产关系（这只是生产关系的法律用语）发生矛盾。于是这些关系便由生产力的发展形式变成生产力的桎梏。那时社会革命的时代就到来了。随着经济基础的变更，全部庞大的上层建筑也或慢或快地发生变革。……我们判断一个人不能以他对自己的看法为根据，同样，我们判断这样一个变革时代也不能以它的意识为根据；相反，这个意识必须从物质生活的矛盾中，从社会生产力和生产关系之间的现存冲突中去解释。无论哪一个社会形态，在它所能容纳的全部生产力发挥出来以前，是绝不会灭亡的；而新的更高的生产关系，在它的物质存在条件在旧社会的胞胎里成熟以前，是决不会出现的。……大体说来，亚细亚的、古代的、封建的和现代资产阶级的生产方式可以看作是经济的社会形态演进的几个时代。

——中共中央马克思恩格斯列宁斯大林著作编译局编译《马克思恩格斯选集》（第二卷）

2.《共产党宣言》

1872 年德文版序言

共产主义者同盟这个在当时条件下自然只能是秘密团体的国际工人组织，1847 年 11 月在伦敦举行的代表大会上委托我们两人起草一个准备公布的详细的理论和实践的党纲。结果就产生了这个《宣言》，《宣言》原稿在二月革命前几星期送到伦敦付印。《宣言》最初用德文出版，它用这种文字在德国、英国和美国至少印过十二种不同的版本。第一个英译本是由海伦·麦克法林女士翻译的，于 1850 年在伦敦《红色共和党人》杂志上发表，1871 年至少又有三种不同的英译本在美国出版。法译本于 1848 年六月起义前不久第一次在巴黎印行，最近又有法译本在纽约《社会主义者报》上发表；现在有人在准备新译本。波兰文译本在德文本初版问世后不久就在伦敦出现。俄译本是 60 年代在日内瓦出版的。丹麦文译本也是在原书问世后不久就出版了。

不管最近 25 年来的情况发生了多大的变化，这个《宣言》中所阐述的一般原理整个说来直到现在还是完全正确的。某些地方本来可以作一些修改。这些原理的实际运用，正如《宣言》中所说的，随时随地都要以当时的历史条件为转移，所以第二章末尾提出的那些革命措施根本没有特别的意义。如果是在今天，这一段在许多方面都会有不同的写法了。由于最近 25 年来大工业有了巨大发展而工人阶级的政党组织也跟着发展起来，由于首先有了二月革命的实际经验而后来尤其是有了无产阶级第一次掌握政权达两月之久的巴黎公社的实际经验，所以这个纲领现在有些地方已经过时了。特别是公社已经证明："工人阶级不能简单地掌握现成的国家机器，并运用它来达到自己的目的。"（见《法兰西内战——国际工人协会总委员会宣言》德文版第 19 页，那里把这个思想发挥得更加完备。）其次，很明显，对于社会主义文献所作的批判在今天看来是不完全的，因为这一批判只包括到 1847 年为止；同样也很明显，关于共产党人对待各种反对党派的态度的论述（第四章）虽然在原则上今天还是正确的，但是就其实际运用来说今天毕竟已经过时，因为政治形势已经完全改变，当时所列举的那些党派大部分已被历史的发展彻底扫除了。

但是《宣言》是一个历史文件，我们已没有权利来加以修改。下次再版时也许能加上一篇论述 1847 年到现在这段时期的导言。这次再版太仓促了，我们来不及做这件工作。

卡尔·马克思　弗里德里希·恩格斯

1872 年 6 月 24 日于伦敦

——中共中央马克思恩格斯列宁斯大林著作编译局编译《马克思恩格斯选集》（第一卷）

3. 马克思、恩格斯与巴黎公社

以后，马克思对巴黎公社的论述有一些变化。1871 年 9 月在《纪念国际七周年》中，马克思说："在过去发生的一切运动当中，最近的和最伟大的运动是巴黎公社。巴黎公社就是工人阶级夺取政权——关于这一点不可能有任何异议。对巴黎公社有过很多不正确的理解。公社未能建立起阶级统治的新形式。通过把一切劳动资料转交给生产者的办法消灭现存的压迫条件，从而迫使每一个体力适合于工作的人为保证自己的生存而工作，这样，我们就会消灭阶级统治和阶级压迫的唯一基础。但是，必须先实行无产阶级专政，才可能实现这种变革，而无产阶级专政的首要条件是无产阶级的军队。"（《马恩选集》第 2 卷第 443 页）这里，马克思明确地指出"公社未能建立起阶级统治的新形式"，即无产阶级专政。以后，马克思在《哥达纲领批判》中谈到夺取政权后过渡时期的国家，提法是"无产阶级的革命专政"，而没有再具体用巴黎公社的政治形式来说明新型国家。1881 年 2 月 22 日，马克思给斐·多·纽文胡斯复信，答复他提出的如果社会党人取得政权，应当采取什么政治、经济的立法措施这一问题时，他说："这当然完全取决于人们将不得不在其中活动的那个特定的历史环境。……也许您会向我指出巴黎公社；但是，且不说这不过是在特殊条件下一个城市的起义，而且公社的大多数人根本不是社会主义者，也不可能是社会主义者。然而，只要懂得一点常理，公社就可能同凡尔赛达成一种对全体人民群众有利的妥协——这是当时唯一能做到的事情。只要夺取法兰西银行，就能使凡尔赛分子的吹牛马上破产，如此等等。"马克思还指出，"对未来的革命行动纲领作纯学理的、必然是幻想的预测，只能转移对当前斗争的注意力"，"真正的无产阶级革命一爆发，革命的直接的下一步的行动方式的种种条件（虽然绝不会是田园诗似的）也就具备了。"（《马恩选集》第 4 卷 422 页）这里，很清楚，第一，马克思认为公社不过是在特殊条件下一个城市的起义；第二，无产阶级夺取政权后应该怎么办，完全取决于特定的历史环境，而不能事先设想去模仿建立一个公社式的国家。

恩格斯于 1884 年 1 月 1 日致爱·伯恩斯坦的信，答复他对《共产党宣言》1872 年德文本序言引用《法兰西内战》的一个地方的询问，这封信对研究巴黎公社经验非常重要。恩格斯说《内战》中关于不能简单地掌握现成国家机器那句话的意思仅仅是为了指明下列事实："胜利了的无产阶级在能够利用旧的官僚的、行政集中的国家机构来达到自己的目的之前，必须把它加以改造。""在《内战》一书中，把公社的不自觉的倾向当做多少有些自觉的计划而归功于它，这在当时的情况下证明是正确的，甚至是必要的。"（同上，441 页）马克思发表《内战》一书时，公社失败才三天，在公社被凡尔赛包围封锁的情况下，马克思对公社的许多情况不可能像后来了解的那么详尽具体。而更重要的是，在公社刚刚被镇压，敌人残酷地杀害公社社员，对公社极尽诬蔑诽谤之能事的时候发表这篇带有论战性质的宣言，马克思把这次史无前例的无产阶级掌握政权七十二天的公社的伟大历史意义作足够的估计以回答敌人的攻击，这"在当时的情况下证明是正确的，甚至是必要的。"后来，马克思自己的论断也发生了变化，认为它"未能建立起阶级统治的新形式""不过是特殊条件下一个城市的起义"，那么，我们这些后来者研究巴黎公社是只依据《法兰西内战》，并在《内战》的基础上不断地拔高呢？还是从史实出发，从马克思的全部有关论述中掌握精神实质，实事求是地认识公社，正确地宣传、学习和运用公社的实验呢？马克思 1881 年给斐·多·纽文胡斯的信已经正确地预言，真正的无产阶级革命一爆发，革命的直接的下一步的行动方式也就具备了。俄国十月革命、中国革命胜利后都不是从形式上去仿造公社国家，而是依据了各自的特定历史条件，建立了苏维埃、人民代表大会制度，南斯拉夫则建立了工人自治制度。无产阶级掌握政权已经有六十多年的历史，在实践上当然已大大超过七十二天的巴黎公社。在今天的条件下，应当怎样正确地认识和学习公社的伟大历史经验呢？

　　——洪韵珊《对巴黎公社的再研究》，摘自四川省社会科学院科研组织处编《学术文集（1978—1982）》

第六单元

世界殖民体系与亚非拉民族独立运动

◎ 第十二课　资本主义世界殖民体系的形成

【课标内容】

正式版课标：通过了解西方列强对亚非拉的殖民扩张、世界殖民体系的建立以及亚非拉人民的抗争，理解世界殖民体系的建立及殖民地半殖民地民族独立运动对世界历史发展的影响。

初中课标：通过哥伦布、麦哲伦等航海家的探险活动，以及新航路开辟后的殖民扩张、物种交换和全球贸易，了解资本原始积累的野蛮性和残酷性，认识新航路开辟的世界影响，理解世界逐渐形成一个整体。

课标分析：学生需要了解西方列强对亚非拉地区的殖民扩张、世界殖民体系的建立，并理解这些历史事件对世界历史发展的影响，特别是殖民地半殖民地民族独立运动的影响。

【教材分析】

本课内容集中在部编版历史九年级上册的第 16 课。

课题	子目	部编版教材内容
早期殖民掠夺	葡萄牙与西班牙的殖民掠夺	介绍了葡萄牙、西班牙、英国、荷兰、法国这几个欧洲国家的殖民掠夺和殖民争霸历史
	英国的殖民扩张	
	荷、法、英殖民争霸	

本课是部编版《中外历史纲要（下）》第六单元的第 12 课。本课共四目，分别是"拉丁美洲的殖民地化""亚洲沦为殖民地半殖民地""西方列强瓜分非洲""世界殖民体系的形成"。

"拉丁美洲的殖民地化"一目共两段，第一段介绍西班牙、葡萄牙等国在美洲的扩张，第二段介绍欧洲殖民者的殖民掠夺。

"亚洲沦为殖民地半殖民地"一目共六段，第一段介绍西班牙、葡萄牙在亚洲的殖民扩张，第二段指出从 17 世纪开始，英国、荷兰和法国成为殖民侵略活动的主角，第三段介绍英国对印度的殖民扩张，第四段介绍西方列强在东南亚的殖民扩张，第五段介绍西方列强对西亚的侵略，第六段介绍西方列强对东亚的侵略。

"西方列强瓜分非洲"一目共六段，第一段整体上介绍西方列强对非洲的侵略历程，第二段介绍英法对北非的侵略，第三段介绍欧洲探险家的探险，第四段介绍西方列强在 19 世纪后期加快了侵略撒哈拉沙漠以南非洲地区的步伐，第五段介绍柏林会议，第六段指出柏林会议后非洲被基本瓜分完毕。

"世界殖民体系的形成"一目共四段，第一段介绍世界殖民体系的最终形成，第二段介绍世界殖民体系建立的同时也激化了世界主要资本主义国家之间的矛盾，第三段讲随着资本主义世界殖民体系的形成，世界越来越紧密地连为一体，第四段介绍殖民统治和掠夺给殖民地半殖民地人民带来了深重的灾难，被压迫人民的反抗斗争不断高涨。

本课是按照拉美、亚洲、非洲的空间顺序介绍世界殖民体系的建立过程，在教学中，既可以按照这种空间的顺序引导学生学习，也可以按照时间的顺序来重组教材（原实验版教材必修二的逻辑体系），还可以从屠杀、掠夺、不平等贸易这样的侵略手段入手开展教学。

【教学立意】

近代以来，西方列强通过殖民掠夺、争霸战争和国际会议等种种方式对亚非拉进行殖民侵略和扩张，借助工业革命的力量，西方列强在柏林会议后将非洲大部分地区瓜分完毕，这标志着以欧美为中心的资本主义世界殖民体系的最终建立，对世界历史的发展产生了深远的影响。

【教学目标】

通过分析相关油画、漫画、新闻报道和学者著述，了解西方列强对亚非拉的殖民扩张和世界殖民体系的建立过程及其特点（时空观念、史料实证），分析英国最终取得海上霸权的原因（唯物史观、时空观念、历史解释），理解世界殖民体系的建立的影响（唯物史观、历史解释），认同中国对科技的投入和对制造业的重视（唯物史观、家国情怀）。

【重点难点】

重点：让学生了解列强对亚非拉的殖民扩张和世界殖民体系的建立过程。

难点：让学生明确如何认识和评价世界殖民体系的建立。

【教学过程】

☞ 导入新课

讲述：哥伦布到达美洲后，西欧各国开始向美洲殖民，建立起一个又一个殖民地。可能为了抒发对故乡的怀念，美洲殖民者喜欢在故乡名前加一个"新"字来命名他们在美洲的新家。比如新英格兰、新西班牙、新法兰西等。其实纽约的意思就是新约克，而约克是英国的一个郡的名字，那么纽约是哪个地方的人建立的殖民地呢？大家可能毫不犹豫地会回答英国，然而答案却是否定的。

提问：既然纽约不是英国人建立的殖民地，那为什么会取这样一个名字呢？背后反映的又是怎样一段历史呢？

☞ 教学新课

一、血——罪恶滔滔的殖民掠夺

1. 赤裸裸的抢劫——以亚洲为例

讲述：英国人常常自称自己为"绅士"，大家在初中就了解过这样一位"绅士"，他的名字叫克莱武。他曾经征服了孟加拉，然后将孟加拉洗劫一空。据统计，英军抢走的财富总量相当惊人，整个孟加拉国库差不多连张纸片都没剩下。后来，当有人指控他在印度供职时盗窃公款和勒索财物时，他在英国国会说了这样一番话（出示材料）：

富裕的城市在我的脚下，雄伟的国家为我所统辖，堆满金银珍宝的宝库向我开了门。但我只拿了二十万英镑。迄今，我还惊奇我自己的朴素作风。

——罗伯特·克莱武

提问：从材料中能够获取什么信息？

预设：克莱武确实洗劫了孟加拉；克莱武否认自己勒索财物，理由是自己可以直接拿钱，不必勒索；克莱武公然这样说，说明洗劫其他国家财物的行为在当时是被社会广泛接受的，甚至后来也是如此，比如英法联军洗劫圆明园。

讲述：正是因为洗劫别人的强盗行为被认为是合理的，所以大家就能理解，一群强盗组成的英国议会最终宣布克莱武"对国家作出巨大贡献"，不仅给予了极高的荣誉，撤销了对他的诉讼，还任命其为北美总督。

2. 疯狂的屠杀——以美洲为例

强盗永远是强盗，但是无论是强盗本人还是强盗的后代们都不觉得自己有什么不对，他们甚至会美化这种强盗行为，将其等同于勇气、浪漫、优雅，最典型的例子就是西方拍了很多赞美海盗的影视作品，比如说《加勒比海盗》。

克莱武这样的强盗们最喜欢的就是杀人越货，这些西方殖民者所到之处，皆留下了累累白骨，最深有体会的应该就是美洲的印第安人了。前面的课我们讲过，由于西方殖民者对印第安人的屠杀，加上他们从欧洲带来的疾病，导致印第安原住民大量死亡，人口减少了将近95%。

3. 野蛮的奴隶贸易——以非洲为例

西方殖民者对美洲印第安人的疯狂屠杀，导致美洲严重缺少劳动力。为了弥补劳动力不足，大量非洲人作为奴隶从他们的家乡被运到美洲。

需要指出的是，尽管非洲奴隶的死亡率要远远高于在美洲土生土长的奴隶，但是，对于奴隶主而言，购买一个新的成年奴隶，要比从小抚养一个奴隶到他能够劳动的年龄划算得多。这就使得大规模的奴隶贸易延续了数百年之久，而非洲由此损失了大量青壮年劳动力，非洲的文明发展遭到沉重打击。

（出示一幅描绘黑奴贸易场景的绘画）

提问：这幅图是 19 世纪英国一位叫利文斯顿的传教士画的。他曾经这样写道："成千上万的居民在奴隶贸易中丧生。无论我们走到哪里，尸骨处处可见"。1861 年 7 月 15 日，利文斯顿的探险队来到非洲希雷河边，刚好遇到一队被捕获的奴隶。这些奴隶中有成年男女，甚至还有小孩，每个人的脖子上套着相连的木枷，手上扣着链子。有位母亲累得抱不动她的孩子，奴隶贩子就一刀砍下了那个婴儿的头颅。请问同学们从中可以获取哪些信息？

预设：从画面本身出发，奴隶贸易惨无人道，沦为奴隶的包括妇女和儿童，他们手被捆绑，成年男子脖子上还戴着厚重的木枷；那些捕捉和贩卖奴隶的也是黑人。

从作者的意图出发，作者试图揭露奴隶贸易的罪恶。

从社会反响出发，这样的图片和文字记述会引起人们的不安，推动奴隶贸易的终结。

二、火——野蛮的世界市场开拓

1. 英西之战

讲述：最早进行大规模黑奴贸易的西方列强是葡萄牙，之所以如此，是因为和西班牙相比，非洲在其势力范围之内。虽然葡萄牙是最早进行大规模黑奴贸易的，但把黑奴贸易这项罪恶的事业做到极致的，还是英国的"绅士"们。

英国，本来就是一个岛国，做海盗对他们来说就是轻车熟路的事情。由于英国的海盗行为严重损害了当时海上霸主西班牙的利益，西班牙于 1588 后组织了一支无敌舰队，要征服英国。然后呢，就没有然后了，因为无敌舰队被英国海盗和恶劣天气给消灭了。从此，西班牙丧失了海上霸主的地位。

2. 英荷之战

提问：西班牙衰落后，荷兰顺势崛起。当时的荷兰被称为"海上马车夫"。为什么这样称呼呢？

预设：荷兰拥有当时世界上最多的商船。

讲述：荷兰的崛起引起英国的不满。1651 年，英国议会颁布了一份法案，叫《航海条例》，《航海条例》禁止荷兰商人参与英国及其殖民地的航运贸易，这是对荷兰支柱产业航运业的精准制裁，由此引发了三次英荷战争。最终结果是荷兰不但失去了海上霸主地位，而且失去了北美的殖民地新阿姆斯特丹。然后英国人将新阿姆斯特丹改名为新约克，也就是纽约。

3. 英法之战（七年战争）

在打败西班牙、荷兰以后，英国把矛头对准了阻碍它称霸世界的最大障碍——法国。英法之间爆发了多次战争，其中具有决定性意义的是发生在1756—1763 年的战争，史称七年战争。七年战争给法国带来的损失巨大，它的海外殖民地大多被英国所夺取，而英国则由此一跃成为世界上最大的殖民帝国，确立了海上霸主的地位。

提问：这里有个问题，为什么小小的英国能够先后击败西班牙、荷兰、法国？

预设：可从自然资源、工业基础、海军建设、扩张重心等几个方面进行比较和讨论。荷兰败于英国的主要原因在于荷兰虽然是资本主义国家，但以商业立国，缺乏工业基础作为其海外扩张的后盾，而工业资本的强大优于商业资本。英法争霸英国获胜的主要原因在于英国确立了先进的资本主义制度，而法国则是欧洲大陆封建专制主义的堡垒。

教学设想：引导学生认识殖民竞争既是军事上的竞争，更是经济和政治实力的竞争。

讲述：经过数百年的征服，到 19 世纪末，全世界大约 4~5 亿人——也就是当时全球人口的约四分之一——都在大英帝国的统治之下，其统治面积约 3000 万平方公里，是世界陆地总面积的约 20%，地球上的 24 个时区均有大英帝国的统治的土地。英国经济学家杰文斯曾说过下面这番话（出示材料）：

北美和俄国的平原是我们的玉米地，加拿大和波罗的海是我们的林区，澳大利亚是我们的牧场，秘鲁是我们的银矿，南非和澳大利亚是我们的金矿，印度和中国是我们的茶叶种植园，东印度群岛是我们的甘蔗、咖啡、香料种植园，美国南部是我们的棉花种植园。

——威廉姆·斯坦利·杰文斯

提问：从中获取什么信息？

预设：从文本本身出发，英国的贸易范围广阔；世界各地为英国提供资源，成为英国的原料产地，因为英国工业革命，成为"世界工厂"；世界各地通过英国建立了经济联系；世界成为一个相互联系的世界市场。

从作者的意图出发，作者想表达英国的强大和富裕；作者认为英国的殖民扩张使英国变得强大和富裕；作者鼓吹对外扩张。

从社会反响出发，英国人对本国的对外扩张感到骄傲、自豪，进一步推动英国海外殖民扩张的步伐。

此时，新兴的德国也开始加紧抢夺海外殖民地，它把目光放在了非洲，于是在柏林召开了会议，就如何瓜分达成了协定。柏林会议之后，列强瓜分非洲的速度大大加快。到19世纪晚期，它们侵占了几乎整个非洲。非洲基本被瓜分完毕，标志着资本主义世界殖民体系最终形成。

三、泪——罪恶的殖民统治

1. 直接统治与间接统治

（出示20世纪初英国人创作的一幅表现德国在非洲殖民统治的漫画）

提问：德国是如何统治殖民地的呢？当时的漫画或许能给予我们相关信息。这幅漫画是20世纪初英国人创作的，从中能获取什么信息？

预设：画面中一排被编号的非洲长颈鹿正在一个德国军人的指挥下整齐地正步走，一只非洲鳄鱼的嘴被另一个德国军人安上了笼套，画面的意思是德国在非洲推行其国内那套专制主义和军国主义制度和政策。

作者嘲笑德国人的古板与僵化，反映英国人不赞成在非洲推行德国那样的直接统治。

这样的漫画会引起人们对于德国的反感，反映出当时围绕着非洲殖民地问题，英德之间的矛盾在激化。

讲述：与德国在殖民地实行直接统治不一样，英国在殖民地推行的是间接统治政策。殖民地上层基本是英国殖民者，但下层由本地人担任管理工作，允许当地习俗存在。

2. 依附型经济

列强将亚非拉变成殖民地显然不是为了造福亚非拉国家的，中国学者注意到了以下现象（出示材料）：

英国强迫黄金海岸（即加纳）单一生产可可，尼日利亚和塞拉利昂生产棕榈油，苏丹和乌干达生产棉花，桑给巴尔生产丁香；法国在塞内加尔推行花生种植，把肯尼亚变成剑麻、咖啡和棉花的供应地。

——齐涛《简明世界通史》

提问：从中能获取什么信息？

预设：学者认为列强试图将殖民地变成单一原料产地，他们认为这会造成殖民地在经济上对列强的依附。

讲述：列强的这种方式给殖民地带来了极其负面的影响，正如中国学者所言（出示材料）：

单一作物制使殖民地的农业完全依附于外国垄断资本，使非洲的粮食作物的种植面积迅速缩减，以至于不得不从国外进口粮食。其结果是，非洲极易受到世界市场物价剧烈波动的影响。这就是非洲进入全球一体化的悲惨的一面。

——齐涛《简明世界通史》

3. 西化和奴化教育

据说有黑人讲过这么一个笑话①："白人传教士刚到非洲时，他们手里有《圣经》，我们黑人手里有土地。传教士说：'让我们祈祷吧！'于是我们闭目祈祷。可是当我们睁开眼睛时，发现情况颠倒过来了，我们手里有了《圣经》，而他们手里有了土地。"

---

① 注：一般说是南非黑人大主教图图在 1984 年的一次集会上讲的，但我没有找到直接证据。

提问：这个故事大概率不是真的，但大家都很喜欢传播这样的故事，这说明了什么？

预设：故事可能是假的，但故事的内容反映了历史的真实；列强抢夺了非洲人的财产（土地），还通过传教（以及行医和教育）的方式来麻痹非洲人。

☞ 课堂小结

讲述：当纽约还叫新阿姆斯特丹的时候，荷兰人为了抵御外部威胁，曾经修筑过一座约3.65米高的泥土木板墙。后来英国人把墙拆了，修建了一条街道，这就是墙街（Wall Street），又叫华尔街。

如今的华尔街，已然成为美国金融资本的代名词。通过控制位于华盛顿的美国政府，华尔街的一举一动，都会对全球政治经济产生巨大的影响。1982年，华尔街血洗拉美，引爆了拉美债务危机；1997年，华尔街血洗东南亚，引发了亚洲金融危机；特别是在1997年亚洲金融危机中，华尔街迫使韩国开放市场，造成韩国三星等优质企业大部分股权被华尔街控制。也就是说，韩国三星等企业是在给华尔街赚钱。通过这样的手段，西方国家已经不需要通过武装侵略等殖民方式即可轻松获取亚非拉国家创造出来的财富，使自己的国民过上悠闲舒适的生活。而为了获取美国印刷出来的一张张绿色纸片，亚非拉广大国家的国民却不得不忍受着恶劣的工作环境。这公平吗？这太不公平了。

所以，《国际歌》唱得好：

最可恨那些毒蛇猛兽，吃尽了我们的血肉。一旦把他们消灭干净，鲜红的太阳照遍全球。

——《国际歌》

【板书设计】

```
                        ┌ 公然的抢劫
                  殖民掠夺┤ 疯狂的杀戮
                        └ 野蛮的贸易
资本主义                         ┌ 英西之战
世界殖民┤        ┌ 争霸战争┤ 英荷战争
体系                殖民扩张┤        └ 英法战争
                        └ 国际会议  柏林会议
                        ┌ 直接统治与间接统治
                  殖民统治┤ 依附型经济
                        └ 西化和奴化教育
```

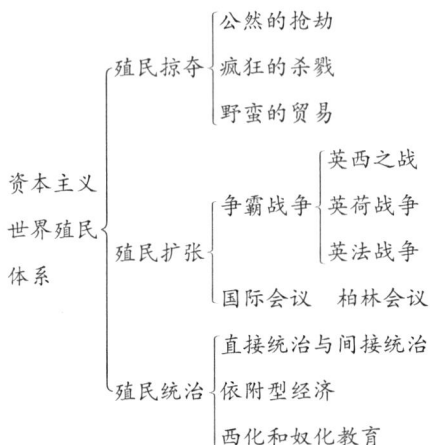

◎ 第十三课 亚非拉民族独立运动

【课标内容】

正式版课标：通过了解西方列强对亚非拉的殖民扩张、世界殖民体系的建立以及亚非拉人民的抗争，理解世界殖民体系的建立及殖民地半殖民地民族独立运动对世界历史发展的影响。

初中课标：通过了解拉丁美洲独立运动与印度民族大起义等史事，理解殖民地民族解放斗争的正义性和艰巨性；通过了解美国内战、日本明治维新、俄国1861年改革等史事，初步认识资本主义世界体系的形成。

课标分析：要求认识殖民地半殖民地民族独立运动对世界历史发展的影响。

【教材分析】

本课内容集中在部编版历史九年级下册的第1课。

课题	子目	部编版教材内容
殖民地人民的反抗斗争	拉丁美洲独立运动	介绍了拉丁美洲独立运动的背景、过程和玻利瓦尔等代表人物，介绍了印度民族大起义的背景、过程和影响
	印度民族大起义	

本课是部编版《中外历史纲要（下）》第六单元第 13 课。本课共三目，分别是"拉丁美洲的民族独立运动""亚洲的觉醒""非洲的抗争"。相关内容在初中只有拉丁美洲殖民地的独立运动和辛亥革命是学过的，其他如巴西、伊朗、埃及、苏丹、埃塞俄比亚等都是初中没学过的，这就使得本课的难度非常大。

"拉丁美洲的民族独立运动"一目共四段，第一段介绍拉丁美洲民族独立运动的历史背景，第二段介绍拉丁美洲的独立运动历程，第三段表示独立后拉美人民面临着继续民族民主革命的艰巨任务，第四段介绍巴西和墨西哥的民族民主革命。

"亚洲的觉醒"一目共四段，第一段介绍亚洲发生的深刻变化，第二段介绍印度的民族解放运动，第三段介绍伊朗的立宪革命，第四段介绍中国的辛亥革命，称它"打开了中国进步潮流的闸门，传播了民主共和理念，极大推动了中华民族思想解放，以巨大的震撼力和影响力推动了中国社会变革"。

"非洲的抗争"共五段，第一段整体上介绍"帝国主义在瓜分非洲的过程中，一直遇到非洲人民的强烈反抗"，第二段介绍埃及的抗英斗争，第三段介绍苏丹马赫迪起义，第四段介绍埃塞俄比亚抗意战争，第五段总结"亚非拉的民族独立运动打击了帝国主义的侵略势力，削弱了本国的封建势力，推动了民族独立和世界历史的发展"。

本课同样是按照拉美、亚洲、非洲的空间顺序介绍亚非拉的民族民主革命运动。在教学中，既可以按照这种空间的顺序引导学生学习，也可以从独立战争、立宪改革、反封建革命等运动形式入手重组教材内容。

【教学立意】

近代以来，列强对亚非拉地区的殖民侵略和掠夺严重损害了亚非拉地区的利益，阻碍了亚非拉地区的发展。同时，受西方民主思想的影响和国内资本主义的发展，亚非拉民族逐渐觉醒并通过民族民主革命运动来争取民族独立，发展民族经济，维护民族利益。这些运动打击了帝国主义的侵略势力，削弱了本国的封建势力，推动了民族独立和世界历史的发展。

【教学目标】

通过分析相关油画、漫画、新闻报道和学者著述，了解亚非拉人民的抗争（时空观念、史料实证），归纳其共同点（唯物史观、时空观念、历史解释），理解殖民地半殖民地民族独立运动对世界历史发展的影响（唯物史观、历史解释），坚定"四个自信"（唯物史观、家国情怀）。

【重点难点】

重点：让学生了解亚非拉人民的抗争和理解殖民地半殖民地民族独立运动对世界历史发展的影响。

难点：让学生知道如何认识亚非拉人民的抗争的异同。

【教学过程】

☞ 导入新课

（出示非洲国家国旗）

提问：非洲国家的国旗有什么明显特点？

预设：红黄绿三色为主。

提问：为什么非洲国家的国旗以红黄绿三色为主呢？

☞ 教学新课

一、美洲的探索

（出示独立运动前和独立运动后拉丁美洲的政治地图）

提问：从中能获取什么历史信息？

预设：从独立运动前的地图可以看出拉美主要有两大殖民帝国——西班牙和葡萄牙；拉美除了巴西是葡萄牙殖民地，其余主要是西班牙殖民地，这是由于西班牙向西开辟新航路，美洲属于其势力范围；从独立运动后的地图可以看出西班牙和葡萄牙在拉丁美洲的殖民地基本都已独立；拉美独立后出现了许多新的国家。

教学设想：复习巩固如何从地图中获取历史信息的方法——关注有无与大小（多少）。

讲述：初中我们学习过拉丁美洲的独立运动，知道玻利瓦尔和圣马丁，在他们的领导下，西属拉丁美洲殖民地最终取得独立运动的胜利。到1826年，西班牙和葡萄牙在拉丁美洲的殖民地基本都已宣告独立。然而，独立只是富强的必要条件而不是充要条件，更何况拉丁美洲并没有实现真正意义上的独立。

（出示漫画《请勿靠近》）

提问：请看这幅美国人创作的漫画《请勿靠近》，我们能从图中获取哪些历史信息呢？

预设：从人物服饰可以判断画面上的主要人物——美国军人（代表美国）、拉美民众（代表拉美）和欧洲贵族（代表列强）。

从人物动作与神态上来看，欧洲列强在眺望，寓意列强要殖民侵略拉美；美国持枪阻止，寓意美国要用武力阻止欧洲列强对拉美的侵略；拉美民众跪倒在地，一脸惊恐，寓意拉美无力保护自己免遭列强侵略，需要美国保护。

从作者的意图来看，作者试图让读者相信，美国阻止了欧洲列强的野心，保护了拉美的独立；美国政府的举措是得到了媒体的支持的。

从漫画的社会反应来说，漫画是画给美国人看的，反映的是美国人的一种心态——将自己当成拉美的保护神；漫画有助于民众支持美国政府控制拉美的政策与举措。

讲述：美国控制拉美的政策有个专门的名词，叫"门罗主义"，就像杜鲁门主义一样，门罗主义源于美国总统詹姆斯·门罗在1823年12月2日致国会的咨文中对美国对外政策原则的阐述："美国不干涉欧洲事务和任何欧洲国家在美洲现存的殖民地和保护国，但任何欧洲列强都不得干涉西半球的事务，否则就是对美国安全的威胁和不友好的表现。"同时，他还提出"美洲是美洲人的美洲"的口号。这个口号的实质是要把拉美变成美国的势力范围。在此之后，美国针对美洲其他国家开展了多次军事行动（出示材料）：

1846 年，美国入侵墨西哥。

1898 年，美国对西班牙宣战，占领古巴。

1903 年，美国策动本来是哥伦比亚一部分的巴拿马分裂，成立巴拿马共和国。

1904 年，美国强迫多米尼加共和国签署不平等协议，让渡部分主权。

1908 年，美国军队登陆巴拿马，以"监督"该国首次总统选举。

1910 年，美国出兵占领尼加拉瓜。

1914 年，美国军舰侵入墨西哥海域，占领韦拉克鲁斯城。

1915 年，美国海军陆战队占领海地首都太子港和其他重要城市。

……

1989 年，美国军队以"正义事业行动"为名，武装入侵巴拿马。

提问：从中能够获取哪些历史信息？

预设：美国长期屡次武力侵略拉美；美国往往多次入侵同一拉美国家。

讲述：基于门罗主义，美国长期屡次武力干涉拉美内政，而拉美人民为摆脱美国的控制，进行了反复的斗争。在这些斗争中，比较著名的就是墨西哥革命。这也是 1914 年美国入侵墨西哥的重要原因。由于墨西哥人民的抗争以及美国后来面临参加一战的问题，美国最终从墨西哥撤军，墨西哥革命得以避免被美国镇压。1917 年，墨西哥颁布宪法，宪法一定程度上反映了革命的成果，体现了资产阶级民主原则，为墨西哥人民进一步争取民主和进步奠定了基础。

二、亚洲的觉醒

讲述：墨西哥革命发生在 20 世纪初，这一时期全球范围内的民族民主运动可谓是风起云涌，亚洲也不例外，出现了一系列民族民主运动，被称为"亚洲的觉醒"。其中主要有中国的辛亥革命、朝鲜的三一运动、奥斯曼土耳其和伊朗的立宪革命，以及印度的反英运动。这里着重介绍伊朗，因为辛亥革命大家有学过，印度和土耳其的反抗运动后面我们还会学到。

伊朗就是我们之前学过的波斯，是一个文明悠久的国家，历来具有大国情结和民族自豪感，但是 19 世纪末 20 世纪初的伊朗却面临着严重的亡国危机。

（出示当时的中东局势图，指出伊朗的位置）

提问：大家从图中能获取什么样的历史信息呢？

预设：可以看到的是，俄国势力范围分布在伊朗北部，因为俄国是伊朗的北方邻国；英国势力范围分布在伊朗南部，因为英属印度是伊朗南部邻国。

可以推出的是，俄英两国激烈争夺伊朗；俄英两国的矛盾客观上延缓了伊朗亡国，双方都想独占伊朗；俄英两国力量强大，在侵略伊朗上有共同利益，阻碍了伊朗革命。

讲述：面对亡国危机，伊朗有识之士纷纷主张改革，向西方学习，要求制定宪法、召开国会。在国王拒绝改革后，1905 年，伊朗爆发了革命。1906年 1 月，国王被迫宣布召开立宪会议，实行改革。

伊朗革命不仅损害了封建贵族地主的利益，而且损害了俄英帝国主义的利益。俄英两国于是联合起来，一方面积极支持伊朗国王镇压革命，另一方面直接出动军队进行武装干涉。这样，在国内外反动力量的联合绞杀下，1911 年，历时六年的伊朗资产阶级革命归于失败。

三、非洲的抗争

讲述：相比较而言，非洲作为西方殖民势力侵略最早、侵略最持久、侵略最深入的地区，其抗争也更为激烈、更为悲壮。其中影响比较大的是埃及的抗英斗争、苏丹马赫迪起义和埃塞俄比亚抗意战争。马赫迪是伊斯兰教传说中的救世主，可见苏丹的马赫迪起义是带有浓厚宗教色彩的。非洲地区的这些抗争基本上都是以失败而告终，但是埃塞俄比亚的抗意战争却取得了胜利，所以这里主要介绍一下埃塞俄比亚的抗意战争。埃塞俄比亚位于东非高原，其前身就是我们前面学过的阿克苏姆王国，所以它和伊朗一样，也是有着悠久文明的国家。

（出示绘画，画中描绘的是埃塞俄比亚皇帝孟尼利克二世视察埃塞俄比亚铁路的场景）

提问：大家从中能获取什么历史信息呢？

预设：从画面内容来分析，画家表现的埃塞俄比亚是比较落后的（服装、武器）；埃塞俄比亚皇帝支持向西方学习；埃塞俄比亚皇帝信仰基督教（王冠上有十字架）。

从画家的意图来分析，画家试图展示一个开明的皇帝形象；旨在宣扬皇帝的威信（皇帝虽然学习西方，但生活方式还是传统的）。

从社会反响来看，有利于皇帝增强权威；有利于皇帝得到民众的支持。

讲述：通过埃塞俄比亚的"洋务运动"，皇帝孟尼利克二世增强了国力，也提升了自己的权威。当1894年意大利发动对埃塞俄比亚的入侵时，孟尼利克依靠埃塞俄比亚人民的广泛支持，指挥装备了近代武器的埃塞军队在阿杜瓦战役中大败意大利军队，并最终迫使意大利和埃塞俄比亚签订和约，承认埃塞俄比亚是独立国家。

☞ 课堂小结

当时的埃塞俄比亚由此成为唯二保持独立的非洲国家（另一个是美国扶持建立的利比里亚）。独立的埃塞俄比亚成了全非洲人民的精神寄托。很多美国的黑人曾特地跑到埃塞俄比亚游历考察，寻求灵感和启发。[1] 也因此在30世纪60年代非洲独立运动中，不少新诞生的非洲国家都选用了埃塞俄比亚国旗的红黄绿三色作为自己国旗的颜色（如下图所示），以向它的独立精神致敬。这表明埃塞俄比亚反殖民侵略战争的胜利不仅属于埃塞俄比亚人民，也属于全世界反殖民侵略的国家和民族。

---

① 艾周昌，郑家馨. 非洲通史·近代卷 [M]. 上海：华东师范大学出版社，1995：721.

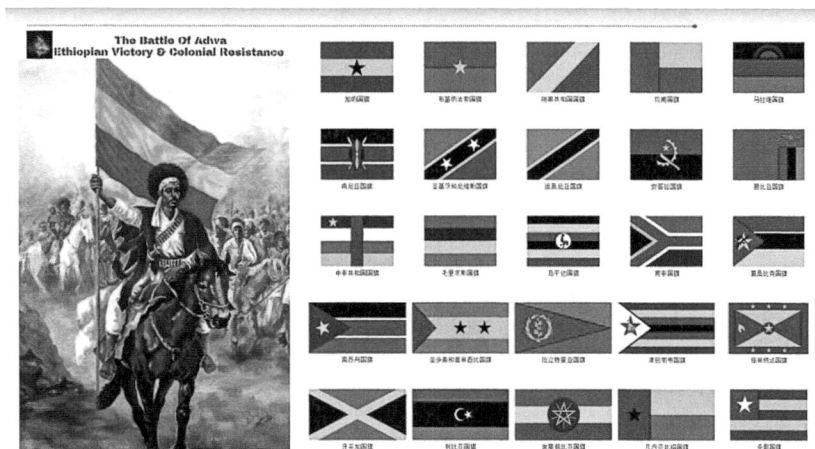

图 13-1　部分非洲国家的国旗①

总之，以埃塞俄比亚为代表的亚非拉民族独立运动，对内推动了民主进程，对外冲击了欧美主导的资本主义世界殖民体系，推动了世界历史的发展。他们追求富强、民主、自由、文明的精神永远鼓舞着后人，给予后人无穷的力量。这力量正如匈牙利诗人裴多菲说的那样：

这样就站起来吧，我的民族！加紧自己的两手和心灵的力量，这个力量是再大的灾难也不能摧毁的。

——裴多菲·山陀尔

【板书设计】

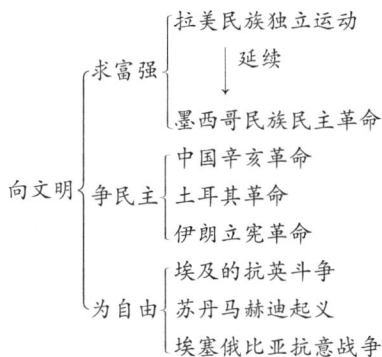

---

① 作者自制。

第　七　单　元

两次世界大战、
十月革命与国际秩序的演变

◎ 第十四课　第一次世界大战与战后国际秩序

【课标内容】

正式版课标：通过了解两次世界大战，理解 20 世纪上半期国际秩序的变动；了解列宁领导的十月革命爆发的原因、过程，理解十月革命的世界历史意义；理解两次世界大战之间亚非拉民族民主运动对国际秩序的影响。

初中课标：通过了解"三国同盟"和"三国协约"、萨拉热窝事件、凡尔登战役等，分析第一次世界大战爆发的原因，了解其基本进程以及给人类社会带来的巨大灾难；知道列宁领导的十月革命的背景与过程，理解十月革命胜利的重要历史意义；知道凡尔赛体系、华盛顿体系和国际联盟，了解战后战胜国建立的世界秩序及其局限性。

课标分析：要求从国际秩序变动的角度来认识第一次世界大战。

【教材分析】

本课内容集中在部编版历史九年级下册的第 8 课和第 10 课。

课题	子目	部编版教材内容
第一次 世界大战	三国同盟和三国协约	介绍了一战的背景、经过和结果，特别是介绍了萨拉热窝事件和凡尔登战役
	第一次世界大战的爆发	
	第一次世界大战的进程和结果	
《凡尔赛条约》 和《九国公约》	《凡尔赛条约》	介绍了《凡尔赛条约》和《九国公约》签订的背景、主要内容和产生的影响，知识拓展介绍了国际联盟
	《九国公约》	

本课是部编版《中外历史纲要（下）》第七单元第 14 课。本课共三目，分别是"帝国主义与大战的酝酿""第一次世界大战""一战后的国际秩序"。

"帝国主义与大战的酝酿"一目共四段，第一段指出 19 世纪晚期至 20 世纪初，主要资本主义大国发展到帝国主义阶段，掀起了新的瓜分世界的狂潮。第二段介绍欧洲列强之间的尖锐矛盾，第三段介绍两大集团的出现，第四段介绍萨拉热窝事件。

"第一次世界大战"一目共两段，第一段整体介绍一战的三条战线，第二段介绍战争的进程和结果。

"一战后的国际秩序"一目共三段，第一段介绍凡尔赛—华盛顿体系，第二段介绍国际联盟，第三段总结一战的历史影响。

以下以第一目为例详细阐述教材的设计，并基于分析提出教学策略。

第一目"帝国主义与大战的酝酿"，通过对帝国主义形成、同盟国和协约国两大军事集团的争斗以及萨拉热窝事件及其影响的陈述，说明了帝国主义与世界大战的关系。"学习聚焦"提炼了第一目的基本要点：帝国主义列强瓜分世界的争斗，是第一次世界大战的根源。为了具体说明列强之间的矛盾，教材提供了第一个"史料阅读"——通过 1897 年英国杂志《星期六评论》的资料，说明了 19 世纪末英国与德国矛盾的尖锐化，以及英国舆论界要求用战争手段来防止德国竞争的主张。

为了让学生进一步理解帝国主义，教材引用了列宁对帝国主义的定义，作为第二个"史料阅读"——帝国主义是发展到垄断组织和金融资本的统治已经确立、资本输出具有突出意义、国际托拉斯开始瓜分世界、一些最大的资本主义国家已把世界全部领土瓜分完毕这一阶段的资本主义。

与此同时，设计"思考点"——为什么说第一次世界大战是一场帝国主义战争？学生可以通过总结本目的内容，概括回答这个问题，加深对帝国主义与第一次世界大战关系的理解。在此目中，还提供了三国同盟、三国协约的示意图，还有萨拉热窝事件中普林西普被捕的照片，使学生能够更直观地了解三国同盟和三国协约的形势，以及萨拉热窝事件等。[1]

本课的教学策略为以下几种：

一是突出新观点、新角度，如可以从民族主义的角度切入，一战的爆发在很大程度上缘于极端民族主义，一战的结束又极大地刺激了民族主义，最终未能避免新的世界大战的爆发。也可以从战争与和平的角度切入，突出强调凡尔赛—华盛顿体系对维护世界和平的重要意义和作用。

二是强调新方法、新手段，如可以从学术史的角度来设计一战，突出培养学生历史解释的素养[2]。

【教学立意】

进入帝国主义阶段的西方列强掀起新的瓜分世界的狂潮后，在没有更多的殖民地可以瓜分的情况下矛盾迅速激化，加上当时国际社会奉行社会达尔文主义所形成的一种国际间无政府状态使得矛盾得不到有效化解，最终导致了第一次世界大战。战争的巨大代价促使人们意识到国际秩序的重要性，在此基础上，建立了凡尔赛—华盛顿体系，以维系欧美主导的国际秩序，但由于其内在的缺陷，最终未能阻止新的世界大战爆发。

【教学目标】

通过分析相关油画、漫画、新闻报道和学者著述，了解一战的爆发过程（时空观念、史料实证、历史解释），分析一战爆发的原因（唯物史观、时空观念、历史解释），理解凡尔赛—华盛顿体系的影响（唯物史观、历史解

---

① 武文，林平. 统编高中历史必修教材《中外历史纲要（下）》教学指导与实施建议［J］. 辽宁教育，2020（9）：60-68.

② 魏飞. 学术史视野下的《第一次世界大战的爆发》教学设计［J］. 历史教学（上半月刊），2017（6）：56-61.

释），认同中国致力于追求国际政治经济新秩序的做法（唯物史观、家国
情怀）。

【重点难点】

重点：让学生了解一战爆发的原因和凡尔赛—华盛顿体系的内容。

难点：让学生知道如何认识和评价凡尔赛—华盛顿体系。

【教学过程】

☞ 导入新课

（出示三国同盟与三国协约示意图）

讲述：大家初中学习过三国同盟与三国协约，应该还记得三国同盟是德
国、奥匈帝国和意大利。那三国协约又是哪三国呢？对，是英国、法国和俄
国。大家看地图，三国同盟是连在一块的，但是三国协约中的俄国和法国却
被三国同盟所阻隔，英法要想有效联络俄国，只能走海路，因此土耳其所控
制的博斯普鲁斯海峡就非常重要了。按理来说，协约国不说讨好土耳其，至
少不应该得罪土耳其。但是呢，1914 年 7 月 28 日，也就是第一次世界大战
正式爆发的这一天，尽管英国尚未参战，但时任英国海军大臣丘吉尔却宣布
征用土耳其向英国订购的已制造完成的两艘军舰，并且拒绝向土耳其赔偿损
失。此举最终将土耳其推向了德国的同盟国阵营。

提问：丘吉尔不是个愚蠢的人，英国也不算一个很激进的国家，那为什
么英国海军大臣丘吉尔宁愿得罪土耳其也要征收土耳其的军舰呢？

教学设想：一方面复习旧知识，在此基础上制造认知冲突，调动学生学
习兴趣；另一方面与结尾凯末尔领导土耳其革命武力修改《凡尔赛条约》相
呼应。

☞ 教学新课

一、安全困境与一战的爆发

讲述：在回答为何英国海军大臣丘吉尔宁愿得罪土耳其也要征收土耳其
的军舰这个问题之前，我们不妨先了解一个国际关系理论，这个理论叫安全
困境理论（出示材料）：

　　一国（尤其是大国）增强自我安全的行为会不自觉地导致降低他国安全，从而使他国为了自身的安全而竭力增加自己的实力，以至卷入安全竞争的恶性循环之中，国际体系因此而动荡不安，国与国之间的战争也由此难以避免。

　　就是说，一个国家发展军备买枪买炮，其邻国当然会觉得不安全，如果邻国也去买枪买炮，邻国感觉安全了，最开始这个国家又会感觉不安全，这就是安全困境。但是，大家再想一想，现实生活中，如果某人觉得不安全到超市买了把菜刀，别人是不是也会因此感到不安全而要去买菜刀呢？大家都知道不会的，这是为什么呢？因为有警察和政府在。如果我们觉得这个人威胁到了自己的安全，我们可以找警察、找政府。所以大家发现问题了没有，为什么国际政治中会有安全困境？因为国际社会是没有政府的，处于一种无政府状态，不存在一个有足够权威的世界政府（板书）。理解这一点我们就能理解英国海军大臣为什么要如此激进了，因为当时英国觉得自己处于一种极度不安全之中。

　　（出示"1880—1914年英德海军吨位对比表"）

　　提问：大家能从表中能获取什么历史信息？

　　预设：我们可以看到的是，英德海军吨位呈增长趋势；德国海军吨位增速呈加速增长趋势；德国海军吨位增速超过英国，这是因为德国第二次工业革命提供了强大的经济和技术实力；德国在一战前的20多年时间里从把海军从不起眼的地位提升到英国的一半（世界第二）。

　　我们可以合理推测的是，英德在进行海军军备竞赛；英德海军军备竞赛会恶化两国关系；英德矛盾随海军竞赛呈加剧趋势。

　　教学设想：引入安全困境理论，丰富历史认识视角，同时提升学生理论素养；分析英德海军吨位对比表，培养学生获取和分析图表信息的能力，提高历史解释的学科核心素养。

　　讲述：总之，德国扩充海军军备的行为让英国感到紧张，没有安全感的英国人也赶紧扩充海军，于是出现了这样的诡异现象，据丘吉尔回忆，当时英国"海军部要求 6 艘，经济学家们只肯给 4 艘，我们最后折中一下，成为 8 艘。"[①] 英国人是如此忌惮德国海军，唯恐自己海军力量不够强大，所以还没有开战，丘吉尔先生就先强行征用了土耳其的两艘军舰。

安全困境不仅使得英德加紧海军军备竞赛，从而激化了英德之间的矛盾，加速了同盟国集团和协约国集团这两大政治军事同盟的建立，也激化了整个世界的局势——比如英国与土耳其的矛盾也因此激化。这一切，都导致了一场世界性战争的爆发。当然，安全困境并不是一战爆发的唯一原因，但绝对是主要的原因之一。

二、一战的扩大与结束

讲述：1914 年 6 月 28 日，萨拉热窝事件爆发。这一事件大家初中有学过，这里也不再赘述。萨拉热窝事件成为了一战的导火索，一个月后一战正式爆发。

提问：下面我们来看看一战爆发后主要国家的参战时间表，从中我们能获取什么历史信息呢？（出示材料）

1914 年 7 月 28 日奥匈向塞尔维亚宣战

1914 年 8 月 1 日德国向俄国宣战

1914 年 8 月 3 日德法互相宣战

1914 年 8 月 4 日英国对德国宣战

1914 年 8 月 23 日日本对德国宣战

1914 年 10 月 29 日土耳其向俄国宣战

1916 年 8 月 28 日意大利对德国宣战

1917 年 4 月美国对德国宣战

1917 年 8 月中国对德、奥宣战

预设：战争范围不断扩展。日本的参战，使得这场原本只是欧洲列强之间的战争扩大到远东地区；土耳其的参战，又开辟了近东战场；美国的参战，

---

① 徐弃郁. 脆弱的崛起：大战略与德意志帝国的命运［M］. 北京：新华出版社，2011：261.

更是使得这场战争席卷所有大洲，欧洲战争一变而成世界战争；美国参战带动了中国参战，中国由于加入了协约国阵营，因此在战争结束后成为一战的战胜国。

讲述：各国参战顺序反映了各国的战略企图。德国抢在奥匈前面对俄法宣战，说明德国急于打赢这场预料中的战争；对战争最积极的是德、俄、法，英国比较积极，美国最不积极，这和他们之间的地理位置对各自国家安全的影响是成正相关的，即安全困境的地缘影响；同盟国集团的意大利居然对德奥宣战，反映出意大利的三心二意，更揭示了外交的复杂多变；日本对德宣战既是因为英日同盟，也是因为对中国山东的觊觎。

教学设想：通过展示各国参战时间表，让学生直观感受一战的演变情况，同时培养学生获取和分析大事年表的能力，培养时空观念和历史解释的学科核心素养。这里可以引导学生从主观（争取利益）和客观（战局变化）两个角度进行分析。例如，意大利参加协约国集团的原因主观上是希望获取更多的利益（协约国集团给予更多的好处），客观上是战局对同盟国集团呈不利趋势。

一战始于 1914 年 7 月 28 日，结束于 1918 年 11 月 11 日，一共持续了 4 年零 4 个月之久。其中：

第 1 年也就是 1914 年，战场的重心在西线，主要战役是马恩河战役。此后，战争由运动战转为堑壕战。

第 2 年也就是 1915 年，战场重心在东线，俄国惨败，但德国未能迫使俄国退出战争。

第 3 年也就是 1916 年，战场重心在西线，主要战役是凡尔登战役和索姆河战役。有关凡尔登战役的内容，初中教材介绍得比较详细。

第 4 年也就是 1917 年，十月革命后，俄国退出一战。美国和中国加入协约国一方作战。

最后第 5 年也就是 1918 年，由于美国参战，德国最终失败。11 月 11 日，德国投降，一战结束。

教学设想：帮助学生对一战的经过有一个简明扼要的了解。

三、凡尔赛—华盛顿体系的建立

讲述：在一战之前欧洲爆发的战争如普法战争等都是速决战，参战各国原以为一战也会像之前的战争一样很快就会结束，没有多少人会预料到战争会持续 4 年零 4 个月之久，更没有人会预料到战争所造成的破坏和伤亡会是如此之大。大战造成的影响还不止于此。

（出示一战前后欧洲形势图）

提问：大家从图中能获取什么历史信息？

预设：欧洲的几个帝国——德意志帝国、奥匈帝国、俄罗斯帝国、奥斯曼土耳其帝国全部崩溃了，在旧帝国的肌体上形成了若干新的国家；除了疆域的变迁，还有政体的改变，帝国变成了共和国；德国、俄国领土缩小，意大利、罗马尼亚、塞尔维亚（南斯拉夫）领土扩大。

教学设想：通过比较一战前后欧洲形势图，让学生直观感受一战对欧洲的政治影响，同时培养学生获取和分析历史地图的能力，培养时空观念和历史解释的学科核心素养。这里引导学生从有无和大小的角度来进行分析。

讲述：1918 年以后的战败国，国内革命运动和反革命运动风起云涌，不仅带来政体的变迁，更造成社会秩序的混乱和紧张。而战胜国对战败国的压榨和掠夺，或者说安全困境造成的战胜国的过度反应，更激化了战败国的社会矛盾。这种过度反应，突出表现为凡尔赛—华盛顿体系的建立。

巴黎和会上法国为什么要极力削弱德国？因为德国作为法国最强大的邻国，对法国的安全是一个巨大的威胁。英国为什么反对法国过分削弱德国？因为过于强大的法国将会威胁英国的安全。可能是有鉴于此，作为美国历史学会主席的威尔逊总统提出了这样一个方案，那就是建立一个超国家的国际组织来维护国际和平与安全，这个国际组织就是国际联盟。在威尔逊的努力下，《国际联盟盟约》成为《凡尔赛条约》的一部分，也就是说只要在《凡尔赛条约》上签字，就自动成为国际联盟的会员国。

提问：下面我们来看一看这个《国际联盟盟约》，从这句话中我们能获得什么历史信息呢？（出示材料）

　　缔约各国，为增进国际间合作并保持其和平与安全起见，特允承受不从事战争之义务，维持各国间公开、公正、荣誉之邦交。

——《国际联盟盟约》

　　预设：从文本角度分析，国际联盟宣称其宗旨是增进国际间合作并维护世界和平与安全。

　　从作者意图来分析，盟约宣布承担不从事战争的义务，表明国际社会开始认为战争不再是一种可以随意使用的手段，背后反映的时代风貌是一战给参战各国带来了巨大的灾难，战争不得人心，民众渴望和平；同样，盟约主张公开、公正外交，背后反映的是人们对战前盛行的秘密外交、不平等外交极为不满。

　　讲述：需要注意的是，法律文本只能证明人们意识到问题的存在和打算解决这个问题，并不能证明人们有没有去解决问题，更不能证明人们是否解决了问题。也就是说，《国际联盟盟约》证明了当时国际社会意识到国际合作维护和平的重要性，但它既不能证明国际社会真的打算这么做，也不能证明国际联盟真的能够这么做。实际上，由于美国国会的反对，美国没有批准《凡尔赛条约》，也就没有参加国际联盟，而十月革命后的苏联又被排斥在国际联盟之外，再加上国际联盟所要维护的凡尔赛—华盛顿体系本身的内在缺陷，以及国际联盟"全体一致"原则的不适用性，注定了国际联盟不可能实现其最初的宗旨，最终只能落得一个被联合国取代的命运（板书）。

　　教学设想：通过对《国际联盟盟约》条文的解读，培养学生获取和分析史料的能力，培养史料实证和历史解释的学科核心素养，渗透热爱和平反对战争的情感教育。

☞ 课堂小结

　　国际联盟不能维护和平和正义，《凡尔赛条约》对战败国的苛刻要求更是使得战败国对修改条约心心念念。大家不要以为只有德国对凡尔赛体系不满，实际上许多国家都对凡尔赛体系不满，比如同样是战败国的土耳其，因为一战加入德奥同盟国阵营，所以战争结束后被迫与协约国集团签订了十分苛刻的条约——《色佛尔条约》。这个条约让土耳其丧失五分之四的领土，使土耳其濒临亡国的边缘，但最终土耳其人民在凯末尔领导下打败了希腊的入侵，迫使协约国与土耳其重新签订了《洛桑条约》，从而基本收回了丧失的主权。土耳其这种用武力成功修改了凡尔赛体系的做法，毫无疑问对其他战败国产生了示范作用，其结果就是 20 世纪 30 年代凡尔赛—华盛顿体系的彻底崩溃，而这一体系崩溃的结果则更为致命，其标志着规模空前的第二次世界大战的爆发。

从这个意义上，英国政治家伯克的那句话值得我们学习，他是这么说的：良好的秩序是一切美好事物的基础。

——爱德蒙·伯克

【板书设计】

【作业设计】

阅读材料，完成下列要求。(7 分)①

材料

非战公约（节录）

（1928 年 8 月 27 日订于巴黎）

第一条　缔约各方以它们各国人民的名义郑重声明它们斥责用战争来解决国际纠纷，并在它们相互关系上，废弃战争作为实行国家政策的工具。

第二条　缔约各方同意它们之间可能发生的一切争端或冲突，不论其性质或起因如何，只能用和平方法加以处理或解决。

第三条　本条约由序言内所列缔约各方按照它们各自的宪法程序加以批准，并于所有它们的批准书均交存华盛顿时，在它们之间立即生效。

——引自世界知识出版社编《国际条约集（1924—1933）》（注：该公

---

① 摘自 2024 年浙江高考历史试卷第 23 题。

约的正式名称为《关于废弃战争作为国家政策工具的一般条约》，最初由美、法、英、德、日、意等 15 个国家签署，至 1933 年有包括中国在内的 63 个国家加入。条约的主要内容为以上三条）

根据材料，结合所学，从一战后国际治理的角度评价《非战公约》。

答案

观点：《非战公约》是国际法的发展，但未真正得到实行。（未阻止德、日、意发动侵略战争）（2 分）

背景：一战使国际法遭到严重破坏；苏俄宣布侵略战争为反人类罪；国际联盟难以履行制止战争、维护世界和平的国际责任。（2 分，任答两点得 2 分）

进步性：把废弃战争作为国家政策工具、用和平方法解决国际纠纷写进公约。（2 分）

局限性：缺少和平解决国际争端和制裁侵略的机制。（1 分）

解析

首先需要根据材料，结合所学，从一战后国际治理的角度评价《非战公约》。根据材料"缔约各方以它们各国人民的名义郑重声明它们斥责用战争来解决国际纠纷……废弃战争作为实行国家政策的工具""缔约各方同意它们之间可能发生的一切争端或冲突，不论其性质或起因如何，只能用和平方法加以处理或解决"并结合所学知识可得出观点：《非战公约》是国际法的发展，但未真正得到实行（未阻止德、意、日发动侵略战争）。

得出观点后再进行阐述，结合所学知识可以从国际法的背景、作用进行分析。背景方面可以结合第一次世界大战对国际法的影响、十月革命后苏俄对国际法的影响、国际联盟的弊端来谈。所以背景可以总结为：一战使国际法遭到严重破坏；苏俄宣布侵略战争为反人类罪；国际联盟难以履行制止战争、维护世界和平的国际责任。作用方面可以分进步性和局限性两方面，进步性方面，根据材料"并在它们相互关系上，废弃战争作为实行国家政策的工具""只能用和平方法加以处理或解决"并结合所学知识可得出把废弃战争作为国家政策工具、用和平方法解决国际纠纷写进公约。

局限性方面，结合所学知识可得出缺少和平解决国际争端和制裁侵略的机制。

【资料附录】

1. 英国扣押土耳其军舰

就在他们犹豫不决的时候，英国没收了他们两艘根据合同正在英国船坞里建造的军舰，这就起了促使他们作出决定的作用。这两艘都是第一流的主力舰，和英国最好的军舰不相上下，其中一艘配备有 13.5 英寸口径的大炮。7 月 28 日，那位生气勃勃的海军大臣，用他自己的话说，是"征用了"土耳其的军舰。其中的"苏丹奥斯曼一世"号已于 5 月间完工，第一期款子也已付清。可是当土耳其人想把船接回国去的时候，英国人多方奸诈地暗示说，希腊人图谋用潜水艇攻击它，并以此劝说他们把船留在英国，等另一艘姊妹舰"列沙吉耶"号造好后一同回国。7 月初，"列沙吉耶"号完工后，英国又制造借口不让离开。航速和火力的试验无缘无故推迟了。率领 500 名土耳其水兵在泰恩河一艘运输舰上待命的土耳其指挥官，一听说丘吉尔的命令，就威胁着要登上他那两艘军舰并升起土耳其国旗。海军部的发言人颇感兴味地下令，"必要时以武力"制止这种企图。

这两艘军舰花了土耳其 3000 万美元，这在当时是一笔巨款，这笔钱是土耳其在巴尔干战争的败北唤醒了国内公众，深知必须使自己的武装部队重整旗鼓之后，由民众捐款筹措起来的。安纳托利亚的农民人人都捐了几文。没收这两艘军舰的消息，虽然公众尚未得悉，却引起政府"精神上极度的痛苦"——这是海军大臣杰马勒帕夏的说法，一点也不过分。

英国不屑花费任何力气来安抚土耳其人。格雷在正式通知土耳其有关泰恩河上这桩地道的海盗行径时，还蛮有把握地认为，土耳其人会理解英国出于"自己在这场危机中的需要"而没收这两艘军舰的原委的。至于土耳其的财政和其他损失——英王陛下政府"真诚感到遗憾"的事情——格雷干巴巴地说，将会受到"适当考虑"。"赔偿"两字他根本不提。在"病夫"和"错马"两种想法结合一起所产生的影响下，英国终于认为整个奥斯曼帝国还不如两艘额外的军舰来得重要。格雷表示遗憾的电报是在 8 月 3 日发出的。

同一天，土耳其和德国签署了盟约。

——巴巴拉·W. 塔奇曼《八月炮火》

2. 英德海军竞赛

海军部要求 6 艘，经济学家们只肯给 4 艘，我们最后折中一下，成为 8 艘。

——徐弃郁《脆弱的崛起：大战略与德意志帝国的命运》

3.《国际联盟盟约》

缔约各国，为增进国际间合作并保持其和平与安全起见，特允承受不从事战争之义务，维持各国间公开、公正、荣誉之邦交。

——《国际联盟盟约》，转引自曹建明《国际公约与惯例：国际公法卷》

◎ 第十五课　十月革命的胜利与苏联的社会主义实践

【课标内容】

正式版课标：通过了解两次世界大战，理解 20 世纪上半期国际秩序的变动；了解列宁领导的十月革命爆发的原因、过程，理解十月革命的世界历史意义；理解两次世界大战之间亚非拉民族民主运动对国际秩序的影响。

初中课标：通过了解"三国同盟"和"三国协约"、萨拉热窝事件、凡尔登战役等，分析第一次世界大战爆发的原因，了解其基本进程以及给人类社会带来的巨大灾难；知道列宁领导的十月革命的背景与过程，理解十月革命胜利的重要历史意义；知道凡尔赛体系、华盛顿体系和国际联盟，了解战后战胜国建立的世界秩序及其局限性。

课标分析：需要注意的是，课标没有对苏联的社会主义实践提出学习要求，相比初中，增加了对十月革命爆发原因的了解（不局限于彼得格勒武装起义），同时和实践一样突出要求理解十月革命的世界历史意义。

【教材分析】

本课内容集中在部编版历史九年级下册的第9课和第11课。

课题	子目	部编版教材内容
列宁与十月革命	十月革命前的俄国	介绍了二月革命、七月事件和十月革命，介绍了苏维埃政府建立后采取的措施及其影响
	十月革命	
	苏维埃政权的建立	
苏联的社会主义建设	新经济政策	介绍了新经济政策和斯大林模式及其影响
	苏联的工业化	
	农业集体化	
	苏联模式	

本课是部编版《中外历史纲要（下）》第七单元第15课。本课共三目，分别是"列宁主义的形成""十月革命的胜利""苏联建设社会主义的实践"。

"列宁主义的形成"一目共三段，第一段介绍俄国社会民工党的建立，第二段介绍列宁主义的出现及其主要内容，第三段介绍列宁主义的影响。

"十月革命的胜利"一目共三段，第一段介绍俄国二月革命后的形势，第二段介绍十月革命和苏维埃政权的建立，第三段介绍十月革命的世界影响。

"苏联建设社会主义的实践"一目共六段，第一段介绍十月革命后俄国出现内战，第二段介绍战时共产主义，第三段介绍新经济政策，第四段一句话介绍苏联的建立，第五段介绍斯大林领导下的苏联经济建设成就，第六段介绍斯大林模式的特征及影响（但没使用斯大林模式这个词而是用"苏联模式"）。

【教学立意】

俄国农奴制改革推动了俄国现代化的发展，但是俄国改革的不彻底使得俄国在一战中难以对抗德国这样的工业化强国。一战激化了俄国的各种矛盾，最终导致了沙皇专制统治的崩溃，但是二月革命后的临时政府既没有足够的能力也没有足够意愿来解决当时俄国所面临的问题，最终列宁领导布尔什维克推翻了临时政府，取得十月革命的胜利。十月革命为俄国现代化开辟了新的道路——社会主义道路。基于对共产主义理想的追求，苏联最终形成了一套独有的发展模式，不仅深刻影响了苏联，也对世界历史的发展产生深远影响。

【教学目标】

知道俄历与公历的不同，能够从大事年表中获取历史信息（时空观念），了解列宁领导的十月革命爆发的原因、过程，了解苏联的社会主义建设历程，并通过分析相关漫画、照片习得史料实证的意识和方法（史料实证），通过分析俄国十月革命的胜利和苏联社会主义建设，理解偶然性与必然性、动机与后果等认识历史的思想方法（唯物史观、时空观念、历史解释），理解十月革命和社会主义建设的世界意义，体会对公平正义、美好生活的追求是人类的共同追求，进一步增强人类命运共同体意识（唯物史观、家国情怀）。

【重点难点】

重点：让学生了解列宁领导的十月革命与苏联的社会主义建设。

难点：让学生理解十月革命和苏联的社会主义建设的世界历史意义。

【教学过程】

☞ 导入新课

（出示激烈战斗的图片）

讲述：这张图片选自 1927 年的苏联电影《列宁在十月》。

提问：它能不能证明十月革命发生了激烈战斗呢？

预设：不能。但能证明创作电影的人希望看电影的人相信十月革命当天发生了激烈战斗。

讲述：那么十月革命究竟有没有发生激烈战斗？我们不妨听听十月革命亲历者、后来的苏联领导人之一米高扬是怎么说的吧（出示材料）：

事实上，十月革命几乎是和平完成的。

——阿纳斯塔斯·伊凡诺维奇·米高扬

提问：既然苏联领导人知道十月革命没有发生激烈的战斗，那为什么他们会支持拍出来的影片中有激烈战斗的画面呢？

☞ 教学新课

一、苦难

讲述：要回答为什么苏联反映十月革命的电影中会出现激烈的战斗场面，我们要先思考一个问题，那就是为什么会爆发十月革命。简单来说，革命爆发的原因之一就是俄国太贫穷落后了，老百姓生活得太苦了。

（出示一战时期的俄国乡村照片）

提问：大家从图中能够获取什么历史信息？

预设：没有农业机械，都在使用简单的工具，说明农业生产非常落后。

提问：这张照片能不能证明俄国农业落后呢？

预设：能，但不够，因为只能证明这张图片所反映的地区农业落后。

提问：那要证明俄国农业落后还需要什么？

预设：除了具体的个案外，还要有反映整体的材料。

出示材料：

全国正在使用的有 1000 万把木犁和 2500 万个木耙，铁犁仅 420 万把，铁耙不满 50 万个，农业机械几乎等于零。

——周尚文、叶书宗、王斯德《苏联兴亡史》

讲述：通过以上材料，可见当时俄国农业确实十分落后，农民的生活也不可能好到哪里去。请看农民身后的房子，有什么特点？房子都是茅草屋顶。这样的生活条件，农民的不满是可想而知的。

提问：这张图片还有个问题，上面都是些什么人？

预设：妇女，还有一名老年男子。

提问：那年轻的男子最有可能去哪里了？

预设：当兵去了。

提问：事实上是不是这样呢？

（出示完整的照片《革命时期的俄国农民》）

讲述：实际上男人们在照片的另一边。人们常说有图有真相，也许照片不会说谎，但是拍照片的人会说谎，用照片的人会说谎。这意味着当我们在使用照片作为史料时，一定要谨慎，既要搞清楚完整的照片是什么样子的，还要搞清楚照片是在什么情况下拍摄的。

教学设想：通过历史照片这个点和统计数据这个面帮助学生证明俄国农业的落后，同时利用前后两张照片的对比帮助学生了解使用照片作为史料应当注意的地方，培养学生史料实证这一核心素养。

二、革命

讲述：俄国本来就很落后，列宁就说过，俄国是帝国主义链条中最薄弱的一环，所以俄国根本无力与德国这样的一流工业强国作战。加上上节课我们讲过的土耳其加入德国阵营，封锁俄国黑海出海口，使得俄国难以获得英、法协约国集团的援助，更是加剧了俄国的经济困难。到了 1917 年初，俄国在第一次世界大战中已经损失了大量人力、物力，惨重的损失严重激化了俄国的社会矛盾，从这个意义上来说，俄国革命的爆发是必然的。

于是，1917 年 3 月，俄国革命正式爆发，这就是二月革命（板书）。革命工人和士兵建立了革命领导组织——工兵代表苏维埃。孤立无援的沙皇尼古拉二世被迫退位，统治俄国 304 年之久的罗曼诺夫王朝寿终正寝。在彼得格勒工兵代表苏维埃的支持下，由资产阶级政党组成的临时政府接管了政权。这些内容大家初中都学过，这里就不再赘述。

革命可以推翻旧制度，建立新政府，但革命并不能立刻解决俄国所面临的问题。下面大家看到的是 1917 年俄国军队参谋部的一份报告（出示材料）：

士兵们对战争持有越来越否定的态度，一致希望和平。这解释了为什么布尔什维克的思想和口号会在他们中间取得如此巨大的胜利。

——《关于 1917 年 10 月上半月军队状况的军情报告节选》

提问：从中能获取什么历史信息？

预设：二月革命后俄国没有退出战争；士兵们反对战争，希望和平；布尔什维克的观点受到俄国士兵的欢迎；俄国上层已经意识到这个问题的严重性，意味着士兵厌战是很普遍的现象。

讲述：早在 1917 年 4 月，从国外回国的列宁就敏锐地抓住了俄国人民的诉求，他先是在《四月提纲》中提出将革命从资产阶级民主革命向社会主义革命推进的战略和策略（板书），在他的领导下，布尔什维克提出的"土地、面包与和平"的口号赢得了大多数为农民出身的俄国士兵们的支持。既然士兵们是支持列宁的，那么大家就可以理解为什么十月革命是和平的了。

虽然十月革命发生在俄国，但十月革命的影响并不局限于俄国。

（出示《列宁清扫地球》漫画）

提问：从漫画中能够获取哪些信息？

预设：列宁要消灭沙皇、外国君主、资本家、主教，即压迫人民的反动政治势力、经济势力和文化势力。

讲述：这幅漫画形象的反映出了十月革命的影响，作为人类历史上第一个社会主义国家，它打破了资本主义一统天下的格局，沉重打击了帝国主义对世界的统治，极大地鼓舞了殖民地半殖民地人民的解放斗争。有关这些内容，我们后面还会学习到，这里先略过。我们接下来重点讲十月革命对俄国的影响。

三、建设

讲述：十月革命后不久，俄国又爆发了内战。

（出示俄国内战形势图）

提问：从地图中能获取什么历史信息？

预设：苏维埃控制地区集中分布在俄国的欧洲部分，彼得格勒和莫斯科这样的中心城市控制在苏维埃政权手中，意味着苏维埃政权在经济上占据主导地位；苏维埃政权四面出击，意味着苏维埃政权面临着来自四面八方的敌对势力威胁，形势十分危急。

讲述：持续四年的一战加上国内战争，俄国经济受到沉重打击，为了集中力量保卫苏维埃政权，苏俄推行战时共产主义政策，主要包括实行余粮收集制、大中小企业一律收归国有等。因为这个政策是战争状态下出台的，所以叫战时，那为什么叫共产主义呢？这就涉及对共产主义这个概念的理解。前面讲马克思主义这一课时我们说过，社会主义的特点是反对私有制，没收地主土地，所以我们说十月革命是社会主义革命。现在苏维埃政权不光将土地收归公有，还将工厂收归国有，这充分体现出社会主义或者说共产主义的特点，所以这个政策叫战时共产主义政策。

列宁领导的布尔什维克的目标是要在俄国实现共产主义，按照他们的理解，既然共产主义等于公有制加计划经济，那么反过来，公有制加计划经济不就等于共产主义了么，如果战后继续推行这个政策，不就等于俄国实现了共产主义了吗？

但是，这些理想主义者没有意识到的是，这个政策严重损害了农民的利益，因而遭到了他们的反对与反抗。面对现实，列宁及时调整政策，实行新经济政策。新经济政策实际上是发挥市场的作用，由于市场被认为是属于资本主义的，所以新经济政策的推行在苏维埃领导层阻力巨大。（板书）即使是列宁本人，也只是把新经济政策当作是一个暂时的妥协。在列宁去世后，以斯大林为代表的苏维埃领导层决心重新回到他们所认识的社会主义道路上，由此形成了独特的经济发展模式——通常被称为斯大林模式。

斯大林探索的道路主要有三个要点：一是社会主义工业化，二是农业集体化，三是阶级斗争尖锐化。非常简单的三句话，但有着非同寻常的重大意义，所有照搬斯大林模式的社会主义国家，大都是按这样的方式搞社会主义。

首先，我们来看什么叫社会主义工业化，其实就是优先发展重工业。为什么社会主义工业化要优先发展重工业呢？一是因为当时社会主义是作为资本主义对立面出现的，既然资本主义优先搞轻工业，社会主义就必须优先发展重工业；二则最重要的是，作为当时唯一的社会主义国家，1922 年成立的苏联处于资本主义列强的包围之中，完全没有可能再重走欧洲列强通过殖民扩张与掠夺来完成资本原始积累，再经由发展轻工业来为重工业积累资本和技术的这样一条道路，只能优先发展重工业。

社会主义工业化跳过了殖民扩张和发展轻工业这两个阶段，但不能没有资金和技术这两个要素，技术可以购买，也就是说社会主义工业化更为关键的是获取庞大的资本。可问题在于，西方是通过数百年的殖民掠夺和发展轻工业才获取的海量资本，苏联从哪里去获取资本呢？

答案是农业，也就是农业集体化（板书）。通过农业集体化，不仅确保了工业化所需要的粮食供应，而且通过工业制成品与农产品之间的剪刀差，苏联获取了极为宝贵的工业化资金。

（出示"苏联粮食生产与出口情况表"）

　　提问：大家从这个表中能获取什么历史信息呢？

　　预设：可以看到的是，1930 到 1931 年苏联粮食产量下降，原因在于农业集体化影响农民生产积极性；1930 到 1931 年苏联粮食出口上升，原因在于苏联工业化需要出口粮食获取外汇，换取工业化所需要的机器和技术，同时农业集体化加强了国家对农业的控制，所以粮食出口反而增加。

　　可以推出来的是，苏联人民为了工业化节衣缩食，作出了巨大的贡献。（生产少了，出口多了，留给苏联人民的就更少了）

　　讲述：斯大林的社会主义工业化成效显著，经过两个五年计划，苏联主要工业部门的产量就跃居欧洲第一世界第二，为后来苏联取得反法西斯战争胜利奠定了物质基础。但是，苏联农民承受了巨大的代价。1932 年，苏联的粮仓乌克兰出现了大灾荒。出现灾荒以后，通常的做法是救灾。可是，当乌克兰中央书记向斯大林报告饥荒情况的时候，斯大林却说他在编造故事，不如辞职当作家。一个事实在斯大林眼中就变成了一个故事。欧洲粮仓乌克兰饿死了很多人，这也成为现在乌克兰怨恨俄罗斯的一个历史原因。

　　由于损害了农民的利益，农业集体化遭到了部分农民的反抗，但结果是这些农民就被当作阶级敌人遭到了镇压与处分，这就是我们所说的阶级斗争扩大化。

　　总之，社会主义工业化、农业集体化和阶级斗争扩大化，凡是学这个模式的国家都会有这样的特点呈现，然而只有苏联和中国取得了相当大的成效，这是因为中苏都是农业大国，可以通过农业集体化来发展城市。类似东德这种工业化水平本来就高的国家，学斯大林模式就没有什么效果。

☞ 课堂小结

　　回望这段历史，可以说，没有十月革命，就不会有后来的苏联。从这个意义上来说，十月革命对于苏联具有特殊的意义，这就是为什么苏联人拍十月革命一定要将战斗场面拍得激烈的原因——通过表现革命的艰难来凸显革命的伟大。无独有偶，法国大革命攻打巴士底狱的战斗也并不激烈，但是法国人创作的攻占巴士底狱的油画同样是炮火隆隆。人们越来越关心表达自己的想法，却忘记了事实是什么，忘记了为什么要表达想法，变成为了表达而表达。

这使我想起黎巴嫩诗人纪伯伦，他曾这样说过：

我们已经走得太远，以至于忘记了为什么而出发。

——纪伯伦·哈利勒·纪伯伦

【板书设计】

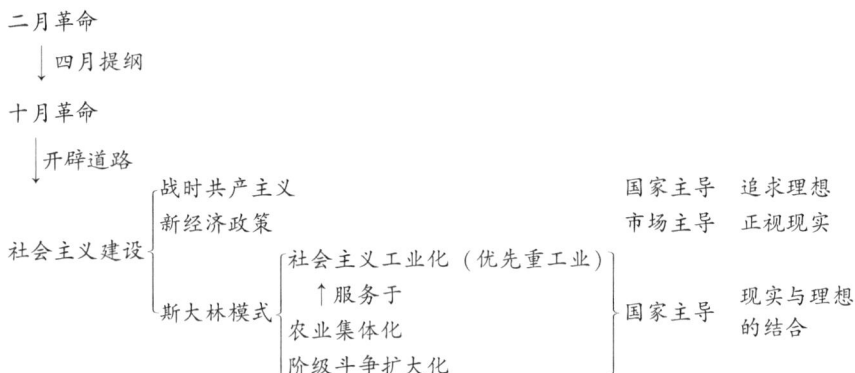

【作业设计】

写一个冒险故事，想象你被传送到十月革命的年代，考虑下你在什么地方——前线还是首都？你遇见了谁？发生了什么事？处于真实的革命中，你将有怎么样的感觉？和你的同学分享你的初稿，看看怎么改进这个小故事。

【资料附录】

1. 十月革命

士兵们对战争持有越来越否定的态度，一致希望和平。这解释了为什么布尔什维克的思想和口号会在他们中间取得如此巨大的胜利。

——《关于 1917 年 10 月上半月军队状况的军情报告节选》，转引自尼古拉·韦尔特《1917 年，革命中的俄罗斯》

政府认为，各国列强为了剥削最贫弱和被压迫人民而继续战争是最严重的反人类罪行，因而庄严宣布：与各个国家无一例外地立即签署和平协议，以一视同仁的条件结束这场战争。

——《和平法令》，转引自尼古拉·韦尔特《1917 年，革命中的俄罗斯》

如果没有战争，俄国也许会过上几年甚至几十年而不发生反对资本家的革命，但在有战争的情况下，这在客观上就不可能了。

——中共中央马克思恩格斯列宁斯大林著作编译局编译《列宁全集》
（第30卷）

然而，俄国垄断资本主义发展极不平衡，在高速发展的城市工业的另一面却是贫困落后的农村。1861年的农奴制改革并不彻底，它还保存了许多农奴制残余。19世纪末，在欧俄43个省份中，仍然有17个省份以工役制为主要剥削形式。据1905年沙皇政府内务部的统计，欧俄3万户大地主拥有7000万俄亩①土地，而1050万户农民所拥有的土地也不过这样多。在农奴制残余的束缚下，农民生产积极性低下，农业的发展极为缓慢，农业的经济技术水平极其低下。据1910年的统计，全国正在使用的有1000万把木犁和2500万个木耙，铁犁仅420万把，铁耙不满50万个，农业机械几乎等于零。与资本主义工商业发展形成鲜明对比的是，农民小商品生产、宗法式经济形式普遍存在于农村，而且农民被排斥在现代俄国文明之外。正如列宁所说，在那些穷乡僻壤里，到处是几十里几十里的羊肠小道，确切地说是几十里几十里的无路地区，把乡村和铁道隔离开来，即和那联结现代文明的大城市的脉络隔离开来，俄国经济"一方面是最落后的土地占有制和最野蛮的乡村，另一方面又是最先进的工业资本主义和金融资本主义！"

——周尚文、叶书宗、王斯德《苏联兴亡史》

2. 斯大林模式

苏维埃的国家工业化方法，与资本主义的工业化方法根本不同。在资本主义国家，工业化通常都是从轻工业开始。……因此我国共产党也就拒绝了"通常的"工业化道路，而从发展重工业开始来实行国家工业化。

——中共中央马克思恩格斯列宁斯大林著作编译局编译《斯大林选集》
（下卷）

---

① 1俄亩＝1.09公顷（＝16.4亩）

◎ 第十六课　亚非拉民族民主运动的高涨

【课标内容】

正式版课标：通过了解两次世界大战，理解 20 世纪上半期国际秩序的变动；了解列宁领导的十月革命爆发的原因、过程，理解十月革命的世界历史意义；理解两次世界大战之间亚非拉民族民主运动对国际秩序的影响。

初中课标：通过了解新经济政策、社会主义工业化、农业集体化等举措，认识苏联社会主义建设的重要成就和主要问题；通过了解印度的非暴力不合作运动、埃及的华夫脱运动、墨西哥的卡德纳斯改革，分析两次世界大战期间亚非拉民族民主运动的特点；通过了解经济大危机和罗斯福"新政"，初步理解国家干预政策对西方经济的影响。

课标分析：要求理解两次世界大战之间亚非拉民族民主运动对国际秩序的影响。

【教材分析】

本课内容集中在部编版历史九年级下册的第 12 课。

课题	子目	部编版教材内容
亚非拉民族民主运动的高涨	印度的非暴力不合作运动	介绍了印度非暴力不合作运动的代表人物甘地和运动的历程，介绍了华夫脱运动和卡德纳斯改革的历程及其代表人物
	埃及的华夫脱运动	
	墨西哥的卡德纳斯改革	

本课是部编版《中外历史纲要（下）》第七单元第 16 课。本课共三目，分别是"亚洲民族民主运动的新高潮""非洲独立意识的觉醒""拉丁美洲的民族民主革命与改革"。

"亚洲民族民主运动的新高潮"一目共七段，第一段整体介绍亚洲民族民主运动出现高潮的原因和表现，第二段介绍印尼民族大起义，第三段介绍印尼民族党的斗争，第四段整体介绍印度的非暴力不合作运动，第五段介绍非暴力不合作运动的第一阶段，第六段介绍非暴力不合作运动的第二阶段，第七段介绍非暴力不合作运动的第三阶段。

"非洲独立意识的觉醒"一目共四段，第一段介绍第一次世界大战后一些北非和东非国家的民族独立意识已经觉醒，第二段介绍埃及的华夫脱运动，第三段介绍摩洛哥里夫地区人民的斗争，第四段介绍意大利法西斯发动侵略埃塞俄比亚的战争。

"拉丁美洲的民主革命与改革"共四段，第一段整体上介绍拉丁美洲在20世纪二三十年代进入资产阶级民主革命和改革时期，第二段介绍尼加拉瓜桑地诺的抗美斗争，第三段介绍墨西哥的卡德纳斯改革，第四段指出亚非拉民族民主运动的影响是"沉重打击了帝国主义和殖民主义，动摇了世界殖民体系，成为影响国际秩序的重要因素"。中间"历史纵横"部分介绍拉丁美洲共产党的兴起。

本课内容与初中高度重合，同时又更加丰富，补充了印尼、摩洛哥、埃塞俄比亚、尼加拉瓜等国家的民族民主革命运动。这些内容除了甘地和埃塞俄比亚抗意战争在原选修教材中有涉及外，其余知识（包括埃及华夫脱运动和墨西哥卡德纳斯改革）都是新教材增加的知识，这就对一线教师的教学提出了巨大的挑战。

【教学研究综述】

吴斯琴的思路是"基于时代特征从阶段性特点——区域性特点——阶段性历史作用，形成一条从时间到空间再到时间的逻辑链"，突出威尔逊和列宁共产国际的共同影响，从而凸显这一时期（两次大战期间）亚非拉民族民主运动的新面貌。[①]

方宇是以具体知识为依托，运用时间与空间、相同与不同的辩证逻辑方

---

① 吴斯琴. 两次世界大战间亚非拉民族解放运动的特点：以"亚非拉民族民主运动的高涨"为例 [J]. 历史教学（上半月刊），2021（5）：56-66.

法，将教材内容进行整合，以呈现不同地区的民族民主运动由低层次到高层次的发展阶段。①

【教学立意】

第一次世界大战削弱了帝国主义和殖民主义力量，动摇了欧洲的世界优势地位，促进了殖民地半殖民地国家的民族觉醒。十月革命沉重打击了帝国主义对世界的统治，极大地鼓舞了殖民地半殖民地人民的解放斗争。源自西方的民族主义思想逐渐被亚非拉殖民地半殖民地人民所接受，并成为开展民族民主运动的思想旗帜，推动了民族民主运动的高涨。

内容主旨的确立主要依据课程标准，课标要求"理解两次世界大战之间亚非拉民族民主运动对国际秩序的影响"，也就是说要从国际秩序变动的角度来认识这一时期的亚非拉民族民主运动。

【教学目标】

通过分析相关地图、演讲稿、学习经历表等，了解两次世界大战之间亚非拉民族民主运动的过程及其特点（时空观念、史料实证），分析这一时期亚非拉民族民主运动高涨的的原因（唯物史观、时空观念、历史解释），理解亚非拉民族民主运动对国际秩序的影响（唯物史观、历史解释），加强人类命运共同体意识，认同中国对公正合理国际政治经济新秩序的追求（唯物史观、家国情怀）。

【重点难点】

重点：让学生理解两次世界大战之间亚非拉民族民主运动对国际秩序的影响。

难点：让学生认识民族主义的双重作用。

【教学过程】

☞ 导入新课

（出示甘地的照片）

---

① 方宇. 运用辩证逻辑方法落实历史解释素养：以统编高中历史《亚非拉民族民主运动的高涨》为例 [J]. 中学历史教学，2021（5）：26-28.

讲述：大家都应该认识图片中的这个著名人物，他是印度国大党领袖、民族解放运动著名领导人、非暴力不合作运动者，享有"圣雄"称号的甘地。他一生反对暴力，主张印度独立，却在印度独立后被人以暴力手段刺杀了。

提问：什么样的人才会对甘地有如此深仇大恨，以至于一定要除之而后快呢？

☞ 教学新课

一、希望——民族主义思想在亚非拉的兴起

讲述：一战期间，当时还是英国殖民地的印度前后派出了约 100 万印度军人参战。很多原来反对英国殖民当局的印度人，包括甘地在内，之所以改变立场支持帮助英国作战，就是希望能够借此机会获取独立。不只印度，英、法的很多殖民地都派人参加了一战。中国作为协约国集团的一员，也派了十几万华工去了欧洲。大量来自亚非拉的士兵、劳工来到欧洲，不可避免地与欧洲人产生密切的交流，自然也就不可避免地受到当时欧洲盛行的一些思想的影响。（板书：人口流动）当时的欧洲，盛行的就是民族主义思潮。

（出示一战后欧洲各国疆域图）

大家应该可以从这幅一战后欧洲各国疆域图中发现，一战结束后欧洲出现了不少新的国家，这些新国家建立的标准是什么呢？是根据民族自决（板书）的原则。所谓民族自决，又叫民族国家理论，就是每个民族都有权决定自己的命运，简单来说，就是每个民族都有权独立，建立自己的国家，自己做主。

地图上这些新出现的国家基本上是巴黎和会（板书）按照民族自决的原则来操作的，十月革命后的苏俄虽然没有参加巴黎和会，但同样高举民族自决的旗帜，不仅承认了原沙俄帝国境内各民族的独立，如波罗的海三国、芬兰甚至是乌克兰的独立，还宣布根据民族自决原则，放弃从前沙俄政府签订的一系列不平等条约，从被侵占的领土上撤离。

西方（主要是美国）和苏俄的民族自决主张本质上仍然属于民族主义思

潮，对于深受殖民主义和帝国主义压迫的广大亚非拉国家来说，天然具有极强的吸引力。可以说，这一时期的民族自决理论使亚非拉殖民地半殖民国家看到了摆脱帝国主义和殖民主义的控制，实现民族自由独立的希望。因此，亚非拉殖民地半殖民地国家都希望能够出席巴黎和会，争取根据民族自决原则实现自己的独立。

二、失望——民族主义思想在亚非拉的流行

讲述：大家初中学过的埃及华夫脱运动就反映了实现民族自决的期望。"华夫脱"的意思就是"代表团"，埃及人想派遣代表团去巴黎和会提出埃及人民要摆脱英国殖民统治，争取民族独立的要求，结果自然是遭到英国殖民者的阻挠——1919 年 3 月，英国人把华夫脱运动领导人扎格鲁尔等人直接抓进牢里。结果，埃及出现大规模反抗运动，英国殖民统治者不得不在 4 月初释放扎格鲁尔，并允许他赴巴黎申述埃及的民族独立要求。在扎格鲁尔为代表的华夫脱党的努力下，1922 年 3 月，埃及宣布成为独立的君主立宪制国家并在次年颁布了第一部宪法。在此之后，扎格鲁尔又领导华夫脱党进行了 12 年的护宪运动，要求英国放弃特权，但未获完全成功。

与埃及人一样，印度人也迫使英国同意他们派代表参加巴黎和会来表达民族独立的意愿，但是印度人的要求被无情地拒绝了。在甘地的领导下，失望的印度人民为争取民族自治和独立开展了广泛的斗争——这就是大家所熟知的非暴力不合作运动。关于这一点，初中介绍得比较详细，这里不展开。

同样失望的还有越南人阮爱国，他更广为人知的名字是胡志明。巴黎和会期间，他代表（在法国的）越南爱国者协会拟定了一份提交给巴黎和会的请愿书，并亲自到凡尔赛宫把请愿书递交给会议办公室，随后依次把请愿书寄给参与会议的各国代表团。请愿书要求维护越南人民的自由与独立。显然，法国人不会同意胡志明的要求，失望的胡志明随后接受了列宁主义的影响。1921 年，法国共产党成立①，胡志明成为法共党员。1923 年，胡志明前往苏

---

① 注：前身是 1920 年成立的共产国际法国支部。

联，出席了共产国际第五次代表大会，走上了武装反抗法国殖民统治，实现越南民族独立的道路。这一时期，虽然也有类似墨西哥卡德纳斯民主改革取得一定成效的事迹，但总的来说，和平抗争的成果十分有限，这迫使很多人像胡志明一样，选择了武装斗争。

在这一过程中，苏俄列宁创建的共产国际起到了更大的作用，我们前面讲十月革命的历史意义时，就提到它鼓舞了殖民地半殖民地人民的解放斗争。这种鼓舞并不只是苏俄的民族自决理论在思想上的支持，还包括苏俄共产国际在组织上和物质上的支持。比如1921年中国共产党的成立就是得到了共产国际的支持，这个大家应该很清楚。当时出席中共一大的共产国际代表叫马林，是个荷兰人，他不仅参与了中国共产党的创建，他还参与了印尼共产党的创建。

那时的印尼还叫爪哇，因为是荷兰的殖民地，所以作为荷兰人的马林就被派到那里去工作，由此开始了他在印尼的革命生涯。当时的印尼已经兴起了反对荷兰殖民统治的民族解放运动，这一运动由一个叫"伊斯兰教联盟"的政治团体领导，这个"伊斯兰教联盟"原来只提出"以逐步和合法的途径达到自治"，受十月革命的推动，它提出了印尼独立的要求。马林创建的印尼共产党（起初叫社会民主联盟，1920年以此为基础正式成立印尼共产党）当时刚成立，缺乏广泛的社会群众基础，所以为了扩大影响，争取对印尼革命运动的领导权，马林积极活动，努力促成其与伊斯兰教联盟的合作。

马林开创性地将两个政治团体进行了融合，也就是所谓"党内合作"的形式。在这种形式下，各政治团体的成员依旧可以保持原有的身份，但可以不加限制地加入对方的组织。这种形式对于后来的中国共产党和国民党的合作具有重要的指导意义。通过这种形式，印尼共产党（社会民主联盟）迅速壮大了自己的规模和政治影响。后来马林虽然（在1918年）被荷兰殖民当局驱逐离开了印尼，但印尼共产党的影响日益扩大。在印尼共产党领导下，1926年，印尼爆发了第一次反对荷兰殖民统治的武装起义，工人和农民纷纷响应。由于荷兰殖民当局的残酷镇压，这次起义最终失败。

同样失败的还有摩洛哥里夫地区的独立运动以及中国的国民革命运动。

后者虽然轰轰烈烈，但是大家都知道，由于蒋介石等人的叛变，国民革命运动最终失败。

三、守望——民族主义的风行

提问：大家可能不知道的是，叛变革命的蒋介石也曾经表现得非常左倾，非常支持革命。比如 1923 年，孙中山曾派蒋介石率（孙逸仙博士）代表团去苏联考察。当时的蒋介石在共产国际执委会上发表演说时说过这样一段话，大家从中能获取什么历史信息呢？（出示材料）

依靠德国人民的科技力量，中国革命的成功，俄国同志的革命精神及其农业资源，我们将不难完成世界革命，摧毁世界上的资本主义制度。

——蒋介石《关于国民党活动的报告》

预设：从文本角度来看，蒋介石表达了中、苏、德合作可以摧毁资本主义制度，实现社会主义世界的建立。

从作者意图来看，蒋介石说这番话的意思是希望得到苏联的支援，同时向共产国际表明他反对资本主义，支持社会主义革命。

从读者反响来看，蒋介石演讲是给共产国际听的，可见共产国际的目标是世界革命，摧毁资本主义世界；蒋介石的这番讲话有利于他得到共产国际的认同。

讲述：当时苏联控制着外蒙，蒋介石提出以外蒙和新疆为基地训练革命军队，然后直捣北京"这个中国恶势力之根源地，反革命派之大本营以及一切内乱与外侮之策源地"。蒋的提议遭到苏联的拒绝，蒋介石遂意识到苏联同样对中国有侵略野心，后来他在给廖仲恺的信中即认为苏联和英法美日不过是五十步与一百步的区别。

蒋介石在上海发动四一二反革命政变时，当时的上海工人武装领导人、中共党员汪寿华被青帮流氓头子杜月笙以宴请名义杀害，年仅 26 岁，这直接导致上海工人武装无力应对蒋介石的武力屠杀。无独有偶，尼加拉瓜的桑地诺在成功地赶走美国侵略军以后，曾经在同政府的谈判中表示："我不提出任何条件，我只要求和平协议充满民族自尊的精神。我个人什么也不需要，对我的战士们，只要保证他们个人安全就行了。"结果呢？在 1934 年 2 月 21 日，桑地诺被反动政府以谈判名义枪杀，年仅 41 岁。从这个意义上来说，不清算国内的反动派而只反对国外的帝国主义，是不能真正实现民族独立的。

（出示亚非拉民族民主运动领导人的学习经历简表）

提问：为什么亚非拉的民族民主运动如此曲折，除了西方殖民势力的力量强大之外，还有什么原因呢？我们从表中能获取什么历史信息？

预设：可以看到的是，亚非拉民族运动领导人多接受西方教育或对西方思想文化有较深的了解。

可以推出的是，亚非拉民族运动领导人所领导的民主民族运动会受到西方思想理论的影响，不可避免地对西方国家存在一定的迷信、抱有一定的幻想。

☞ 课堂小结

讲述：亚非拉殖民地民族民主运动的领导人深受西方思想影响，这些思想中既有马克思主义，也有民族主义。由于面临着西方列强的殖民压迫，所以多数领导人都高举民族主义的大旗。他们领导的民族民主运动最终在二战结束以后冲垮了资本主义殖民体系，实现了亚非拉的民族独立。（板书）

但是，民族主义的风行使得亚非拉很多国家在实现自身民族独立之后却纷纷走上了压迫其他民族的道路。比如印度尼西亚的意思是东印度群岛，印尼领导人苏加诺坚持用印度尼西亚而不是爪哇作为国名，表明他对爪哇以外的其他岛屿是有想法的。后来印尼独立后确实强占了一些岛屿，比如说帝汶岛。当然，那里的人民选择了武装反抗，最终东帝汶实现独立。越南也一样，越南独立后甚至直接出兵柬埔寨，步了法国殖民者的后尘。独立后的印度则吞并锡金，肢解巴基斯坦，控制不丹，胁迫尼泊尔和斯里兰卡，侵占我国边界领土。现在我们可以回答为什么甘地会遭人痛恨并被人刺杀了，因为甘地支持以印巴分治的方式实现印度独立，不仅没有增加印度的领土，反而使独立后的印度领土缩小，这就使得极端的印度教民族主义者极其仇视甘地，并最终将其刺杀。直到今天，很多印度教民族主义者仍然将刺杀甘地的凶手视之为英雄。这种印度教民族主义是如今印度在南亚奉行霸权主义，甚至屡屡挑起边境冲突的重要历史原因。

所以最后，我想用恩格斯的一句话来结束今天这节课：

任何民族当它还在压迫别的民族时，不能成为自由的民族。

——弗里德里希·恩格斯

【板书设计】

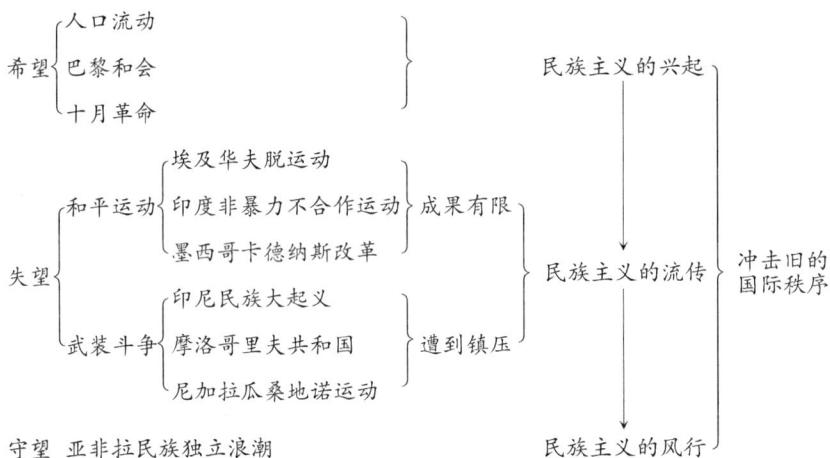

【资料附录】

1. 列宁的民族自决理论

俄罗斯各族人民权利宣言（1917 年 11 月 2 日）

（一）俄罗斯各族人民的平等和自主权；

（二）俄罗斯各族人民的自由自决乃至分立并组织独立国家的权利；

（三）废除任何民族的和民族宗教的一切特权和限制；

（四）居住在俄罗斯领土上的各少数民族与民族集团的自由发展。

——齐世荣《世界通史资料选辑：现代部分》（第一分册）

◎ 第十七课　第二次世界大战与战后国际秩序的形成

【课标内容】

正式版课标：通过了解两次世界大战，理解 20 世纪上半期国际秩序的变动；了解列宁领导的十月革命爆发的原因、过程，理解十月革命的世界历史意义；理解两次世界大战之间亚非拉民族民主运动对国际秩序的影响。

初中课标：通过了解日本对中国的侵略、意大利法西斯和纳粹德国的对外扩张，知道德国、意大利、日本侵略集团是发动第二次世界大战的罪魁祸首；知道第二次世界大战的主要进程和主要战场，知道《联合国家宣言》和开罗会议、雅尔塔会议、波茨坦会议等重要国际会议，了解世界人民反法西斯战争的艰巨性和胜利原因。通过世界多极化、经济全球化、社会信息化和文化多样化，了解现代世界的基本特点；知道人口、资源、环境、传染病、社会治理等人类发展面临的共同问题；通过了解联合国、世界贸易组织等，认识世界各国为解决全球性问题所作出的努力；知道和平、发展、合作、共赢是时代潮流，了解构建人类命运共同体理念的重要意义。

课标分析：要求从国际秩序变动的角度来认识第二次世界大战。

【教材分析】

本课内容集中在部编版历史九年级下册的第 14 课和第 15 课，另外第 20 课的部分内容也有涉及。

课题	子目	部编版教材内容
法西斯国家的侵略扩张	意大利法西斯政权的对外扩张	介绍了德、意、日法西斯势力的侵略扩张
	欧洲战争策源地的形成	
	亚洲战争策源地的形成	
第二次世界大战	第二次世界大战的全面爆发及主要战场	介绍了第二次世界大战过程中的主要事件，包括主要战役、主要会议等
	反法西斯同盟的建立及战争形势的转折	
	雅尔塔会议及战争结束	
联合国与世界贸易组织	联合国与国际安全	介绍了联合国和世界贸易组织的建立、主要特点与历史影响
	经济全球化与世界贸易组织	

本课是部编版《中外历史纲要（下）》第七单元第17课。本课共三目，分别是"法西斯主义与亚欧战争策源地的形成""第二次世界大战""战后国际秩序的建立"。

"法西斯主义与亚欧战争策源地的形成"一目共四段，第一段介绍意大利、日本和德国法西斯组织的建立，第二段介绍法西斯主义的特征与影响，第三段介绍亚洲和欧洲两个战争策源地的形成，第四段介绍英法绥靖政策和《慕尼黑协定》。

"第二次世界大战"一目共四段，第一段整体介绍二战经历了从局部战争逐渐发展到全球战争的过程，第二段介绍东方主战场（即中国抗日战场），第三段介绍二战的全面爆发和结束，第四段介绍二战的影响以及中国人民为战争胜利作出的重大贡献。

"战后国际秩序的建立"共四段，第一段介绍雅尔塔体系及其主要内容，第二段介绍联合国的特点及作用，第三段介绍雅尔塔体系的积极和消极作用，第四段介绍国际格局由欧洲中心走向美苏对峙的两极格局。

本课内容与初中高度重合，没有多少新增的知识，相反对初中教材的知识点作了大量删减，如基本不涉及二战中的主要战役（只在"历史纵横"处介绍了斯大林格勒战役）。

【教学研究综述】

朱可认为这一课可以提炼为"战争与和平"这一教学主题，并以"和平"为重心进行教学设计，将课程分为失去和平、赢得和平与守护和平三个部分①。

张兆金认为可采用全景式教学，围绕国际秩序的演变展开，即以"失序的世界—无序的世界—重建世界秩序"叙事串线，在层层递进中构建历史全景画，在构建历史图景的过程中淬炼学生的思维品质②。

孟晓雨、赵然将本课的立意确定为"意识形态对垒如何在战争中破局"，进而顺势构建出本课的三部分内容框架："困局：意识形态冲突演变中的秩序失衡""解局：意识形态矛盾困境下的全新尝试""新局：意识形态重新对立后的铁幕时代"③。

【教学立意】

第一次世界大战后形成的凡尔赛—华盛顿体系由于对战败国（包括意大利和苏俄，有学者认为他们是事实上的战败国）的过分压制既加剧了战败国国内形势的紧张，又刺激着战败国通过实力（武力）改变原有的秩序。1929—1933 年的经济大危机更是直接导致了法西斯主义在全球范围的兴起，基于意识形态和对原有国际秩序的不满，德意日三国法西斯力量逐渐联合起来积极对外扩张。由于和平力量未能在法西斯力量尚不强大之时有效阻止其扩张，二战最终爆发。战争的结果瓦解了原有的凡尔赛—华盛顿体系，而以新建的雅尔塔体系取而代之。

内容主旨的确立主要依据课程标准，课标要求"通过了解两次世界大战，理解 20 世纪上半期国际秩序的变动"，也就是说要从国际秩序变动的角度来认识两次世界大战。为此，可以从近代以来世界格局变化的大框架中去

---

① 朱可. 高中历史整体性教学设计策略新探：《中外历史纲要》试教心得 [J]. 历史教学（上半月刊），2019（7）：47-54.

② 张兆金. 努力构建历史的全景画：我讲"第二次世界大战与战后国际秩序的形成 [J]. 中学历史教学参考，2024（19）：45-49.

③ 孟晓雨，赵然. 宏大叙事"与"微观刻画"的契合：以"第二次世界大战与战后国际秩序的形成"为例 [J]. 中学历史教学参考，2023（7）：19-22.

进行分析，使学生理解国际秩序（格局）是一个不断调整、变化的过程，其根本原因在于各国政治经济力量发展的不平衡。特定时期形成的国际秩序是特定时期国际政治经济力量的一个反映，一旦这种政治经济力量对比发生了比较大的变化，就必然会冲击原有的国际秩序，进而形成一种新的国际秩序。

【教学目标】

通过分析相关照片、新闻报道和学者著述，了解第二次世界大战的爆发、过程与结果（时空观念、史料实证），从国际体系的角度分析第二次世界大战未能被阻止的原因（唯物史观、时空观念、历史解释），理解雅尔塔体系的影响（唯物史观、历史解释），加强人类命运共同体意识，认同中国对公正合理国际政治经济新秩序的追求（唯物史观、家国情怀）。

【重点难点】

重点：让学生了解第二次世界大战的起源、过程与影响。

难点：帮助学生认识雅尔塔体系与凡尔赛—华盛顿体系的异同。

【教学过程】

☞ 导入新课

我们在"第一次世界大战与战后国际秩序"那一课学过，《凡尔赛条约》在多个方面对第一次世界大战的战败国，尤其是德国进行了限制。然而，在1932年，当时只是一名议员的丘吉尔，就向英国下议院的同僚们发出了对德国潜在威胁的警示（出示材料）：

德国的军事力量如果同法国的相接近，我将深以为憾。有人认为这种接近好像有道理，甚至认为这是对德国的公平待遇，他们都低估了欧洲局势的严重性。我要对那些希望看到德法军备均等的人进一言："难道你们想打仗吗？"就我个人来说，我衷心希望我这一辈子或者我的孩子一辈子也不会看到德法军备相接近的情况。我这样说，一点也不意味着我不尊重或不敬佩德国人民的伟大品质，但我可以肯定，德国应取得与法国相等的军事地位的这种议论，如果见诸事实，就一定会把我们带到不堪设想的灾难中去。

——温斯顿·丘吉尔

提问：材料反映了什么信息？

预设：德国军事力量得到发展，逐渐接近法国；当时英国有不少人都觉得德国实力增长是自然的，没必要给予特别的关注；丘吉尔认为德国的实力增长会带来战争风险，应该采取相应措施。

提问：丘吉尔当时的警告，尽管被多数人视为不必要的忧虑，但历史的车轮最终验证了其预言的精准性。这不禁让人深思：一个本应受到重重束缚的德国，究竟是如何挣脱限制，走上了挑起新一场世界大战的道路？

☞ 教学新课

一、国际格局的变迁与二战的爆发

讲述：要回答这个问题，我们必须先回顾一下前面学过的历史知识——巴黎和会和《凡尔赛条约》。由于美国未能批准《凡尔赛条约》，所以维护凡尔赛体系的国际联盟实际上由英法主导。（板书）他们都是欧洲国家。事实上新航路开辟后直到 20 世纪上半叶，国际关系的中心都是在欧洲，由欧洲列强所主导，我们可以称之为欧洲中心。（板书）但是为什么会是这样呢？因为以英法为代表的欧洲列强的实力远远超过其他地区和国家。也就是说，国际格局或者说国际关系体系取决于国家或国家集团实力的变化。（板书）既然如此，由于不同国家或国家集团实力之间的对比总是在不停地变化，因而国际格局也必然是在不停地变化，但我们实际观察到的国际格局却又相对稳定，这是为什么呢？这是因为国际格局的变化相对于国家或国家集团实力的变化有滞后性，就像你在学校的排名相对于你每天的学习情况也会有滞后性一样。如果国家或国家集团实力的变化过大，那么这种实力变化迟早要反映到国际格局或国际关系体系的变化上，其最突出的表现形式往往是某个重大历史事件的发生，特别是战争的爆发。（板书）一战就是典型的例子，正如我们前面学过的，一战爆发的原因在很大程度上就是通过第二次工业革命强大起来的德国试图挑战以英国为主的国际格局，结果遭到英国的反击。

教学设想：结合学生旧有知识储备，在此基础上帮助学生建构新的知识体系，形成一定的理论认识。

一战结束后，各国都投入到经济的恢复与发展中，但是 1929—1933 年经济危机的爆发，给了资本主义世界各国以巨大的打击，英法也不例外，他们受到了经济危机的沉重打击。（板书：英法受到经济危机的沉重打击）美国罗斯福上台后推行新政，虽然没有解决经济危机，但使得危机有所缓解。（板书：美国罗斯福新政缓解经济危机）与英、法、美都受到经济危机的沉重打击不同的是，苏联反而借助经济危机获得西方大量机器和技术，从而极大地推动自身的工业化。前面讲过，通过两个五年计划，到 1936 年，苏联已经从农业国变成工业国，成为世界第二欧洲第一的工业强国。（板书：苏联斯大林模式取得巨大成就）同样实力大增的还有德日法西斯国家。（板书：德日法西斯势力的兴起与泛滥）1931 年日本发动九一八事变，侵占了整个中国东北，使得日本最早从经济危机中恢复过来。德国纳粹党上台以后，希特勒加紧扩军备战，不仅加强了军事实力，还使德国摆脱了经济危机。

前面讲过，由于《凡尔赛条约》对德国过于苛刻，德国上下都对凡尔赛体系十分不满。希特勒利用这种情绪上台执政后，于 1936 年 3 月 7 日，命令德军进入《凡尔赛条约》中禁止德军进入的莱茵兰地区（莱茵河西岸），以武力挑战凡尔赛体系。对于这件事情，希特勒后来是这样回忆的（出示材料）：

在进军莱茵兰以后的 48 小时，是我（希特勒）一生中神经最紧张的时刻。如果当时法国人也开进莱茵兰，我们就只好夹着尾巴撤退，因为我们手中可资利用的那点军事力量，即使是用来稍作抵抗，也是完全不够的。

——阿道夫·希特勒

由于一战的沉重伤亡，法国人的绥靖思潮浓厚，不愿意武力干预，这就使得希特勒的冒险得以成功。而希特勒也由此看透了英法的这种心理，不断用战争对英法进行恐吓，迫使英法先后同意其兼并奥地利和捷克斯洛伐克。

二、二战的扩大与结束

（出示 1924 年和 1939 年的欧洲各国疆域图）

提问：大家对比两幅图，从中能够获取什么历史信息？

预设：奥地利、捷克斯洛伐克、波罗的海三国、波兰被吞并；芬兰、罗马尼亚领土缩小；德国、苏联还有匈牙利的领土扩大。

讲述：1939 年 8 月 23 日，苏联与德国签订《苏德互不侵犯条约》。8 天后的 9 月 1 日，德国闪击波兰，二战全面爆发。德国入侵波兰后，英法对德国宣战，苏联根据《苏德互不侵犯条约》出兵波兰，和德国一起瓜分了波兰。美国政府受国内孤立主义情绪的影响，不得不在表面上采取中立政策，实际上则开始对英法进行援助。到了 1940 年，法国很快沦陷，英国也危在旦夕，在这种情况下，（1941 年 3 月）罗斯福促使国会通过了《租借法案》，将大笔军用物资运往英国，从而在事实上放弃了中立，而与英国结成了同盟。

1941 年 6 月，德国入侵苏联，英国和美国立即宣布援助苏联，形成了事实上的美英苏同盟。1941 年 12 月，日本偷袭美国珍珠港，美国正式参加二战。在此基础上，1942 年 1 月，美、苏、英、中等 26 个国家的代表，在华盛顿签署了《联合国家宣言》。这标志着国际反法西斯统一战线的正式形成，实现了世界现代史上空前的国际大联合。

（出示"二战时期的飞机产量表"）

提问：这一联合的意义可以从"二战时期的飞机产量表"中得到直观体现，同学们从中能获取哪些历史信息呢？

预设：各国飞机产量都呈急剧增长趋势，显示出战争规模急剧扩大；美国飞机产量增速远远超过其他国家，仅美国一家的产量就超过了轴心国全部产量的总和，显示出其巨大的战争潜力，因为其是第二次工业革命的中心之一，同时又远离欧洲战场；同盟国飞机产量与增速均远远高于轴心国阵营，预示着战争胜利的天平将向同盟国倾斜，同盟国将取得最终的胜利；苏联的产量与德国相当，显示出苏联两个五年计划的巨大价值。

讲述：实际上不只是飞机产量，所有类型的武器产量同盟国均占显著优势。比如日本偷袭珍珠港前有 10 艘航空母舰，美国只有 7 艘，战争爆发后美国一口气生产了 150 艘航空母舰。这说明什么呢？显然这说明了同盟国的胜利和德、意、日法西斯的失败是必然的。当然，这并不意味着胜利是可以一蹴而就的，相反，胜利从来都需要牺牲。在这场伟大的反法西斯战争中，同盟国军民都付出了巨大的牺牲，才最终迎来了伟大的胜利。1945 年 5 月 8

日，德国投降，同年 9 月 2 日，日本签署无条件投降书，第二次世界大战以法西斯的彻底失败而结束。

三、雅尔塔体系的建立

讲述：第二次世界大战中后期，反法西斯同盟国的首脑相继在开罗、德黑兰、雅尔塔和波茨坦召开会议，缔结了一系列条约和协定，建立了以美、苏、英、中等战胜国为主导的战后国际秩序，史称"雅尔塔体系"。

（出示两张雅尔塔会议的三国领导人合影）

提问：大家从这两张照片中能获取什么历史信息呢？

预设：从内容上看，照片上三国领导人谈笑风生，显示三国领导人关系或者说三国关系密切。

从拍摄意图看，三国希望向世人传递友好合作的信息。

从读者反应看，照片有利于凝聚同盟国团结一致，共同打击法西斯势力。

提问：照片上三国领导人亲密无间，事实是不是如此呢？我们不妨来听听当事人自己是怎么说的，请问这两段不同的史料能共同证明三国关系怎么样？（出示材料）

大国之间将来会有分歧的。人人都会知道这些分歧，而且将在大会上予以讨论。

——富兰克林·罗斯福

我虽然代表大不列颠参加这个协定（指远东问题），但不论我还是艾登（时任英国外交大臣）都完全不曾参加这个协定的拟订……总之，事前并没有跟我们商量，只是要我们表示同意。

——温斯顿·丘吉尔

预设：三国虽都以打倒法西斯为目标，但在诸多方面都存在矛盾。

讲述：有意思的是，雅尔塔会议是在苏联的克里米亚半岛召开的，一般来说东道主地位最高，在座位安排上理应居中，可为什么照片中居于中间位置的是罗斯福而不是斯大林呢？而且不只雅尔塔会议合影，二战期间三国领导人合影都是美国总统居于中间，这显然并不只是罗斯福个人的原因。真实的原因既在于美国本身的实力，更在于苏联与英国之间的激烈矛盾冲突，苏、英领导人根本不想坐在一块。雅尔塔会议期间，斯大林特意把罗斯福安排住在离自己近的地方，把丘吉尔安排在一个偏远的地方。雅尔塔会议期间，在讨论完会议的主要问题以后，丘吉尔和斯大林基本上就没有说过话。这些也佐证了我们刚才的结论，就是雅尔塔会议期间盟国之间是存在种种矛盾的。

所以我们反复说，有图未必有真相。当然，不只是照片，对于任何史料，我们都不能轻信，都要辨别真伪。

在雅尔塔会议上，美、苏、英三国对战后世界进行了安排，其中一个重要的成立是有关联合国的成立。根据雅尔塔会议公告的要求，1945 年 4 月 25 日至 6 月 26 日，各国在美国召开了旧金山会议。会议的最后一天，中国作为为抗击法西斯侵略作出重大贡献的国家，派出的代表团第一个在《联合国宪章》上签字。

根据《联合国宪章》的规定，联合国组织正式成立。它吸取了国际联盟的教训，将制裁侵略的权力集中于安理会，实行形成决议的五个常任理事国的"大国一致"原则，使和平解决争端和制裁侵略具有更大的可操作性。

☞ 课堂小结

第二次世界大战结束后，曾经在战争中临危受命的丘吉尔以《不需要的战争》为名写了一本二战回忆录。他为什么要将二战定义为"不需要的"？因为在他看来，正是由于英法一次次的姑息、纵容和不作为才逐步成就了希特勒无所顾忌的野心。如果各国在德意日法西斯挑战国际秩序之初就联手制止，或许战争就不会爆发，即使发生冲突，也不会演变成世界大战。唯有准备战争，才能避免战争。

事实上，中国的古人早已阐述过绥靖政策的危害：

以地事秦，犹抱薪救火，薪不尽，火不灭。

——苏洵《六国论》

【板书设计】

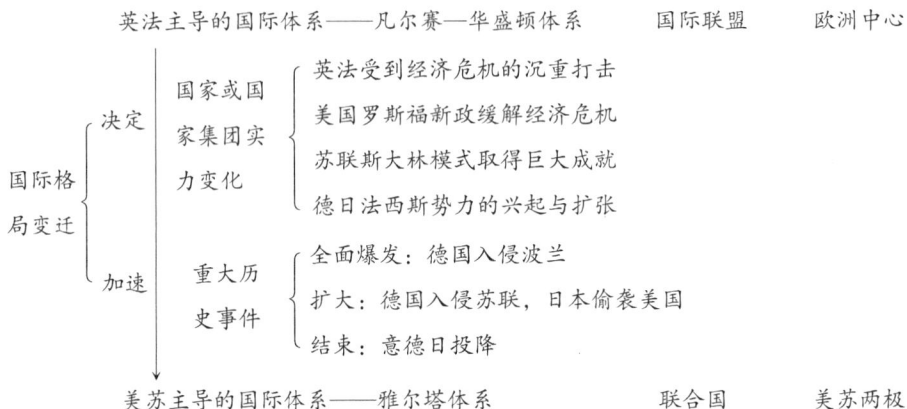

【资料附录】

1. 纳粹的扩张

在进军莱茵兰以后的 48 小时，是我（希特勒）一生中神经最紧张的时刻。如果当时法国人也开进莱茵兰，我们就只好夹着尾巴撤退，因为我们手中可资利用的那点军事力量，即使是用来稍作抵抗，也是完全不够的。

——保·施密特《我是希特勒的译员》

2. 雅尔塔会议

罗斯福先生说大国之间将来会有分歧的。人人都会知道这些分歧，而且将在大会上予以讨论。但是把这些分歧提到安理会上加以讨论也不会造成不团结。相反的，这将显示出我们之间的互相信任并相信我们有能力来解决这样的问题。这将加强而不是削弱我们的团结。

斯大林说这是对的，而且答应研究这个计划，明天继续讨论。

——温斯顿·丘吉尔《第二次世界大战回忆录：第 6 卷——胜利与悲剧》

当天下午，在跟斯大林的私下谈话中，我问他关于俄国对远东的愿望。他说他们要有一个像旅顺口那样的海军基地。美国人认为那些港口最好由国际共管。但是俄国人要求他们的利益得到保障。我回答道，我们将欢迎俄国船只出现在太平洋，我们也赞成俄国在日俄战争中的损失得到补偿。第二天，2 月 11 日，他们给我看前一天下午由总统和斯大林草拟的协定，我就代表英国政府在上面签了字。这个文件在苏联政府跟中国国民政府之间的谈判完成之前，一直是保密的，斯大林则肯定同意给予中国国民政府以支持。这件事至此告一段落，直到我们在波茨坦重新开会以前不久才又提起。

有关这些谈判的记录，我保存在下面的一个电报的节录里面，电报是我在 7 月 5 日打给各自治领总理的。

以绝密的方式，斯大林在克里米亚会议上把苏联政府愿意在德国投降后两三个月内参加对日作战一节告知罗斯福和我本人，其条件如下：

（1）外蒙古的现状须予维持。

（2）恢复俄国在 1904 年所失去的权益，即：

（一）收回库页岛南部及其邻近一切岛屿。

（二）大连商港国际化，苏联在该港的优越权益须予保证，苏联之租用旅顺港为海军基地须予恢复。

（三）对担任通往大连的出路的中东铁路及南满铁路，应设立一苏中合办的公司以共同经营之；经谅解：苏联的优越权益须予保证，而中国须保持在满洲的全部主权。

（3）千岛群岛须交与苏联。

2. 这些条件体现在罗斯福、斯大林和我三人之间的一个私人协定中。该协定认为这些条件须取得蒋介石的同意，而罗斯福则答应根据斯大林的意见去取得蒋的同意。我们三人都同意设法使苏联的要求在击败日本之后毫无问题地予以实现。协定的内容，除了表示俄国为了协助中国摆脱日本的枷锁而准备跟中国订立同盟条约以外，没有别的东西。

我必须说明，我虽然代表大不列颠参加这个协定，但不论我还是艾登都完全不曾参加这个协定的拟订。这被认为是一件美国的事情，当然是与他们的军事行动有巨大利害关系的事情。我们不应该要求去拟定这一协定。总之，事前并没有跟我们商量，只是要我们表示同意。我们也这样做了。对苏联的这些让步，在美国曾有许多谴责。责任是在他们自己的代表身上。这个问题对于我们是关系不密切而且是次要的。除非我们有极充足的理由，否则我们插手进去是错误的。

——温斯顿·丘吉尔《第二次世界大战回忆录：第 6 卷——胜利与悲剧》

第 八 单 元

20 世纪下半叶世界的新变化

◎ 第十八课　冷战与国际格局的演变

【课标内容】

正式版课标：通过了解第二次世界大战后资本主义、社会主义第三世界国家的变化，认识其发展中的成就与问题；通过了解冷战时期的典型事件，认识冷战的基本特征，理解冷战的发生、发展与世界格局变化之间的相互影响。

初中课标：通过了解杜鲁门主义、马歇尔计划、德国分裂、"北约"与"华约"的建立，认识美苏"冷战"对峙局面的形成；通过了解美国和日本经济的发展，欧洲联合趋势的发展以及社会保障制度的建立，初步理解战后资本主义发展的新特点；了解社会主义从一国到多国的实践，知道社会主义阵营的形成和苏联的改革，了解东欧剧变和苏联解体，认识中国特色社会主义建设的意义；通过万隆会议、"非洲年"、巴拿马收回运河主权等史事，知道战后殖民体系的崩溃和亚非拉国家为捍卫国家主权、发展经济所进行的斗争。

课标分析：新课标在学习要求上由初中课标偏向起因的"认识美苏'冷战'对峙局面的形成"调整为更强调全过程的"了解冷战时期的典型事件"，并增加"认识冷战的基本特征"。

【教材分析】

本课内容集中在部编版历史九年级下册的第 16 课。

课题	子目	部编版教材内容
冷战	冷战的发生	介绍了冷战的由来与美苏双方在冷战当中的对峙情况
	德国的分裂	
	北约与华约对峙	

本课是部编版《中外历史纲要（下）》第八单元第 18 课。本课共三目，分别是"冷战与两极格局""冷战的发展与多极力量的成长""两极格局的瓦解"。

"冷战与两极格局"一目共十二段，第一段介绍冷战的概念，第二、三、四、五、六段从美苏两国不同的国家战略、国家利益、社会制度和意识形态等方面，讲述冷战发生的原因，第七、八、九、十、十一段介绍在冷战过程中，在政治、经济、军事、地缘政治等方面形成两极格局，其时间段是1945—1955 年，第十二段指出两极格局是不对称和不完全的，两大阵营有实力的差距，同时还有部分国家处于两大阵营之外。

"冷战的发展与多极力量的成长"一目共六段，第一段介绍 20 世纪 50 年代末至 20 世纪 60 年代冷战中的两次较大的危机处理，第二段介绍西欧和日本的崛起，第三段介绍社会主义阵营开始瓦解，第四段介绍中国作为国际社会不可忽视的力量的成长，第五段介绍第三世界的发展，第六段总结这些变化冲击了两极格局。

"两极格局的瓦解"一目共五段，第一段介绍 20 世纪 70 年代美苏关系再度紧张，第二段介绍 20 世纪 80 年代美苏关系走向缓和的重要表现，第三段一句话介绍中苏关系实现了正常化，第四段介绍东欧剧变、苏联解体，第五段介绍两极格局崩溃，提出世界多极化趋势不可逆转。

总的来说，三个子目间遵循历史发展顺序，围绕冷战发生、发展、终结，介绍必要的历史知识，并结合国际格局在冷战进程中的演变，说明世界多极化的发展趋势，强化历史思维，给学生以世界历史发展大趋势的宏观认识。

【教学立意】

二战结束后，美苏由于国家利益的矛盾与政治制度的差异，加上意识形态上的冲突，在相互疑惧中相互刺激，最终一步步走向冷战。美苏冷战对战后国际关系产生了全面和深刻的影响，先后出现了柏林危机、朝鲜战争、越南战争和古巴导弹危机，使得冷战呈现全面冷战与局部热战相结合的特点。冷战所造成的庞大军费支出最终压垮了苏联，而苏联的解体则宣告了冷战的最终结束。

【教学目标】

通过分析相关漫画、历史形势图、表格等史料，了解冷战兴起的原因，认识冷战的基本特征，理解冷战与世界格局变化之间的相互影响，同时巩固和提高从漫画、地图、表格等获取历史信息的能力，认同和而不同的中华优秀传统文化。

【重点难点】

重点：让学生通过了解冷战时期的典型事件，认识冷战的基本特征。

难点：帮助学生认识冷战发生的复杂原因。

【教学过程】

☞ 导入新课

（出示海明威照片）

讲述：这是著名现代主义作家海明威，大家也许没看过他的作品，但大概还是知道他写的作品有哪些，比如《老人与海》。海明威生前曾经对他的朋友们说，他觉得美国联邦调查局在监视他，他的朋友们都认为这是他的幻想，纷纷开导他。后来解密的档案证明，美国联邦调查局确实一直在派人监视海明威。

不仅仅是海明威，很多名人都曾受到联邦调查局的监视和迫害，比如著名喜剧大师卓别林，曾经被逼离开美国。又比如著名物理学家爱因斯坦，也受到了联邦调查局的监视。美国辛辛那提市有个棒球队，叫"红人棒球队"，历史悠久，二战结束后却不得不改叫"红腿队"。

提问：这些看起来都十分荒谬的现象，其背后的原因是什么呢？

☞ **教学新课**

一、冷战的形成

讲述：大家在初中学习过冷战，我们先来回顾一下冷战的概念。冷战是指第二次世界大战后美苏双方以及东西方之间在政治、军事、经济、外交、文化、意识形态诸方面除诉诸战争之外的紧张对峙和对抗。为什么美苏会从二战时的盟友变成冷战的对手呢？首先当然是政治制度和国家利益上的对立与冲突（板书），除此之外，还有什么原因呢？

（出示《未来是这样的吗？》漫画）

提问：我们不妨先来看看这样一幅美国漫画，它创作于 1947 年，作者暂时不可考。漫画最上面的大字是：Is this tomorrow（未来是这样的吗？），下面的文字是 America under communism（共产主义下的美国），"communism"这个词的意思是"共产主义"。这幅漫画背后反映的是美国人对共产主义的认识，同学们从中能获取什么历史信息呢？

预设：从画面内容来看，一个是白人压迫黑人，一个是男人欺压女人，一个是成年人（军人）欺辱一个老年人（平民），后面是死神打扮的一群人，美国国旗则在火焰中燃烧。

从作者意图来看，作者的意思是共产主义带给美国的将是压迫、死亡和水深火热，即共产主义对于美国将会是一场巨大的灾难（威胁）。作者的态度不言而喻，是反对共产主义的。

从读者的反应来说，这样的漫画会强化对共产主义和苏联的恐惧。

提问：刚才我们分别从画面本身、作者意图、读者反应三个角度对这幅漫画进行了分析。在这幅漫画发表的 1947 年，类似的漫画大量出现，这意味着什么呢？

预设：意味着对共产主义和对苏联的恐惧在当时的美国是一种普遍的情绪。

讲述：有个细节，美国人曾经做过一个调查，在 1946 年 6 月，58%的受调查者认为苏联要谋求世界统治地位，到了 1950 年 11 月，这个数字就上升到 81%。也就是说，类似的漫画宣传既反映了美国人反共反苏的情绪，同时也加剧了这一情绪。政客们利用人们的这种情绪，进一步煽动人们的恐惧心理。于是我们看到了美国历史上这样没有理性、歇斯底里的一幕——一本介绍苏联芭蕾舞的书，仅因为提到"苏联"即被焚烧。美国还大量使用司法手段，以"叛国罪"判处了一些美国人民死刑或有期徒刑。这就叫反共不绝对等于绝对不反共。

美国人在意识形态上是如此歇斯底里，苏联呢？在苏联，怀疑斯大林主义，同情西方，向往西方资本主义的人，也是会受到迫害的。大家还记得斯大林模式的三化是哪三化么？对，就是社会主义工业化、农业集体化和阶级斗争扩大化。这个阶级斗争扩大化说明苏联在意识形态方面同样是比较极端的。

教学设想：通过对美国漫画的分析，帮助学生了解意识形态因素在美苏冷战起源中的作用，同时强化从漫画史料中解读历史的能力，培养史料实证与历史解释的核心素养。

所以总之，美苏冷战的背景是复杂的，它是美苏两国在社会制度、国家利益特别是意识形态方面的对立等因素合在一起而最终造成的。（板书）其中标志冷战正式开始的事件是 1947 年 3 月杜鲁门在议会发表的一份演说，这份演说所反映的主张被称为杜鲁门主义，它的核心主张就是要对苏联采取遏制政策。为了落实杜鲁门主义，美国人不久后提出了援助欧洲的马歇尔计划。

（出示德国政府发行的一幅关于马歇尔计划的宣传画）

提问：我们从中能获取什么历史信息呢？

预设：从画面来看，一家人在岸边迎接（等待）来自美国的装满物资的轮船，这表明德国政府认为马歇尔计划会改善德国的经济与民生。

从作者意图看，德国政府希望民众支持马歇尔计划。

从读者反应看，有利于德国人民支持政府接受马歇尔计划。

（出示《骑士及其伴侣》）

提问：德国政府的这幅宣传画反映的是以德国为代表的西欧国家和民众对马歇尔计划的看法。同样，苏联人针对马歇尔计划也创作了漫画，反映的自然是以苏联为代表的东欧国家对马歇尔计划的看法，作者是苏联著名漫画家库克雷尼克塞，我们从中又能获取什么历史信息呢？

预设：从画面来看，马歇尔计划这匹瘦弱的马背上除了坐着美国人之外还有代表危机的死神。

从作者意图看，苏联官方反对马歇尔计划，认为马歇尔计划包藏祸心或希望大家相信马歇尔计划包藏祸心，美国人是要借以制造危机。

从读者反应来看，不利于苏东国家和民众接受马歇尔计划。

教学设想：通过对德苏两国有关马歇尔计划不同漫画的分析，帮助学生理解西欧和东欧国家对待马歇尔计划的不同态度，同时进一步强化学生从漫画史料中解读历史的能力，培养史料实证与历史解释的核心素养。

讲述：现在大家能够理解，为什么美国的马歇尔计划明明是援助欧洲的计划，但最后变成援助西欧的计划了。正如漫画所反映的那样，苏联反对马歇尔计划，并迅速签订与东欧国家的双边贸易协定，当时苏联外交部长叫莫洛托夫，所以西方称之为莫洛托夫计划，并在 1949 年成立了经互会。

（出示捷克斯洛伐克、匈牙利、罗马尼亚、保加利亚四国对西方国家的贸易额占其对外贸易总额比重的数据表）

提问：从表中我们又能获取怎样的历史信息呢？

预设：我们看到的是，东欧四国与西方国家的贸易额占对外总数的比例呈剧烈下降趋势，东欧国家与西方国家的贸易联系在削弱，与苏联的贸易联系在增强，原因在于经互会的成立。

我们推导的是，经互会的成立使得世界市场遭到分裂，形成美苏分别主导的两个市场；由于西方国家的市场规模更大，规模效应更强，这就为苏联最终竞争失利埋下了伏笔。

教学设想：通过相关表格的分析，帮助学生理解经互会成立的历史影响，同时强化学生从表格中获取历史信息的能力，培养历史解释的核心素养。

讲述：经互会的成立，表明双方已经在经济上的走向对抗。伴随着经济上的对抗措施而来的，是苏联在政治上针锋相对的行动。本来，斯大林在1943 年已经解散了共产国际，但是在 1947 年 9 月，苏联组织成立了欧洲九国共产党和工人党情报局。

美苏双方在政治经济上的对抗很快通过柏林危机表现出来。德国在投降后是被苏、美、英、法四国分区占领的，其中美、英、法控制的地区又被称为西占区。柏林虽然整体处于苏占区内，但同样也被四国分区占领。苏联人认为美国人在西占区搞马歇尔计划是要分裂德国，于是就在 1948 年 6 月突然对进出柏林的水陆交通进行封锁，这就是第一次"柏林危机"。苏联人没有预料到美国人态度强硬，面对美国人不惜代价，采取大规模空运的方式向西柏林居民提供所需要的各种物资的做法，苏联人最终选择了退让，第一次柏林危机解除。

第一次柏林危机使得德国最终分裂，同时以柏林危机为契机，西欧各国意识到军事上谋求美国援助的重要性。1949 年 4 月，美国组成了以美国为首的北大西洋公约组织，简称"北约"，与之相对，1955 年，苏联与东欧国家成立了华沙条约组织，简称"华约"（出示地图）。至此，两大阵营对峙局面最终形成。（板书）

教学设想：这些史事学生初中都学过，但未必清楚彼此之间的关联，这里通过教师的叙述，帮助学生理解相关史事之间的关联。

二、美苏争霸

（出示"北约"与"华约"对峙图）

提问：同学们请看"北约"与"华约"对峙图，请问大家能获取什么历史信息呢？

预设："北约"和"华约"都分布在欧洲，意味着欧洲是美苏冷战的重心。

讲述：冷战的重心在欧洲，但并不意味着冷战只局限在欧洲，相反，由于美苏冷战的原因，除了柏林危机，还爆发了朝鲜战争、越南战争和古巴导弹危机。请大家在地图上标出这些事件所处的地理位置。

提问：现在我们再观察地图，又能获取什么历史信息呢？

预设：冷战不仅局限在欧洲，还包括亚洲和美洲。

讲述：由此可见，冷战是全球性的，而朝鲜、越南的战争则说明在全球性的冷战背景下，还存在着局部的热战。也就是说，两强相争使世界长期不得安宁，国际局势始终存在着不稳定因素。

教学设想：通过对地图的分析，帮助学生理解冷战的特点，同时强化学生阅读地图、从地图中获取历史信息的能力，培养时空观念的核心素养。

1955 年，当"华约"成立，美苏双方剑拔弩张的时候，在印度尼西亚的万隆召开了一个没有这些传统强国的国际会议，这就是大家所熟知的万隆会议。它说明，国际社会开始出现一股新的势力，那就是第三世界。第三世界的新兴独立国家不愿意介入美苏之间的斗争，希望能够在美苏冷战中保持中立，也就是不与美苏任何一方结盟，这就是外交上的不结盟政策。在万隆会议的成功示范下，1961 年印度、埃及和南斯拉夫等国倡导发起了不结盟运动。

（出示标示不结盟运动成员国与观察员国的地图）

提问：我们从图中能获取什么历史信息？

预设：不结盟运动成员国与观察员国广泛分布在亚非拉发展中国家，也就是通常所说的"全球南方"。

教学设想：通过对地图的分析，帮助学生理解不结盟运动的特点，同时进一步强化学生阅读地图、从地图中获取历史信息的能力，培养时空观念的核心素养。

三、冷战的结束

讲述：20 世纪 60 年代，不结盟运动形成，同一时段发生的事情还有欧共体的成立和中苏论战，这些都冲击了但没有改变美苏两极对峙的格局。如果说 20 世纪 60 年代是美强苏弱的话，那 20 世纪 70 年代就是苏强美弱，等到了 20 世纪 80 年代，就又变成美强苏弱了。当时美国总统里根在上台后提出了一个所谓的"星球大战计划"，准备大规模发展一系列新型战略武器系统。这自然大大地刺激了苏联人，迫使苏联人不但不能减少军费，反而要进一步增加军费，从而进一步恶化了苏联的经济。

（出示"美苏军费支出情况表"）

提问：大家从这个表中可以获取什么历史信息？

预设：可以看到的是，美苏军费都呈增长趋势；苏联军费增速超过美国；苏联军费支出实现赶超美国；苏联军费支出占国民收入比例远超美国。

可以推导的是，苏联军费支出过大会严重影响社会经济发展，挤压民众社会福利，不利于民众生活水平的提高；苏联的军费支出难以持续，美苏争霸苏联会失败。

教学设想：通过相关表格的分析，帮助学生了解冷战给美苏带来的安全压力使得美苏双方特别是苏联持续加大军费支出，从而理解苏联解体的原因之一在于军费支出过高影响民生，同时进一步强化学生从表格中获取历史信息的能力，培养历史解释的核心素养。

讲述：与此同时，西方阵营加强对苏联集团的舆论攻势和思想渗透，也就是所谓的"和平演变"。这样，苏联模式固有弊端所造成的经济困难再叠加西方的和平演变，导致1989年东欧剧变。紧接着1991年，苏联解体。至此，冷战以苏联的解体而宣告结束。

☞ 课堂小结

冷战虽然结束了，但是历史并没有终结。2017年特朗普担任美国总统后，中美关系急转直下，美国两党在一切问题上都针锋相对，唯独在反华问题上惊人一致。2018年11月，美国司法部启动了一项名为"中国行动计划"的行动，以应对所谓的来自中国的"安全和技术威胁"。随即，针对美国华裔科学家的监控与迫害接踵而至。

这使我想起马克思在《路易·波拿巴的雾月十八日》中所写的：

黑格尔在某个地方说过，一切伟大的世界历史事变和人物，可以说都出现两次。他忘记补充一点：第一次是作为悲剧出现，第二次是作为笑剧出现。

——卡尔·马克思

教学设想：美国对华裔科学家的迫害与冷战期间美国在意识形态上的疯狂首尾呼应，激发学生的深入思考，提升学生的学习体验。

【板书设计】

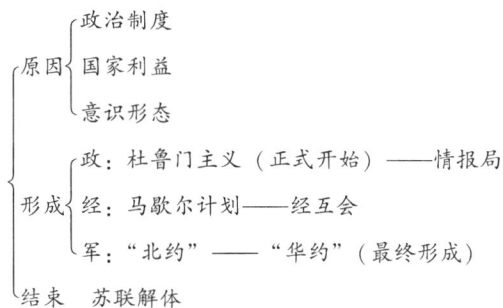

【资料附录】

1. 美苏意识形态与国家利益的冲突

——攻击不存在的敌人：美国政客挥散不去的幽灵 https://m.thepaper.cn/baijiahao_ 10309923

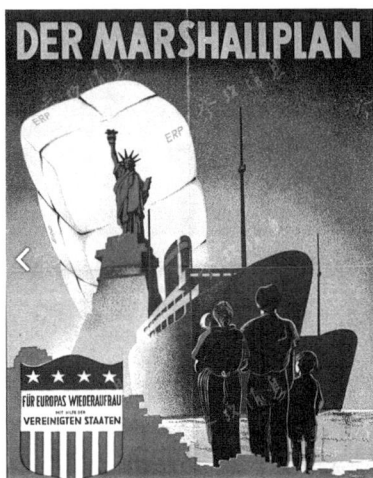

——*Der Marshall plan hilft Europa* https：//www.kunstkopie.de/a/unbekannt-

er-kuenstler/der-marshallplan-hilft-europa.html

骑士及其旅伴　　　　　　　库克雷尼克塞作

——刘迅《苏联政治讽刺画选集》

2. 美苏军费支出情况

苏联在世界上扩张势力，也是不计经济效益的，用尼克松的话说："帝国使克里姆林宫变穷而不是致富了。越南使苏联每年支出 35 亿美元以上，古巴 49 亿多美元，安哥拉、莫桑比克和埃塞俄比亚共 30 亿美元以上，尼加拉瓜 10 余亿美元。莫斯科的帝国领土使克里姆林宫每天耗资 3500 万美元以上。"

在长达几十年的时间里，苏联取得了在经济上比自己强大得多的对手的军事均势和优势，不计任何代价地发展国防实力，耗尽了自己的力量。1984 年 10 月 22 日邓小平在一次讲话中说："据说苏联的百分之二十的国民生产总值用于国防，为什么他翻不起身来，就是负担太沉重。"

1913 年俄国的 GNP（国民生产总值）即为美国的 39%，苏联具有制度的优越性，在国土面积方面比美国大一倍多，但经过 70 多年的建设，苏联在缩小与美国的差距方面，其成果令人失望。

——陆南泉、黄宗良、郑异凡等《苏联真相：对 101 个重要问题的思考》（下）

◎ 第十九课　资本主义国家的新变化

【课标内容】

正式版课标：通过了解第二次世界大战后资本主义、社会主义与第三世界国家的变化，认识其发展中的成就与问题；通过了解冷战时期的典型事件，认识冷战的基本特征，理解冷战的发生、发展与世界格局变化之间的相互影响。

初中课标：通过了解杜鲁门主义、马歇尔计划、德国分裂、"北约"与"华约"的建立，认识美苏"冷战"对峙局面的形成；通过了解美国和日本经济的发展，欧洲联合趋势的发展以及社会保障制度的建立，初步理解战后资本主义发展的新特点；了解社会主义从一国到多国的实践，知道社会主义阵营的形成和苏联的改革，了解东欧剧变和苏联解体，认识中国特色社会主义建设的意义；通过万隆会议、"非洲年"、巴拿马收回运河主权等史事，知

道战后殖民体系的崩溃和亚非拉国家为捍卫国家主权、发展经济所进行的斗
争。通过世界多极化、经济全球化、社会信息化和文化多样化，了解现代世
界的基本特点；知道人口、资源、环境、传染病、社会治理等人类发展面临
的共同问题；通过了解联合国、世界贸易组织等，认识世界各国为解决全球
性问题所作出的努力；知道和平、发展、合作、共赢是时代潮流，了解构建
人类命运共同体理念的重要意义。

　　课标分析：相比实验版课标，对"当代资本主义的新变化"的学习要求
由分析变成了解（初中是初步理解），增加了认识"其发展中的成就与问题"
的要求。

【教材分析】

　　本课内容主要集中在部编版历史九年级下册的第 17 课，另有部分内容出
现在第 20 课和第 22 课。

课题	子目	部编版教材内容
二战后资本主义的新变化	欧洲的联合	介绍了欧洲的联合、美国的发展和日本的崛起，以及社会保障制度的建立与影响
	美国的发展与日本的崛起	
	社会保障制度的建立	
联合国与世界贸易组织	联合国与国际安全	介绍了联合国和世界贸易组织的建立、主要特点与历史影响
	经济全球化与世界贸易组织	
不断发展的现代社会	计算机网络与现代社会生活	介绍了第三次科技革命特别是信息技术革命的影响、妇女地位的提高，以及生态与人口问题
	妇女地位的提高	
	生态与人口问题	

　　本课是部编版《中外历史纲要（下）》第八单元第 19 课。本课共四目，
分别是"国家的宏观调控""科学技术的新发展""社会结构的新变化"
"'福利国家'与社会运动"。相比较原实验版课标教材必修二的相关内容，

本课对战后资本主义国家新变化的介绍在空间上和广度上都有增加，空间上增加了对资本主义世界经济体系的介绍，广度上不限于经济层面，还增加了社会关系上的变化。

"国家的宏观调控"一目共三段。第一段介绍宏观调控的历史背景——经济危机、二战、社会主义的冲击，第二段介绍资本主义国家宏观调控的主要措施和历史影响，第三段介绍资本主义国际经济组织的建立。

"科学技术的新发展"一目共两段。第一段介绍科学技术发展的历史背景，第二段介绍科学技术新发展的主要内容。

"社会结构的新变化"一目共两段。第一段介绍各产业就业人口的变化，第二段介绍所谓"中间阶层"的人数增加。

"'福利国家'与社会运动—"目共七段。第一段介绍"福利国家"的含义，第二段介绍"福利国家"的影响，第三段介绍社会运动兴起的历史背景，第四段介绍黑人民权运动，第五段介绍妇女运动，第六段一句话介绍学生运动和反越战运动，第七段指出二战后资本主义国家发生的这些变化，并没有克服资本主义的基本矛盾。

【教学立意】

受经济危机、二战、社会主义的冲击，战后资本主义国家在国内和国际层面分别采取凯恩斯主义和建立具有约束力的国际组织的方法，改变了原来的自由放任主义政策。战后第三次科技革命极大地提高了劳动生产率，推动了第三产业的兴起，使得资本主义国家的阶级关系出现缓和，"福利国家"的建立更缓和了社会矛盾，但未受触动的资本主义生产资料私有制所造成的社会不平等仍使社会运动此起彼伏。

【教学目标】

通过分析经济数据、新闻照片、官方档案和私人著述等史料，加强获取历史信息实证历史的能力，并了解战后资本主义国家的变化，同时根据阶级分析的方法认识其发展中的成就与问题。

【重点难点】

重点：让学生了解第二次世界大战后资本主义国家的新变化。

难点：让学生理解新变化背后的原因与辩证看待新变化。

【教学过程】

☞ 导入新课

讲述：美国总统特朗普常常挂在嘴边的口号是"MAGA"，就是 Make America Great Again（让美国再次伟大），怎么"MAGA"呢？特朗普的一个方案就是"制造业回流"。然而无论是经济学家还是企业家都明确地告诉特朗普，制造业永远回不来了。

提问：特朗普知不知道制造业永远回不来呢？我想他可能比所有人都知道这一点，那他为什么又要说出让制造业回流的话呢？

☞ 教学新课

一、生产关系的变化——国家垄断资本主义的发展

讲述：要知道，二战时美国最大的优势就在于制造业。美国经济危机后，罗斯福上台推行新政，就是加强政府对经济的干预和控制。新政缓解了但并没有完全解决经济危机，真正解决危机的是二战，特别是 1941 年美国正式宣战后，美国经济在某种程度上可以说变成了集中的计划经济。比如罗斯福成立了战时生产委员会，所有美国企业的生产活动均由这个委员会来决定，没有它的批准，无人有权制造哪怕一根针。这种国家直接干预生产，国家政权与垄断组织相结合的方式被称为国家垄断资本主义（板书），作为一种经济政策，它又叫凯恩斯主义。在 1936 年，英国经济学家凯恩斯有本书叫《就业、利息和货币通论》出版。在这本书中，凯恩斯主张加强国家对经济的干预，采取措施增加公共开支，降低利率，刺激投资和消费，以提高有效需求，实现充分就业。后来人们就把凯恩斯主张的做法称之为凯恩斯主义。

凯恩斯主义的国家干预政策叠加二战极大地推动了美国制造业的发展，使美国从经济危机中走了出来。但是，随着战争的结束，美国面临着巨大的产能过剩的危险，如何解决这个危险呢？当然是内循环加外循环。

（出示凯恩斯和美国财政部官员怀特的合影）

提问：这张照片拍摄于 1946 年 3 月 8 日，当时凯恩斯和怀特一起参加在

美国佐治亚州举行的国际货币基金组织理事会成立大会。左边是怀特，右边是凯恩斯，我们从中能获取什么历史信息？

　　预设：从照片内容出发，凯恩斯和怀特看上去私交颇好；国际货币基金组织理事会1946年才正式成立；国际货币基金组织位于美国，必然受美国的影响。

　　从照片来源出发，凯恩斯和怀特对国际货币基金组织的建立有重要贡献，不然不会参加理事会成立大会；这张照片可能是无意拍摄的，但因为有利于表达团结友好的精神而被国际货币基金组织等外部机构所使用，也就是说，拍摄照片和使用照片的人希望读者认为两人私交很好。

　　从照片效果出发，双方分别代表英国和美国，这样的照片有利于提升两国人民彼此好感；有助于增强两国团结合作。

　　讲述：这张照片是在国际货币基金组织理事会成立大会上拍的，大家知道战后经济上美国主导成立了两个国际组织，一个叫世界银行，另一个就是国际货币基金组织。这两个组织都是根据在美国布雷顿森林会议签署的协定成立的。当时会议的主角就是凯恩斯和怀特两个人，分别代表英国和美国。据会议代表回忆，在谈判桌上，怀特不是凯恩斯的对手。凯恩斯口才出众，周身围绕着耀眼的光环。怀特则言辞笨拙，声音嘶哑。据说怀特最怕和凯恩斯公开辩论，因为每辩必输，这给他带来了巨大压力，以致于每次和凯恩斯辩论完，怀特都会像生病一样。但最后谁赢了呢？怀特，为什么？因为怀特的身后，是一个强大的美国。美国人不喜欢英国，美国财政部长摩根索的态度极其鲜明：他支持英国和德国作战，但不支持英国的世界地位。所以这次会议最终建立起的是一个以美元为中心的资本主义世界货币体系，世界银行、国际货币基金组织，再加上美国提议建立的关贸总协定也就是大家初中学过的世界贸易组织的前身，共同构成了一个以美国为中心的资本主义世界经济体系（板书）。这个体系的建立，有利于战后世界经济的恢复与发展，当然也极大地促进了美国的对外资本输出和商品输出，即推动了美国经济的外循环。

二、经济社会结构的变化——中产阶级的兴起

讲述：除了外循环，当然还有内循环，要扩大内循环，按照凯恩斯主义的观点，就是要刺激有效需求，也就是要提高职工消费水平，从而缓解生产过剩、需求不足的问题。但职工的收入和资本家的利益有此消彼长的矛盾关系，缓和这种矛盾的条件是技术进步和劳动生产率的提高。恰好二战后出现了第三次科技革命，推动了美国企业的技术进步和劳动生产率的提高。（板书）

技术进步和劳动生产率的提高当然有利于工人收入的增加，但要提高消费水平，提高收入只是一方面，另一方面还要消除花钱的后顾之忧，解决这问题的方法就是建立"福利国家"（板书），以英国最为典型，这个大家初中学习过，这里不再赘述。"福利国家"改善了工人的处境，也增加了企业的用工成本。所以这一时期西方资本主义国家的纺织业等低端制造业持续萎缩，比如股神巴菲特的伯克希尔·哈撒韦公司，其本是一家纺织企业，巴菲特刚开始买入股票的时候公司经营状况还很好，但渐渐就不行了，巴菲特被套后只好不断买入，最后干脆买下整个公司，然后把纺织厂给卖了，转型为金融公司。伯克希尔·哈撒韦公司的遭遇反映了当时美国和西方其他国家低端制造业所共同面临的问题，它们的解决方案就是将这些低端制造业向劳工成本更低的发展中国家转移（板书），或者是升级为高端制造业（板书）。于是我们看到西方国家的产业结构发生了较大变化。

（出示美国 20 世纪 60 年代到 20 世纪 80 年代一二三产业比例的变迁图）

提问：从图中大家能获取什么历史信息？

预设：可以看到的是，美国第三产业占比持续增加，第二产业占比下降。

可以推导的是，对美国等西方国家来说，低端制造业的大量转移，必然造成大量蓝领工人的失业，这些人被迫转入服务业，从而进一步推动第三产业不断发展。

讲述：低端制造业向高端制造业的升级，会提升社会平均工资，使得白领工人的数量随之大量增加，比如波音公司的工程师的人数和工资都随着波

音公司的发展而大幅度增加。另外，第三产业的发展和升级，也提供了大量的技术岗位。这些人不属于资本家，因为不拥有生产资料，但他们有较高的收入，有可观的生活资产，如住房、汽车、股票等，因而被称为中产阶级。一般来说，一个国家中产阶级的增长有利于社会的稳定，因为他们人数多又不希望社会动荡。

三、社会关系的变化——社会运动

讲述：以上这些都使得战后主要资本主义国家再也没有出现什么有规模的革命运动了，但这并不意味着资本主义国家的社会矛盾消失了。相反，战后资本主义各国经济虽然取得迅速发展，但并未触动资本主义生产资料所有制，这意味着，社会经济发展的好处更多被少数人所享受，于是那些感到被抛弃、被忽视、被遗忘的群体决心采取行动来维护自己的权益，这就使得各种类型的社会运动此起彼伏。其中包括黑人民权运动、妇女运动、学生运动、反战运动等（板书）。

其中黑人民权运动的代表是 20 世纪 60 年代的马丁·路德·金，当他高喊"我有一个梦想，有一天，我们能够手携手，合唱一首古老的黑人歌曲，自由！自由！我们终获自由"的时候，背后反映的不正是美国种族歧视和迫害严重，无论白人还是黑人都不能获得真正的自由这样一个残酷现实吗？

（出示反映妇女运动的照片）

提问：除了黑人民权运动，在 20 世纪 60 年代，妇女运动也风起云涌，出现了第二次妇女运动浪潮。这张照片拍摄于 1969 年美国总统尼克松就职典礼期间，从照片中我们能获取什么历史信息呢？

预设：女子手中举的牌子上写着"Judge Women as People not as Wives"，意思是要把女性当人看而不是当妻子看，或女性不仅是妻子，还是人；这名女子希望女性能够摆脱传统角色的束缚或希望社会改变对女性的刻板印象；说明当时社会对女性存在刻板印象；画面上女子的支持者不多，反映妇女运动前路坎坷，当时的社会影响仍然较小。

讲述：这一时期妇女运动的一个突出特点就是希望突破传统家庭中妻子

角色的束缚，波伏娃在其代表作《第二性》中更是振聋发聩地提出了"女人不是天生的，是后天造就的"的观点。

提问：大家有没有发现，黑人民权运动、妇女运动、学生运动、反战运动等等有什么共同点？

预设：黑人、妇女、学生等都属于特定领域的弱势群体；社会弱势群体倾向于通过和平的方式（社会运动）来维护自己的权利；这些运动对西方社会生活产生深远的影响；这些运动集中出现在 20 世纪六七十年代。

讲述：大规模的社会运动体现出战后资本主义社会发展的新变化——特定群体通过大规模社会运动来追求自身群体的利益，这一现象一直持续至今，比如美国的占领华尔街运动、英国的脱欧运动、法国的黄背心运动等等。

☞ 课堂小结

除了黑人、妇女这些传统弱势群体以外，由于全球化的发展，西方社会普通制造业的蓝领工人正日益陷入贫困，成为又一个弱势群体，比如美国五大湖一带的钢铁工人。贫困的现实促使这些工人们转向保守主义，反对经济全球化，这也是特朗普最终成功上台的一个重要原因。（板书）

所以大家现在能够理解特朗普为什么明明知道美国制造业不可能回流，还是要高喊"制造业回流"口号了。很显然，他这么做是为了迎合他的支持者。所以我们看到这样一幕，2018 年 3 月，特朗普突然挥舞"关税大棒"，对其主要贸易伙伴施加钢铝关税，在宣布加征关税当天，他特意拉来了一群美国钢铁工人围观。这些实际上反映出西方资本主义社会的一个突出特点——有没有用不重要，好不好看才重要。活着就是表演，甚至于入戏过深把表演当成了真实。

面对这种情况，我们不禁要问：难道真的是"世事如戏，全靠演技"吗？

其实很久以前，孔子就回答过这个问题，他是这样说的：

君子耻其言而过其行。

——孔子

【板书设计】

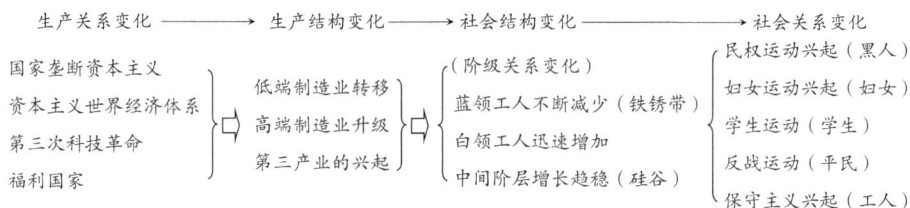

【资料附录】

1. 美国二战时的生产情况

　　战争中，与军事相关的工业生产奇迹般增长，带动着整个工业的发展。珍珠港事件时，美军分别只有 1157 架（辆）适于作战的飞机和坦克，但从 1940 年 7 月 1 日到 1945 年 7 月 31 日，美国便生产了 86338 辆坦克，29.7 万架飞机，1740 万枝来福枪、卡宾枪和可供佩带的武器，大量的火炮装备及弹药，6.45 万艘登陆艇，上万艘军舰、货船和运输舰。仅在五年之内，美国商船舰队增长了四倍，海军火力增长了十倍。1941 年美国战争物资产值仅 84 亿美元，而 1942 年即达到 302 亿美元，已相当于德、意、日三国的总和，到 1944 年则为三国的两倍。在战争的刺激下，美国为制造业投入了达 274 亿美元的巨额资金，其中私人投入新建工厂和设备的资金为 114 亿美元，政府投入更高达 160 亿美元。根据 1939 年到 1945 年各年数据计算，美国仅用于制造业建筑及设备的投资总额就达 100.4 亿美元。大规模的资本投入，再加上战时劳动生产率的提高，使美国整个工业生产翻了一番。

　　——张清《应对危机：尼克松政府对外经济战略与政策研究（1969—1972）》

2. 凯恩斯与怀特

——帝国拯救者：布雷顿森林体系与凯恩斯的历史纠葛 https://m.sohu.com/a/9957320_ 117959/?pvid＝000115_ 3w_ a

3. 妇女运动

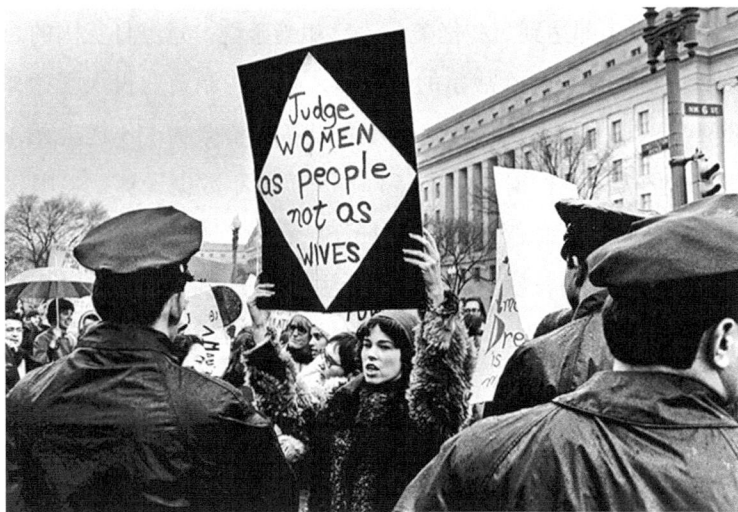

——19 世纪国外妇女争取教育和职业权利与历程 https://m.sohu.com/a/663248814_ 121642911/?pvid＝000115_ 3w_ a

◎ 第二十课　社会主义国家的发展与变化

【课标内容】

正式版课标：通过了解第二次世界大战后资本主义、社会主义与第三世界国家的变化，认识其发展中的成就与问题；通过了解冷战时期的典型事件，认识冷战的基本特征，理解冷战的发生、发展与世界格局变化之间的相互影响。

初中课标：通过了解杜鲁门主义、马歇尔计划、德国分裂、"北约"与"华约"的建立，认识美苏"冷战"对峙局面的形成；通过了解美国和日本经济的发展，欧洲联合趋势的发展以及社会保障制度的建立，初步理解战后资本主义发展的新特点；了解社会主义从一国到多国的实践，知道社会主义阵营的形成和苏联的改革，了解东欧剧变和苏联解体，认识中国特色社会主义建设的意义；通过万隆会议、"非洲年"、巴拿马收回运河主权等史事，知道战后殖民体系的崩溃和亚非拉国家为捍卫国家主权、发展经济所进行的斗争。

课标分析：初中更具体，高中新课标更抽象，只是要求了解社会主义国家的变化，未对变化的具体内容提出要求，同时相比较初中，高中的要求也更高，要求学生"认识其发展中的成就与问题"。

【教材分析】

本课内容集中在部编版历史九年级下册的第 18 课。

课题	子目	部编版教材内容
社会主义的发展与挫折	社会主义力量的壮大	介绍了社会主义阵营的情况如经互会、中苏结盟，介绍了苏联的赫鲁晓夫和勃列日涅夫改革，介绍了戈尔巴乔夫改革、东欧剧变、八一九事件与苏联解体
	苏联的发展与改革	
	苏联解体与东欧剧变	

本课是部编版《中外历史纲要（下）》第八单元第20课。本课共三目，分别是"苏联的发展、改革与解体""东欧的社会主义建设、改革和剧变""中国社会主义的发展"。

"苏联的发展、改革与解体"一目共五段，第一段介绍二战后苏联的发展，第二、三段介绍赫鲁晓夫的改革，第四段介绍勃列日涅夫的改革，第五段介绍戈尔巴乔夫的改革。

"东欧的社会主义建设、改革和剧变"一目共五段，第一段介绍二战后东欧国家的发展，第二段介绍南斯拉夫的改革，第三段介绍东欧其他国家的社会主义改革取得的显著成效，第四段介绍东欧各国政治经济制度的变化，第五段总结东欧各个国家的变化。

"中国社会主义的发展"一目共三段，第一段介绍改革开放前中国建设社会主义取得的成就，第二段介绍改革开放以来中国的发展，第三段介绍中国特色社会主义的贡献。

相比较原实验版课标教材必修二的相关内容，本课主要是增加了对东欧国家改革的介绍，同时把中国的改革开放也整合进来。

本课是按照空间（苏联、东欧、中国）顺序来编排的，教学中可以按照教材的空间逻辑，也可以将社会主义的发展看作一个整体展开论述。

【教学立意】

苏联斯大林模式在促进苏联经济快速发展的同时也带来了经济结构失调、人民生活水平长期得不到提高的问题，为了解决这些问题，苏联的赫鲁晓夫、勃列日涅夫和戈尔巴乔夫先后进行了改革。这些改革要么未能突破斯大林模式，要么偏离了社会主义道路，最终使苏联解体。苏联的改革影响了社会主义阵营，东欧的改革屡受苏联干预，最终在苏联放弃干预的情况下出现制度剧变，而中国的改革开放则展现出勃勃生机，不断向前发展的同时影响了越南等社会主义国家的改革与发展。

【教学目标】

通过分析经济数据、新闻照片、官方档案和私人著述等史料，加强获取历史信息实证历史的能力，并了解战后社会主义国家的变化，同时根据阶级分析的方法认识其发展中的成就与问题。

【重点难点】

重点：让学生了解战后社会主义国家的改革与发展情况。

难点：让学生学会辩证看待社会主义道路的曲折与发展。

【教学过程】

☞ 导入新课

（出示漫画《我真不敢相信》）

讲述：这是一幅漫画，上面的云朵上写着"共产主义天堂"，然后云朵上有三个人，大家应该认得出来是哪三人：马克思、斯大林、列宁。他们正在朝下看，下面是一个人拿着花圈，几个人抬着棺材，最后一个人举着一个镰刀锤子的标记物，最下面的的文字是"我真不敢相信"。列宁和斯大林不敢相信什么？他们曾努力建设的苏联，解体了。苏联解体后，有个叫福山的日裔美国人认为苏联解体表明共产主义彻底失败，西方的自由民主制度就是"人类意识形态发展的终点"和"人类最后一种统治形式"，世界不会再有别的发展道路了，因此他特意写了一本书，并把他写的书的书名定为《历史的终结及最后之人》。

提问：然而，历史真的终结了吗？

☞ 教学新课

一、拥抱现实——赫鲁晓夫改革

讲述：之前在讲明朝历史时，我曾经跟大家提到过英国思想家约翰·穆勒和他的名著《代议制政府》一书，大家可能还记得，他曾提出这样的观点：一个好政府需要兼顾秩序与进步。因为没有进步，秩序最终会丧失；但如果没有秩序，进步也难以保证。两者又以进步更为重要，如果一个社会仅仅寻求维持秩序的话，这个社会就会僵化、死亡。苏联后期的历史也印证了约翰·穆勒这一观点的预见性。

提问：比如说 1952 年的时候，苏联领导人之一的马林科夫在苏共十九大的政治报告上讲了这么一段话，从这段话中大家能获取什么历史信息？（出示材料）

1952 年粮食总收获量为 80 亿普特，而最重要的粮食作物——小麦——的总收获量比 1950 年增加 48%。以前认为是最尖锐、最严重的问题——谷物问题——就这样顺利地解决了，彻底而永远地解决了。

——格奥尔基·马克西米连诺维奇·马林科夫

预设：从内容看，苏联领导人承认谷物问题曾经是苏联最尖锐、最严重的问题，原因在于农业集体化挫伤了农民积极性，苏联对农业的投入又较为不足，农业科技未能取得有效突破（农药、化肥、育种等）。

从意图看，苏共领导人说这个问题解决了并不能证明真正解决了，他的意图是说明苏联的经济体制具有优越性，无须改革或者说斯大林模式是正确的，能解决一切问题。

从读者看，讲话会增强人们的自豪感，也会麻痹人们的进取心；会进一步强化民众对于斯大林的个人崇拜；对斯大林的个人崇拜容易使人们难以认清现实。

教学设想：通过对马林科夫讲话的分析，在指导学生借助史料了解战后苏联社会发展情况的同时，培养学生史料实证的素养。

（出示"20 世纪上半叶苏联谷物生产表"）

提问：苏联的谷物问题是不是真的如马林科夫所说"彻底而永远地解决了"呢？我们不妨来看看这张 20 世纪上半叶苏联谷物生产表吧，哪位同学回答一下，从中我们能获取什么历史信息呢？

预设：1952 年苏联谷物产量实际上是低于 1950 年的；苏联谷物年均产量长期低于一战以前，这是因为农业集体化的原因；1955 年以后苏联谷物产量明显提高，增产 40% 以上，这是因为赫鲁晓夫的改革。

教学设想：通过对苏联谷物生产表的分析，在探讨马林科夫讲话真实性的同时，帮助学生了解苏联谷物生产情况，理解赫鲁晓夫改革的背景与作用，同时培养学生史料实证和历史解释的素养。

讲述：针对斯大林模式过于强调重工业导致的农轻重比例严重失调，赫鲁晓夫加大了对农业的投入，特别是倡导种植玉米。除此之外，1956 年，赫鲁晓夫还在苏共二十大上对斯大林个人崇拜问题进行了批判，平反了大量斯大林时期的冤假错案。赫鲁晓夫的这些改革措施冲击了苏联的斯大林模式，不仅推动了苏联社会经济管理体制的松动，也影响了整个社会主义阵营——各国也出现了反思和改革。苏联的改革，进一步推动东欧社会主义国家内部的改革运动，由于东欧地区的斯大林模式是苏联带来的，因此改革不可避免地影响了苏联对东欧的控制，这是苏联不能容忍的，所以苏联最终选择通过武力进行干预，这造成了 1956 年的波匈事件。

二、回归传统——勃列日涅夫改革

讲述：波匈事件充分说明了改革的复杂性，苏联在这一事件中表现出的大国沙文主义不仅不能保证社会主义阵营的团结，反而会激化社会主义阵营的内部矛盾。从 1958 年起，中苏关系就逐渐恶化并最终演变成为公开的对抗，中国对赫鲁晓夫的政策进行了激烈的批判，认为赫鲁晓夫背叛了马列主义，犯了修正主义的错误（这就是苏修一词的由来），赫鲁晓夫则对中国的批判进行了反驳，这就是历史上的中苏论战。由于一些政策的失误，赫鲁晓夫的改革遭受了挫折，其本人也面临着极大的内外部压力，最终被迫于 1964 年下台。

取代赫鲁晓夫的是勃列日涅夫，苏联由此进入勃列日涅夫改革时期。相比较赫鲁晓夫的改革，勃列日涅夫几乎没有做出突破斯大林模式的尝试，除了在初期提出"新经济体制"，对工业领域高度集中的管理体制进行了一定的改革之外，勃列日涅夫鲜有作为。相反，为了追求所谓的"稳定"，从 20 世纪 70 年代开始，勃列日涅夫差不多完全放弃了对斯大林模式的改革，斯大林模式因此在苏联变得更为稳固。

（出示美苏战略核力量对比表）

提问：大家从这张表中能够获取什么历史信息呢？

预设：可以看到的是，美苏的洲际导弹数量都呈增长趋势；美苏远程轰炸机数量都呈减少趋势；苏联洲际导弹数量从远小于美国到与美国相当。

可以推导的是，苏联与美国核军备竞赛日益激烈，会给双方带来沉重的压力，其中苏联的压力更盛；苏联优先发展军事工业符合斯大林模式的特点，将会导致苏联民众生活水平长期得不到提高。

教学设想：通过对美苏战略核力量对比表的分析，帮助学生了解勃列日涅夫统治时期苏联经济发展的特点在于回归斯大林模式，优先发展重工业，同时培养学生时空观念和历史解释的素养。

讲述：面对僵化的斯大林模式的桎梏，捷克斯洛伐克开始尝试改革。然而，同样的事情再次发生，1968 年苏军出兵捷克，用武力结束了捷克斯洛伐克的改革。这一时期，由于石油价格的上涨，苏联在 20 世纪六七十年代通过大量出口石油获取了巨额的外汇收入，巨大的财富让以勃列日涅夫为代表的苏联领导层滋生了强烈的自信。人们总是把时代的馈赠当成自己努力的回报，这在 1971 年苏联领导人的讲话中体现得非常明显。

提问：大家从这段材料中能够获取什么历史信息呢？（出示材料）

列宁在 1918 年提到的发达的社会主义社会，……已由苏联人民的无私劳动建立起来了。

——列昂尼德·伊里奇·勃列日涅夫

预设：从文本角度看，勃列日涅夫认为苏联已经建成发达的社会主义社会。

从作者角度看，勃列日涅夫希望人们相信苏联的体制是相当完美的且基本无须变革的；突出苏联体制的优越性；突出自己的领导能力。

从社会反响角度看，这会淡化改革意识，社会将变得保守落后；理论与现实的反差会增加民众对政府的不满。

教学设想：通过对勃列日涅夫讲话的分析，在指导学生借助史料了解勃列日涅夫统治时期苏联社会发展情况的同时，进一步强化对学生史料实证素养的培养。

三、面向未来——苏联解体与中国改革开放

讲述：勃列日涅夫在秩序和进步之间选择了秩序，20 世纪 70 年代的苏联社会经济发展也确实比较稳定，但一味追求秩序和稳定，放弃改革，导致社会逐渐走向僵化，经济发展也随之逐渐陷入停滞状态。到了 20 世纪 80 年代，斯大林模式本身的弊端加上美苏冷战巨大的压力已经使苏联无力维持原有的秩序，在这种情况下，1985 年，苏联迎来了戈尔巴乔夫改革。（板书）

苏联的改革再一次冲击到东欧，只是这一次苏联没有选择武力干预。这不仅是因为以戈尔巴乔夫为代表的苏共领导层放弃了勃列日涅夫时期的对外扩张政策，实行战略收缩，更是因为苏联的国力无法支撑大规模对外干预。没有了苏联的干预，东欧这些社会主义国家纷纷宣布放弃社会主义制度，摆脱苏联控制，这就是东欧剧变。（板书）

东欧剧变反过来冲击苏联，由于苏联历史上错误的民族政策，以波罗的海三国为代表的一些加盟共和国主张退出苏联，实现国家独立，并引发了激烈的冲突。一些受戈尔巴乔夫打击的苏联高官趁戈尔巴乔夫在外的机会，于 1991 年 8 月 19 日调动坦克部队进入莫斯科，发动军事政变，史称八一九事件。然而八一九事件不仅没有得到人民的支持，连军队也反戈一击，最终，这次政变遭到了失败。

八一九事件之后，叶利钦成为掌握国家实权的领导人。1991 年 12 月 21 日，叶利钦等 11 个原苏联加盟共和国的领导人签署了《阿拉木图宣言》，宣布独立，苏联由此在事实上停止存在。1991 年 12 月 25 日，苏联的红旗从克里姆林宫上空落下，代之而升起的是俄罗斯的三色国旗。

苏联解体时，很多人以为中国也会改旗易帜，但中国反而在社会主义道路上越走越稳。中国在改革开放四十多年中，取得了诸多非凡的成就。中国的发展变化还影响到其他社会主义国家，最典型的就是越南和老挝。不过，他们的口号叫"革新开放"。另外，朝鲜也从先军政治调整为经济建设与核

武力建设并行的新发展战略，中美洲的古巴也开始了经济改革。

☞ 课堂小结

为什么社会主义道路如此曲折？我想，这和社会主义是一个新生事物有很大的关系，毕竟新生事物的成长之路总是曲折的，然而道路虽然是曲折的，前途却是光明的。

最后，我要讲一个故事。2021 年 5 月 23 日，阴雨之下，"中国肝胆外科之父"吴孟超院士的追悼会在上海东方肝胆医院举行，多位上海市民自发冒雨前来吊唁。追悼会上，吴孟超院士的灵堂响起的不是一般的哀乐，而是《国际歌》。

满屏的留言使我想起这样一句话：

只要一个人还有所追求，他就没有老。

——约翰·巴里穆尔

教学设想：首尾呼应，通过吴孟超院士对于共产主义信仰的追求这一事例，既说明了一个人应当有所追求，又隐含了苏联的失败并不意味着共产主义的失败，只要人们有信仰，共产主义就永远不会失败的道理，培养了学生家国情怀的素养。

【板书设计】

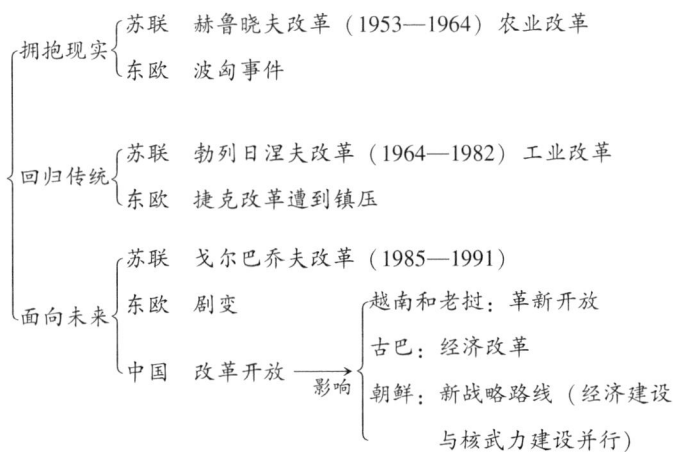

【教学反思】

在讲赫鲁晓夫改革时，最初的设计有这样一个环节：

（出示一则赫鲁晓夫时期的漫画）

提问：从漫画中我们能获取什么历史信息呢？

预设：从画面看，农妇给像油罐车的牛喂食玉米，油罐车旁边的路标上写着"富裕之路"。

从作者意图来看，苏联官方的意思是玉米与牛的关系就像汽油对于油罐车一样，即玉米能够作为饲料喂养牲畜，从而为苏联人提供肉食和奶，希望民众支持玉米的种植推广。

从社会反响来看，这反映出当时苏联缺乏肉类食品，民众生活水平不高，还有就是民众饮食偏重牛肉，以及玉米种植在当时面临着一定的阻力。当然，这样的宣传会推动玉米的广泛种植。

这则漫画史料很有特点，学生在课堂上的分析也很出彩。倘若授课时间充足，教师可以考虑将这则材料补充至赫鲁晓夫改革的部分，以进一步培养学生的史料实证素养。

【资料附录】

1. 苏联农业问题

关于农业生产，马林科夫在报告中指出：全国集体农庄从 1950 年的 254000 个合并为十九大召开前夕的 97000 个。"1952 年粮食总收获量为 80 亿普特，而最重要的粮食作物——小麦——的总收获量比 1950 年增加 48%。以前认为是最尖锐、最严重的问题——谷物问题——就这样顺利地解决了，彻底而永远地解决了。"

——周尚文、叶书宗、王斯德《苏联兴亡史》

2. 发达的社会主义

由苏联提出的关于社会主义社会发展阶段及其特征的一种理论。十月革命后，1918 年 3 月，列宁在《苏维埃政权的当前任务》一文中，曾经用"发达的社会主义"这一概念来说明社会主义社会的高度发展阶段。在以后的几十年间，有关发达的社会主义问题未进行深入研究。1967 年 11 月，苏联共产党中央总书记勃列日涅夫在纪念十月革命 50 周年的演说中，提出苏联已建成了"发达的社会主义社会"。在 1971 年苏共"24 大"的报告中，勃列日涅夫再次宣布："列宁在 1918 年提到的发达的社会主义社会，……已由苏联人民的无私劳动建立起来了。"

——刘遵士《主义词典》

3. 推广玉米种植

——苏联曾经大力推广的这种粮食怎么这么差劲？https://www.163.com/dy/article/E0EN0F0K0518OB6E.html

◎ 第二十一课　世界殖民体系的瓦解与新兴国家的发展

【课标内容】

正式版课标：通过了解第二次世界大战后资本主义、社会主义与第三世界国家的变化，认识其发展中的成就与问题；通过了解冷战时期的典型事件，认识冷战的基本特征，理解冷战的发生、发展与世界格局变化之间的相互影响。

初中课标：通过了解杜鲁门主义、马歇尔计划、德国分裂、"北约"与"华约"的建立，认识美苏"冷战"对峙局面的形成；通过了解美国和日本经济的发展，欧洲联合趋势的发展以及社会保障制度的建立，初步理解战后资本主义发展的新特点；了解社会主义从一国到多国的实践，知道社会主义阵营的形成和苏联的改革，了解东欧剧变和苏联解体，认识中国特色社会主义建设的意义；通过万隆会议、"非洲年"、巴拿马收回运河主权等史事，知道战后殖民体系的崩溃和亚非拉国家为捍卫国家主权、发展经济所进行的斗争。

课标分析：初中更具体，高中新课标更抽象，只是要求了解第三世界国家的变化，并未对变化的具体内容提出要求，同时相比较初中，高中要求也更高，要求学生"认识其发展中的成就与问题"。

【教材分析】

本课内容集中在部编版历史九年级下册的第 19 课。

课题	子目	部编版教材内容
亚非拉国家的新发展	万隆会议	介绍了万隆会议、埃及和阿尔及利亚的独立，介绍了"非洲年"、纳米比亚独立，介绍了古巴和巴拿马的反美斗争，知识拓展补充了曼德拉和南非种族隔离制度的废除
	"非洲年"	
	拉美人民维护国家主权的斗争	

本课是部编版《中外历史纲要（下）》第八单元第 21 课。本课共三目，分别是"世界殖民体系的崩溃""发展中国家的成就""发展中国家面临的挑战"。相比较原实验版课标教材，内容基本上是新的。

"世界殖民体系的崩溃"一目共八段。第一、二段介绍印度的民族解放运动，第三段整体介绍帝国主义在亚洲的殖民体系瓦解，第四段介绍埃及成立共和国和收回苏伊士运河主权，第五段介绍阿尔及利亚的独立，第六段介绍"非洲年"和非洲殖民帝国的彻底崩溃，第七段介绍拉丁美洲人民捍卫国家主权的斗争，提到了古巴和巴拿马，第八段指出殖民地半殖民地纷纷独立，以惊人的速度摧毁了世界殖民体系。"历史纵横"介绍了曼德拉和南非种族隔离制度的废除。

"发展中国家的成就"一目共四段。第一段介绍发展中国家掀起现代化建设浪潮，第二段主要介绍新加坡、韩国等亚洲国家的发展与海湾国家的"石油繁荣"，第三段介绍非洲国家的经济发展状况，第四段介绍拉美各国民族工业的发展。

"发展中国家面临的挑战"一目共两段。第一段介绍发展中国家过分依赖国际资本和国际市场，第二段介绍发展中国家面临着不平等的国际经济旧秩序及其他挑战。

【教学立意】

二战沉重打击了英法，冷战又使美苏加紧了对亚非拉地区的争夺，民族主义思想的广泛传播等因素一起推动了战后民族解放运动浪潮的出现，原有殖民体系最终崩溃。独立后的发展中国家致力于促进国家的发展，取得了一定的成绩，但受制于不平等的国际经济旧秩序，加上自身经济文化发展水平的积累不足，使得发展中国家仍然面临着巨大的挑战。

【教学目标】

通过分析经济数据、新闻照片、官方档案和私人著述等史料，加强获取历史信息实证历史的能力，并了解战后第三世界国家的变化，同时根据阶级分析的方法认识其发展中的成就与问题。

【重点难点】

重点：让学生了解第二次世界大战后第三世界国家的变化，认识其发展中的成就与问题。

难点：帮助学生厘清变化的线索。

【教学过程】

☞ 导入新课

提问：1956 年，埃及宣布将苏伊士运河收归国有，英法伙同以色列入侵埃及，苏联强烈抗议英法的侵略行为。我们知道，冷战时期美苏是敌对的，英法和美国是盟友，所以大家一定会认为美国对英法的做法是支持的。然而，美国事实上对英法的行为表示了反对，这是冷战期间极其少有的美苏意见一致的事情，为什么会这样？

☞ 教学新课

一、娜拉的出走——战后民族解放浪潮

讲述：前面我们学习过，虽然一战后出现了民族国家独立的浪潮，但是它主要局限在欧洲，亚非拉殖民地半殖民地人民虽然掀起了此起彼伏的民族民主运动，但一战后建立的凡尔赛体系不仅不支持殖民地的独立，国际联盟反而以"委任统治"的方式赋予英法殖民统治以合理性。

由于瓜分了德国的殖民地，一战后英法的殖民地不仅没有减少，反而还大大地增加了，这不仅引起殖民地人民的强烈不满与激烈反抗，也招来美苏两大国的不满——毕竟不论是从道义上还是从国家利益上，美苏也不希望英法仍然占据广阔的殖民地。

提问：问题是英法自己又是如何看待这个问题呢？我们不妨来看看二战

结束时丘吉尔的一段话，大家看从中能获取什么历史信息呢？（出示材料）

在经历了一场生死存亡的搏斗之后，英联邦和帝国再次安然无恙、团结一致。曾经威胁到我们生存的恶魔暴君们被彻底击败，我们帝国的王冠在绚丽的光辉映照下比以往任何时候都更加耀眼。……这是真正的荣耀，它将在很长的时间里照亮我们前进的道路。

——温斯顿·丘吉尔《真正的荣耀》

预设：从内容上看，英国决策层将帝国视之为荣耀，也就是将殖民体系视之为国家荣耀。

从意图上看，以丘吉尔为代表的英国决策层决心要维持原有的殖民体系。

从影响上看，殖民地人民会深感失望，从而掀起一系列的反抗运动。

教学设想：通过对丘吉尔讲话的分析，在指导学生借助史料了解战后英国上层的宗主国心态的同时，培养学生史料实证的素养。

讲述：此时的英国想继续维护战前的殖民体系，然而二战沉重打击了英国，英国已经没有足够的实力去维持原有的殖民统治了。在殖民地人民的抗争下，英国被迫同意一个又一个殖民地独立出来。以亚洲为例，1947年，印巴以分治的形式实现了印度和巴基斯坦的独立；1948年缅甸和斯里兰卡（锡兰）也获得了独立。于是我们看到英国领导人的观点出现了变化。

提问：下面大家看到的是1960年英国首相麦克米伦在南非议会的演讲，大家看从中能获取什么历史信息呢？（出示材料）

变革之风已经吹遍这个大陆，不管我们喜欢不喜欢，民族意识的这种增长是个政治事实。我们大家都必须承认这个事实，并且在制定国策时把它考虑进去。

——哈罗德·麦克米伦

预设：从内容上看，英国决策层决心顺应时代变化；英国承认殖民地独立是不可阻止的；英国决心制定政策来应对变化，维护自己的利益。

从意图上看，表达英国准备放弃殖民体系，希望殖民地不要损害英国利益。

从影响上看，会激励殖民地进一步争取民族独立；鼓舞非洲的民族解放运动。

教学设想：通过对麦克米伦讲话的分析，在指导学生借助史料了解英国殖民政策变化的同时，进一步培养学生史料实证的素养。

讲述：虽然英国在1956年之前已经基本上撤出远东，但仍然不打算放弃非洲，直到1956年苏伊士运河战争的爆发。正如我们前面讲到的，无论是美国还是苏联，都不愿意看到英法殖民帝国继续存在，因为唯有赶走英法势力，美苏才有可能取而代之，控制这些地区。结果，在美苏的严厉警告下，英法被迫宣布撤军。这样，不仅仅是埃及，整个中东地区，就从之前属于英法的势力范围变成属于美苏势力范围了。

（出示非洲国家独立形势图和独立时间表）

提问：苏伊士运河事件让英国意识到，它已经无力维持一个帝国了，因此越早撤手越好。同样这样想的还有法国。大家从图片和表格中能获取什么历史信息呢？

预设：非洲国家独立时间集中在1960年，该年因此被称为"非洲年"；1960年独立的国家主要是原法国殖民地；独立后的国家基本都是共和国，民主共和观念被非洲所广泛接受和认可；独立的国家数量呈上升趋势，表明独立是大势所趋。

教学设想：通过对非洲国家独立形势图和1960年非洲独立国家一览表的分析，在帮助学生了解非洲民族解放浪潮的同时，培养学生时空观念和历史解释的素养。

讲述：同英国一样，法国一开始也不想放弃殖民帝国，但是法国坚持维护殖民统治的政策，接连遭受到印度支那战争、苏伊士运河战争和阿尔及利亚战争的冲击，曾经辉煌一时的法兰西殖民帝国在20世纪50年代末已经面临着全面崩溃的危机。在此背景下，戴高乐得以上台，并制定了法兰西第五共和国宪法，承认非洲殖民地可以"成为独立国"。1959年，马里联邦领导人依据这部宪法提出了独立要求，戴高乐犹豫了两周，最终表示认可。以马里为榜样，其他国家依样画葫芦，纷纷宣布独立，从而促成了以1960年"非洲年"为标志的非洲独立高潮的出现。此后，越来越多的殖民地宣布独立，

欧洲殖民帝国完全陷入了崩溃之中。（板书）

除了亚洲和非洲，拉丁美洲人民捍卫国家主权的斗争也迅速发展，其中最著名的是古巴革命和巴拿马收回运河主权，相关内容初中介绍得比较详细，这里就不展开了。

二、娜拉出走之后——第三世界的发展与困境

讲述：挪威戏剧家易卜生曾创作一部戏剧叫《玩偶之家》，在这部戏里，女主人公娜拉不堪压迫，最终出走。鲁迅后来提出了一个问题，说娜拉出走后怎么办？与之相类似的是，亚非拉不堪列强的殖民统治与压迫，最终通过民族解放运动实现了民族独立，但是独立以后呢？显然，实现政治独立以后的第三世界还面临着经济独立与发展的问题，相比前者，后者要艰难得多。

虽然 20 世纪六七十年代第三世界普遍经济发展迅速，但并不是所有发展中国家都能保持稳定的高速增长。相反，绝大多数国家在人均 GDP 还没有达到 1 万美元时就会遇到挫折，经济发展陷入困境，而那些人均 DDP 达到 1 万美元的也往往陷入所谓的"中等收入陷阱"，经济陷入停滞甚至衰退。

（出示二战后巴西人均 GDP 增长曲线图）

提问：这里举一个非常有代表性的国家就是巴西。我们从统计图中能够获取什么历史信息？

预设：巴西人均 GDP 呈前增后减的趋势。

（出示巴西对中国出口主要商品构成表）

提问：为什么巴西在人均 GDP 达到 1 万美元之后陷入停滞，无法突破呢？这是巴西对中国出口主要商品构成表，大家从表中能够发现什么问题呢？

预设：巴西对中国出口主要商品中农产品和矿产资源占绝对主导，超过 80%。

讲述：简单来说，巴西对外贸易主要是靠农业和矿业，其工业产品缺乏足够竞争力。拉美很多国家都类似巴西，陷入了所谓的"中等收入陷阱"，甚至还有像阿根廷这样人均 GDP 从世界第 7 掉到世界第 50 多的国家。

为什么会这样？原因很简单，一如巴西，这些国家的发展过度依赖资源，

处于产业链的低端，严重缺乏高端产业，人均 GDP 自然就上不去。与之相比较，韩国之所以能发展得比较好，和韩国在汽车、半导体等高端产业发力有关。讲到这里，大家大概理解了我国为什么一定要搞产业升级了，因为我国人民要想过上更好的生活，有更高的收入，就必须向产业链高端前进，在高端产业有一席之地。

然而，这条路注定不好走。以韩国为例，1997 年亚洲金融危机，韩国外汇不足，面临破产，被迫向国际货币基金组织求援，美国控制的国际货币基金组织要求韩国向外资开放国内市场，华尔街利用危机大量购买三星等企业的股票，甚至超过一半的比例，换句话来说，三星赚的钱，绝大部分并没有造福于韩国人，而是被美国华尔街资本收割了。也就是说，过分依赖国际资本和国际市场会导致国家的经济发展不能充分惠及自己的国民。

韩国还算好的，至少还能安心发展，还有很多国家，至今仍冲突不断。印度和巴基斯坦就不用说了，动不动擦枪走火。中东地区也是个火药桶，二战结束以来，中东地区爆发了五次中东战争，还有两伊战争和海湾战争等。这一切的背后，都可以追溯到当年殖民者撤退时故意遗留的各种矛盾。

☞ 课堂小结

1962 年，非洲国家卢旺达从比利时的殖民统治下独立。由于殖民者人为制造的种族矛盾，1994 年，卢旺达爆发了震惊世界的种族大屠杀和大规模内战。内战结束后的卢旺达一方面推行民族和解，特别是在身份证上取消民族划分（不再注明民族）；另一方面大力发展经济，特别是重视基础设施建设。中国作为"基建狂魔"，自然不会缺席卢旺达的基础设施建设，包括中国在内的大量国际资本的流入，极大地促进了卢旺达经济的增长。当然，不光是卢旺达，中国对非洲很多国家都进行了类似的经济和发展援助。

也许有人无法理解中国的做法，其实切·格瓦拉的一句话可以用来回答：我怎能在别人的苦难面前转过脸去。

——切·格瓦拉

【板书设计】

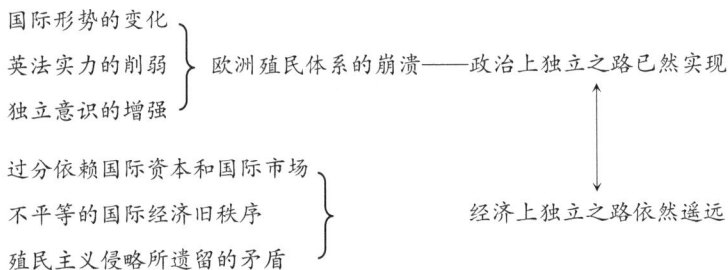

国际形势的变化
英法实力的削弱 } 欧洲殖民体系的崩溃——政治上独立之路已然实现
独立意识的增强

过分依赖国际资本和国际市场
不平等的国际经济旧秩序 } 经济上独立之路依然遥远
殖民主义侵略所遗留的矛盾

【教学反思】

　　最开始的教学设计是使用 20 世纪初的世界地图和一战后的世界地图来说明英法殖民体系，但教学实践中感觉这幅图作用不是很大，完全可以用口述代替，所以就删除了这幅地图，毕竟不能为了使用地图而使用地图，时空观念的素养不需要强行培养。

　　同样删掉的还有"韩国经济发展表"，理由也是一样的，这个表可以用语言来代替，另外课堂时间有限，本身需要精简材料。

【资料附录】

1. 英国非殖民化政策

　　变革之风已经吹遍这个大陆，不管我们喜欢不喜欢，民族意识的这种增长是个政治事实。我们大家都必须承认这是事实，并且在制定国家政策时把它考虑进去。

——刘明周《美帝国史：第八卷——美帝国的终结》

2. 法属非洲殖民地的独立

　　法国在 1956 年苏伊士危机以来所处的窘境，加上残酷的阿尔及利亚战争，到 1958 年时将法国推到了崩溃的边缘。第二次世界大战的英雄夏尔·戴高乐重新掌权，他许诺结束阿尔及利亚以及其他殖民地的冲突（比如当时喀麦隆正在酝酿一场反殖民主义的起义）。他为法国提出一部新宪法，对殖民地则发布类似最后通牒的宣言。12 个非洲殖民地的每一个，都要在一次公民复决中，对于是否愿意在一个松散的全球"法兰西共同体"内部维持一种经济和政治关系的问题投简单的"是或否"的票。只有几内亚人民投了"否"票，这是领导几内亚民族主义运动的工会主义者塞库·杜尔所主张的行动，因为他"宁要自由的贫穷，不要奴役的富裕。"法国让几内亚立即实现了独立，但也针对杜尔的话予以惩罚，不但拿走了极重要的政府文件，而且破坏了"法国的"通信及交通基础设施，甚至连重型设备如港口起重机和铁路转接中心也予以捣毁。几内亚新政府只是得到苏联和独立不久的加纳的巨大援助才挺了过来（苏联当然很高兴在西非得到一个冷战立足点）。

随后，在 1960 年，法国在非洲大陆的其他殖民地和马达加斯加岛殖民地获得独立，加上英语殖民地如尼日利亚以及比属刚果，那一年获得独立的非洲国家共有 17 个——所以 1960 年常被称为"非洲年"。其他许多殖民地在1960 年代的头几年独立，但别处的独立还要经历更长时间，流更多的血。

——埃里克·吉尔伯特、乔纳森·T. 雷诺兹《非洲史》

第九单元

当代世界发展的特点与主要趋势

◎ 第二十二课　世界多极化与经济全球化

【课标内容】

正式版课标：通过了解冷战结束后世界多极化、经济全球化、社会信息化、文化多样化的发展特点，以及出现的全球性问题，认识人类社会面临的机遇与挑战，理解和平、发展、合作、共赢成为时代潮流；牢固树立构建人类命运共同体意识，共同担当，同舟共济，共促全球的和平与发展。

初中课标：通过世界多极化、经济全球化、社会信息化和文化多样化，了解现代世界的基本特点；知道人口、资源、环境、传染病、社会治理等人类发展面临的共同问题；通过了解联合国、世界贸易组织等，认识世界各国为解决全球性问题所作出的努力；知道和平、发展、合作、共赢是时代潮流，了解构建人类命运共同体理念的重要意义。

课标分析：要求学生"了解冷战结束后世界多极化、经济全球化、社会信息化、文化多样化的发展特点"。

【教材分析】

本课内容集中在部编版历史九年级下册的第20—22课。

课题	子目	部编版教材内容
联合国与世界贸易组织	联合国与国际安全	介绍了联合国和世界贸易组织的建立、主要特点与历史影响
	经济全球化与世界贸易组织	
冷战后的世界格局	霸权主义与地区冲突	介绍了科索沃战争、伊拉克战争（但没有使用这些词）、"9·11"事件、欧盟、不结盟运动、中国维护世界和平的贡献等
	世界多极化趋势的发展	
	建立国际新秩序的努力	
不断发展的现代社会	计算机网络与现代社会生活	介绍了第三次科技革命特别是信息技术革命的影响、妇女地位的提高，以及生态与人口问题
	妇女地位的提高	
	生态与人口问题	

本课是部编版《中外历史纲要（下）》第九单元第 22 课。本课共三目，分别是"世界多极化发展趋势""经济全球化进程加快""社会信息化和文化多样性"。

"世界多极化发展趋势"一目共七段。第一段介绍冷战结束后美国以反恐为名多次发动战争，第二段一句话说明世界多极化趋势继续发展，第三段介绍欧洲一体化进程，第四段介绍俄罗斯推行多极化外交，第五段介绍日本追求大国地位，第六段介绍中国发挥负责任大国作用，第七段一句话说明"广大发展中国家总体实力增强，成为推动世界多极化的重要力量"。

"经济全球化进程加快"一目共五段。第一段介绍经济全球化是一个历史发展过程，第二段介绍美国推动建立了国际货币基金组织、世界银行和关税与贸易总协定三大机构，第三段介绍信息技术与跨国公司在推动经济全球化方面的作用，经济全球化成为强劲的时代潮流，第四段介绍经济全球化带来的机遇与挑战，以及应如何应对，第五段介绍区域经济集团化的发展。

"社会信息化和文化多样性"一目共两段。第一段介绍社会信息化的含义和作用，第二段介绍文化多样性的表现和挑战，"历史纵横"介绍了社会信息化的利与弊。

本课内容与现实联系十分紧密，体现出强烈的经世致用色彩。

【教学立意】

20 世纪 90 年代以来，经济全球化加速发展，深刻改变了我们生活的这个世界。世界经济的变化加速了世界政治格局的变化，原有的多极化进一步加强，逐渐形成一超多强格局。与此同时，社会经济的发展推动着社会信息化，共同影响着世界文化的多样性。

【教学目标】

通过分析地图、经济数据、官方言论等史料，加强获取历史信息实证历史的能力，并了解战后世界政治经济文化的发展情况，更加认同人类命运共同体。

【重点难点】

重点：让学生了解冷战结束后世界多极化、经济全球化、社会信息化、文化多样化的发展特点。

难点：让学生辩证认识多极化、全球化、信息化的影响。

【教学过程】

☞ 导入新课

讲述：鸦片战争以来，近代中国面临着严重的民族危机，李鸿章曾将这种局面称之为三千年未有之变局（出示材料）：

臣窃惟欧洲诸国，百十年来，由印度而南洋，由南洋而中国，闯入边界腹地……此三千余年一大变局也。

——李鸿章《筹议制造轮船未可裁撤折》

提问：请大家思考，李鸿章为什么会认为这是三千年未有之变局呢？

☞ 教学新课

一、经济全球化

1. 经济全球化

讲述：在近代以前，中国长期是东亚（中国人所认识的世界）的中心，然而近代以来随着新航路开辟、殖民扩张和两次工业革命，最终形成了以欧美为主导的资本主义世界市场。我们把这种世界各国经济联系日益密切，日益成为一个整体市场的过程称之为全球化。也就是说，全球化是欧美主导的，中国在这个过程中沦为了边缘国家，遭受了重大冲击。这在中国人看来，自然是三千年未有之变局。

这个由欧美主导的世界市场发展到 20 世纪开始出现问题，先是俄国十月革命撕开了一个口子，接着 1929—1933 年经济危机又沉重打击了这个世界市场。当时资本主义列强以邻为壑，纷纷对外发动贸易战、货币战，不仅未能解决危机，反而严重打击了世界贸易，阻碍了经济的恢复发展。战后，在吸取历史教训的基础上，也是为了促进美国商品对外出口，美国极力主张自由贸易并推动关税与贸易总协定于 1947 年成立。到了 1995 年，关税与贸易总协定就被世界贸易组织取代了，这个大家初中学过，这里就不展开了。世界贸易组织取代关税与贸易总协定，意味着经济全球化加速发展。大家注意一下这个时间，为什么 20 世纪 90 年代经济全球化会加速发展呢？一个直接原因就是苏联的解体，两极格局的瓦解。当时绝大多数国家都实行了市场经济体制，再加上科学技术的发展和跨国集团的推动，世界经济向全球化加速发展。

2. 区域集团化

这种加速发展不仅体现在世界贸易组织的成立，也体现在各种区域集团的成立，这种情况被称之为区域集团化。（板书）在各种区域化集团组织里，欧盟最具代表性。关于欧洲的联合，大家初中有学过，这里不再多说。

欧盟的建立刺激了其他区域集团的成立，最直接的就是 1994 年，美国联合加拿大和墨西哥正式成立了北美自由贸易区。我们这边也跟着摸着石头过河，先是搞了个中国—东盟自由贸易区，然后在 2020 年底，我们在此基础上参与了东盟发起的 RCEP（Regional Comprehensive Economic Partnership）——《区域全面经济伙伴关系协定》

（出示标示参与这一协定国家的地图和相关国家的 GDP 与人口统计表）

提问：从中能获取什么信息？

预设：成员国集中在亚太东部；中国庞大体量使其占据重要地位；成员

国人口与经济占世界人口与经济比重极高。

讲述：此时的美国正在同中国打贸易战，自然不可能参与 RCEP，但是美国的盟友日本和澳大利亚则加入了 RCEP，这当然不是因为日本和澳大利亚有多喜欢中国，而是他们确实需要中国与东盟国家的庞大市场，需要更多的现实利益。

二、政治多极化

1. 一超

讲述：无论是克林顿还是拜登，作为时任美国总统的他们都曾说过以下类似的话（出示材料）：

世界必须有一个领导，而且只能有一个，美国最具有领导这个世界的能力。

——威廉·杰斐逊·克林顿

如果美国不领导世界，那还有谁能领导？

——小约瑟夫·罗比内特·拜登

提问：从中能获取什么历史信息？

预设：从冷战结束直至当下，美国都有领导世界的强烈意愿；美国认为自己具有领导世界的实力；美国认为除了自己，没有别的国家有资格承担领导世界的角色。

讲述：苏联的解体，意味着两极格局的终结。美国作为冷战的胜利者，成为世界上唯一的超级大国，表示要从"西方的领袖变成世界的领袖"。从冷战结束至今，美国的经济、科技、军事实力仍具有明显优势。经济方面自不用说，美国依旧是世界第一经济大国；在科技方面，美国在半导体、航空航天、人工智能等领域依然存在很大优势，拥有英特尔、高通、微软和特斯拉等世界知名的高科技企业，创新能力依旧很强；在军事方面，美国的军费开支不仅长期位居世界第一，还年年攀升，其拥有世界规模最大的空军和海军，军事基地遍布世界各地。美国依仗着强大的综合国力，希望建立由美国主导的单极世界。1999 年美国领导下的北约以"保护人权"为借口，撇开联合国空袭南联盟，在这一过程中还袭击了中国的大使馆，粗暴地践踏了《联合国宪章》和国际关系准则。"9.11"事件之后，美国指责以本·拉登为首的"基地"组织是恐怖活动的策划者，迅速展开反恐行动。2001 年 10 月，美国发动了阿富汗战争。2003 年 3 月，美国又发动了伊拉克战争。直至当下，美国仍在用各种手段干涉地区冲突，无论是乌克兰还是加沙，都能看见美国的影子。然而，美国的霸权主义行为，也使美国背上了沉重的包袱，出现了诸如通胀高企、产业空心化、军工复合体侵蚀国家利益等问题。

2. 多强

（出示 2023 年世界主要国家国内生产总值排行榜）

提问：从中能获取什么历史信息？

预设：美国的国内生产总值占世界经济比重位居首位，仍然领先于其他国家；以德国、英国、法国为首的欧洲国家和日本占据了全球经济的重要地位；发展中国家如中国、印度和巴西对世界经济的贡献不容小觑，尤其是中国的发展最为突出。

讲述：通过观察表格我们可以发现，尽管美国的经济实力仍十分强大，但已经谈不上一骑绝尘了。无论美国内心是否情愿，都必须正视一个现实：当今世界已不再是由美国一国主宰的局面，世界正在朝着多极化的趋势发展。其中的重要力量包括欧盟、日本、俄罗斯、中国，以及中俄以外的广大发展中国家等。（板书）

欧盟于 1993 年在欧洲共同体基础上成立，继续向经济和政治一体化迈进，是世界上最大的区域性国际组织。欧盟的成立和发展，对于推动世界多极化趋势起到了至关重要的作用。作为一个由 27 个成员国组成的政治和经济联盟，欧盟拥有庞大的经济体量和广泛的国际影响力，成为国际舞台上不可忽视的重要力量。它倡导多边主义，积极参与全球治理，通过制定和实施共同外交与安全政策，以及加强与其他国家和地区的经济合作，努力维护国际秩序和稳定。

日本在保持经济大国的同时，将追求政治乃至军事大国作为国家的长远战略目标。日本通过积极地参与国际政治和安全事务，努力提升自己在联合国、七国集团、二十国集团等多边机制中的作用，增强其在地区乃至全球事务中的发言权和影响力。

苏联解体后，俄罗斯联邦取代了苏联在联合国的地位，拥有可以与美国匹敌的军事力量，推行多极化外交，在国际事务中的作用仍然举足轻重。俄罗斯积极发展与中国的战略协作伙伴关系，推动两国在经贸、科技、文化等领域的合作不断取得新成果。同时，俄罗斯也加强与其他新兴市场国家和发展中国家的联系，共同应对全球性挑战和问题。

中国自改革开放以来，综合国力显著增强，已经成为世界第二大经济体，拥有全球最完整、规模最大的工业体系和完善的配套能力，是推动世界多极化的关键力量。中国始终坚持和平发展，坚持对外开放的基本国策，坚定奉行互利共赢的开放战略，倡导践行真正的多边主义，反对单边主义、霸权主义和强权政治，推动构建新型国际关系，正在发挥并将继续发挥负责任大国的作用。

中俄以外的发展中国家如印度、巴西等总体实力增强，它们不仅在经济领域取得了显著成就，还通过加入不结盟运动和金砖国家等国际合作组织，提升在国际治理领域的影响力，成为推动世界多极化的重要力量。

总体而言，尽管当前美国依然保持着其作为超级大国的显著影响力，然而，国际政治的未来走向已清晰指向多极化这一不可逆转的趋势。

三、社会信息化文化多样性

1. 社会信息化

讲述：中美两国在社会信息领域远远超过其他国家，突出表现在高科技领域。2021 年 8 月公布的世界财富 500 强企业榜上的互联网相关公司共有 7 家，分别是美国的亚马逊、Alphabet 公司（谷歌母公司）、Facebook 公司（即脸书公司，现改名为 Meta 公司），以及来自中国的京东集团、阿里巴巴集团、腾讯控股有限公司和小米集团。

（出示世界财富 500 强企业榜上的互联网企业统计表）

提问：从中能获取什么信息？

预设：互联网企业排名相对较高；美国的互联网企业公司排名整体靠前，单个实力超过中国互联网企业；除了中美，没有其他国家或地区的互联网企业上榜（引导学生不仅要看"有"，还要看"无"）。

讲述：互联网，特别是移动互联网的发展，对社会经济生活的影响日益突出。在当前的互联网条件下，人们的日常行为都被记录了下来并成为数据。现在不仅是个人行为，事实上整个社会的运转都基本上建立在信息和智能计算的基础上，这就是社会信息化。

社会信息化促进了社会运转，但也给社会管理带来新的问题，典型的就是由于互联网个人隐私保护政策相对宽松导致的大量个人信息泄露，这些信息泄露有些是无意的，有些则是故意的。面对这一问题，以中国为代表的国家加快了网络安全立法，2017 年 6 月《中华人民共和国网络安全法》正式实施，2021 年 9 月《中华人民共和国数据安全法》正式生效。法律的制定毫无疑问促进了个人隐私保护，但要杜绝个人信息泄露，仍有很长的路要走。

2. 文化多样性

与中国互联网个人隐私保护政策相对宽松相比，欧美国家对个人数据的监管要更为严厉。比如 2018 年，欧盟出台了被视为"史上最严"的隐私保护法案《通用数据保护条例》，2019 年谷歌公司即因违反这一条例被处以5000 万欧元的罚款。又如 2020 年，脸书公司因为违规收集和存储用户的生物特征数据（就是扫脸）被迫交出 6.5 亿美元和解金。

这种不同的背后，也和文化的不同有一定关系。一般来说，中国更强调集体主义，小我需要服从大我；欧美更强调个人主义，大我需要服从小我。注意，这种区分并非绝对，要知道西方当年就有苏格拉底之死，如今更有斯诺登披露的棱镜计划，五眼联盟可不管什么隐私不隐私。

总之，由于历史和现实的不同，不同地区呈现出不同的文化风貌，这就是文化多样性。文化多样性在那些移民国家表现得尤为突出，比如南美的一些国家和亚洲的新加坡。但是文化多样性在丰富社会文化生活的同时，实际上也会造成文化的冲突，比如黎巴嫩的内战冲突等等。

如何处理全球化与文化多样性的关系并不是一件容易的事情。总的来说，随着全球化和信息化的飞速发展，文化多样性正受到越来越严重的冲击。相对来说，越是发达国家，其文化影响力就越大，反之亦然。

☞ 课堂小结

正是基于对当今世界发展变化的认识，2017 年 12 月，习近平总书记在接见回国参加驻外使节工作会议的使节时发表重要讲话指出："放眼世界，我们面对的是百年未有之大变局。"为什么是百年未有之大变局，因为随着中国经济和综合国力的发展，欧美主导的以维护西方利益为宗旨的旧格局正日益向着秉承人类命运共同体理念的世界政治经济新秩序转变。

从这个意义上，我想用马克思的一句话来结束这节课：

随着经济基础的变更，全部庞大的上层建筑也或慢或快地发生变革。

——卡尔·马克思

【板书设计】

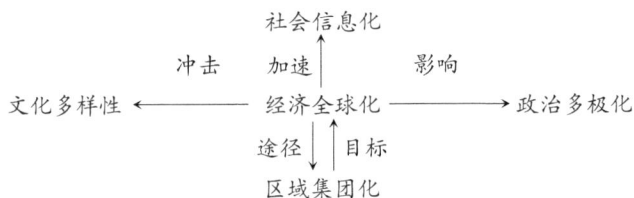

【资料附录】

1. 社会信息化

从科技领域情况来看，亚马逊首次进入前三，苹果公司前进至第 6 位。特斯拉和 Netflix 首次上榜，分别排名第 392 位和 484 位。

在盈利方面，苹果以 574 亿美元的利润位居榜首。微软、谷歌母公司 Alphabet 和社交媒体巨头 Facebook 在利润榜上分别位列第五、第七和第十。

排名靠前的中国科技公司包括鸿海精密（第 22 位）、华为（第 44 位）、中国移动（第 56 位）、京东（第 59 位）、阿里巴巴（第 63 位）、中国电信（第 126 位）、腾讯（第 132 位）、联想集团（第 159 位）等。前年首次上榜的小米集团今年排名上升 84 位，至第 338 位，格力则下滑 52 位，至第 488 位。

和此前情况类似，榜单中全球互联网 7 强中国占 4 席，分别是中国的京东集团、阿里巴巴集团、腾讯控股有限公司和小米集团，美国上榜的互联网公司分别是亚马逊、Alphabet 公司、Facebook 公司。

这 7 家互联网公司的排名较去年均有提升。其中排名提升幅度最大的是小米集团，上升 84 位，而腾讯在榜单上的排名比去年大幅提高 65 位，并以超 33.2% 的利润率位居中国上榜公司利润率之首。

——《财富》世界 500 强发布：华为排名 44，互联网 7 强中国占 4 席 https://baijiahao.baidu.com/s?id＝1706969564637187490&wfr＝spider&for＝pc

2. 世界政治经济秩序的转变

随着经济基础的变更，全部庞大的上层建筑也或慢或快地发生变革。

——中共中央马克思恩格斯列宁斯大林著作编译局编译《马克思恩格斯选集》（第二卷）

"欧洲诸国百十年来，由印度而南洋，由南洋而东北，闯入中国边界腹地。凡前史之所未载，亘古之所未通，无不款关而求互市。我皇上如天之度，概与立约通商，以牢笼之。合地球东西南朔九万里之遥，胥聚于中国，此三千余年一大变局也。西人专恃其枪炮轮船之精利，故能横行于中土。中国向用之弓矛小枪土炮，不敌彼后门进子来福枪炮；向用之帆蓬舟楫艇船炮划，不敌彼轮机兵船，是以受制于西人。"

在后一封奏章中，他这样写道：

"历代备边多在西北，其强弱之势，客主之形，皆适相埒，且犹有中外界限。今则东南海疆万余里，各国通商传教，来往自如，麇集京师及各省腹地，阳托和好之名，阴怀吞噬之计，一国生事，诸国构煽，实为数千年来未有之变局。轮船电报之速瞬息千里；军器机事之精工力百倍。炮弹所到，无坚不摧，水陆关隘，不足限制，又为数千年来未有之强敌。"

虽然，上述文字有些是取自王韬执笔的信中，但李鸿章并非鹦鹉学舌，而是作了进一步发挥，使"变局"观的论据更全面，更充实，且通过他在几份重要的奏章中以浓重的笔墨写出，在朝中产生了较大影响，引起了较广泛的共鸣。

以上两段文字，较全面地概括了李鸿章对在列强深入侵略下敌我态势的认识，折射出自第二次鸦片战争以来中外民族矛盾上升的趋向，并且通过对比，强调造成这一态势的原因是西方技术精良，武器锐利，远远超出中国之上。他还对清廷说，每当他想到这些，就"令人忧危之意，悚然而生"。

——王承仁、刘铁君《李鸿章思想体系研究》

2017年12月，习近平总书记在接见回国参加驻外使节工作会议的使节时发表重要讲话指出："放眼世界，我们面对的是百年未有之大变局。"以后，在国内国际多个重要场合讲话时，他都反复提出"百年未有之大变局"问题，引起党内外、国内外广泛关注。

——徐光春《中国共产党百年辉煌与百年未有之大变局》

◎ 第二十三课　和平发展合作共赢的历史潮流

【课标内容】

正式版课标：通过了解冷战结束后世界多极化、经济全球化、社会信息化、文化多样化的发展特点，以及出现的全球性问题，认识人类社会面临的机遇与挑战，理解和平、发展、合作、共赢成为时代潮流；牢固树立构建人类命运共同体意识，共同担当，同舟共济，共促全球的和平与发展。

初中课标：通过世界多极化、经济全球化、社会信息化和文化多样化，了解现代世界的基本特点；知道人口、资源、环境、传染病、社会治理等人类发展面临的共同问题；通过了解联合国、世界贸易组织等，认识世界各国为解决全球性问题所作出的努力；知道和平、发展、合作、共赢是时代潮流，了解构建人类命运共同体理念的重要意义。

课标分析："牢固树立构建人类命运共同体意识"是新课标增加的内容。课标只提到认识人类社会面临的机遇与挑战，并未具体指出有哪些机遇与挑战。

【教材分析】

本课内容集中在部编版历史九年级下册的第22课。

课题	子目	部编版教材内容
不断发展的现代社会	计算机网络与现代社会生活	介绍了第三次科技革命特别是信息技术革命的影响、妇女地位的提高，以及生态与人口问题
	妇女地位的提高	
	生态与人口问题	

本课是部编版《中外历史纲要（下）》第九单元第23课。本课共三目，分别是"对世界和平与发展的追求""人类发展面临的问题""推动构建人类命运共同体"。

"对世界和平与发展的追求"一目共两段，第一段介绍战后长期和平的国际环境推动世界政治、经济、文化的发展，第二段讲和平、发展、合作、共赢是不可阻挡的历史朝流。本目配套的"学思之窗"要求学生理解邓小平论述和平与发展问题的讲话，"史料阅读"提供了习近平总书记二十大报告上对世界之变、时代之变、历史之变的论述。

"人类发展面临的问题"共两段，第一段讲人类发展所面临的问题，第二段讲世界和平所面临的问题。本目"历史纵横"介绍气候变化《巴黎协定》。

"推动构建人类命运共同体"一目共五段，第一段介绍全球治理体系，第二段介绍新的国际治理组织和治理机制，第三段讲中国在维护世界和平、促进全球发展的贡献，第四段诠释人类命运共同体理论，第五段介绍中国建设人类命运共同体的实践。"史料阅读"提供了习近平总书记十九大报告中有关人类命运共同体的内容，"历史纵横"介绍了2019年的亚洲文明对话大会。

【教学立意】

冷战结束，两极格局瓦解，经济全球化进一步发展，各国之间联系日益密切，也面临着共同的问题，如环保、恐怖主义等。基于当今世界发展的客观现实，借鉴吸收人类历史发展经验教训而提出的"人类命运共同体"理论将推动世界和平与可持续发展。

【教学目标】

通过分析相关新闻图片与报道，了解当今世界的发展特点，感受当前的全球性问题，理解和平、发展、合作、共赢成为时代潮流；牢固树立构建人类命运共同体意识，共同担当，同舟共济，共促全球的和平与发展。

【重点难点】

重点：让学生理解人类命运共同体是中国为世界和平与发展所作的贡献。

难点：让学生认识全球治理体系的问题与解决上的困境。

【教学过程】

☞ 导入新课

（出示一名白人传教士握着饥饿的黑人男孩的手的图片）

提问：这张照片拍摄于1980年的非洲国家乌干达，画面中一名白人传教士握着饥饿的黑人男孩的手。对比是如此鲜明，让人不禁落泪。人们不禁要问：这个世界上为什么仍然有那么多的战争与饥荒？为什么有的国家（比如美国）国民可以肆意浪费资源，而有些国家（比如海地）国民却时常与饥饿为伴呢？

☞ 教学新课

一、全球治理的困境

1. 难以破解的安全困境

讲述：前面我们学习一战的时候，给大家介绍过一个理论，那就是"安全困境"，这里再复习一下。一国（尤其是大国）增强自我安全的行为会不自觉地导致他国安全感的降低，从而使他国为了自身的安全竭力地增加自己的实力，以至卷入安全竞争的恶性循环之中，国际环境因此而动荡不宁，国与国之间的战争也由此难以避免。我们把这种情况称之为"安全困境"。我们前面也讲过，国际政治中出现"安全困境"的原因在于国际社会的无政府状态，没有一个有足够权威的世界政府。（板书）

2. 难以摆脱的"马太效应"

为了摆脱国际政治中的"安全困境"，人们还是想出了一些解决方法，比如召开国际会议，成立国际组织。例如凡尔赛会议和雅尔塔会议，这两次会议分别建立了凡尔赛体系还是雅尔塔体系。大家发现问题没有，无论是凡尔赛体系还是雅尔塔体系，它们都是欧美主导的。为什么欧美始终是国际政治的中心呢？因为近代以来通过殖民扩张和工业革命，欧美的经济实力远远超过其他地区，也就是说任何个体或群体，一旦在某一个方面（如金钱、名誉、地位等）获得成功和进步，就会产生一种积累优势，就会有更多的机会取得更大的成功和进步。我们把这种情况称为"马太效应"。（板书）正是马太效应使得欧美强者恒强，其中美国表现得尤为突出，无论在政治、经济还是军事上，不要说第三世界，就是欧洲国家也已经被其远远地甩在了后面。

"安全困境"叠加"马太效应"，是近代以来国际秩序始终由欧美主导，以维护西方利益为目的的主要原因。（板书）

3. 全球治理的困境

尽管近代以来的国际秩序是欧美主导建立起来的，但这并不意味着欧美特别是美国会遵守规则。典型事例之一就是在 1998 年南联盟境内科索沃地区发生民族冲突后，以美国为首的北约在没有联合国安理会授权的情况下对南联盟发动了长达 78 天的空中打击，最终迫使南联盟屈服。特别需要指出的是，在这场战争中，美国还对中国驻南使馆悍然发动袭击，事后还宣称是误炸，也就是说，当时的美国对同属安理会五个常任理事国之一的中国也缺乏应有的尊重，严重侵犯中国的主权。

如果说轰炸南联盟美国还是在北约这个框架内行动的话，那么 2003 年美国则直接抛开北约，以藏有大规模杀伤性武器为由污蔑伊拉克，并进而发动了入侵伊拉克的战争。伊拉克战争并没有让伊拉克人民过上美好的生活，反而导致出现了伊斯兰国这样的恐怖组织，尽管现在其受到了沉重打击，但并没有被完全消灭。伊拉克、叙利亚、阿富汗、利比亚、也门等国家现在都因为美国的干涉而陷入无尽的战乱之中，由此又引发了巨大的难民问题。

二、人类命运共同体

1. 人类面临的共同问题

讲述：中东的战争导致大量的难民涌现，但中东难民问题并不局限于中东，很多难民前往欧洲后又冲击了欧洲的社会稳定。世界上并不只是中东有难民问题，由于战乱、天灾、经济危机等原因，很多国家和地区都存在着难民问题。也就是说，难民问题并不是单个国家或地区所能解决的，它已经变成了全球性问题。（板书）类似的全球性问题还有气候与环保问题、恐怖主义危害问题、全球传染病问题等。（板书）

典型事例就是 2020 年的疫情，中国以全体人民利益为重，在付出巨大经济代价后成功控制住疫情，但是欧美一些国家的领导人明明知道疫情的危害，却为了保障经济而采取消极的抗疫举措，甚至公开主张和实践所谓的"群体免疫"，造成其国内大量人民的死亡。

在之后的疫苗分配上，中国与美国也展现出了显著的区别。在当今全球化的时代，只要有一个国家未能控制疫情，世界上其他国家就难以独善其身，而接种疫苗是防控疫情的重要手段。因此，想要真正控制疫情，最好的方法是在满足本国需求的前提下，向其他国家以低价或无偿的方式提供疫苗，以避免跨国传播，这是一件利人利己的事情。截至 2021 年 10 月底，中国已向 106 个国家和 4 个国际组织提供了超过 15 亿剂疫苗，充分体现出中国的大国担当。然而在同一时期，美国却奉行疫苗民族主义，牺牲其他国家和人民的生存权，在国内囤积大量疫苗。即便在进行疫苗援助的同时，美国仍不忘加紧囤积，甚至借机对其欧洲盟友抬高疫苗价格，大发"疫情财"。

中美在抗击疫情及疫苗分配上的不同表现，不仅凸显了国家间治理理念的巨大差异，更深刻揭示了解决人类面临的共同问题仍任重道远。

2. 人类命运共同体

很明显，当前欧美主导的国际秩序是极不合理的。既然如此，那么为了世界的和平与发展，应当有新的国际秩序，它不应当只维护少数国家少数人的利益，它应当维护的是多数国家多数人的利益，广大第三世界发展中国家不应当受到忽视。也就是说，人类的命运是休戚与共的，是同一个命运共同体。（板书）正如习近平总书记所说（出示材料）：

当前，世界之变、时代之变、历史之变正以前所未有的方式展开。一方面，和平、发展、合作、共赢的历史潮流不可阻挡，人心所向、大势所趋决定了人类前途终归光明。另一方面，恃强凌弱、巧取豪夺、零和博弈等霸权霸道霸凌行径危害深重，和平赤字、发展赤字、安全赤字、治理赤字加重，人类社会面临前所未有的挑战。世界又一次站在历史的十字路口，何去何从取决于各国人民的抉择。

……

构建人类命运共同体是世界各国人民前途所在。万物并育而不相害，道并行而不相悖。只有各国行天下之大道，和睦相处、合作共赢，繁荣才能持久，安全才有保障。中国提出了全球发展倡议、全球安全倡议，愿同国际社会一道努力落实。中国坚持对话协商，推动建设一个持久和平的世界；坚持共建共享，推动建设一个普遍安全的世界；坚持合作共赢，推动建设一个共同繁荣的世界；坚持交流互鉴，推动建设一个开放包容的世界；坚持绿色低碳，推动建设一个清洁美丽的世界。

——习近平《高举中国特色社会主义伟大旗帜 为全面建设社会主义现代化国家而团结奋斗——在中国共产党第二十次全国代表大会上的报告》

提问：从中能获取什么信息？

预设：当前世界和平受到威胁，安全不能得到普遍保证，广大发展中国家的发展面临困难与挑战。这一切，说明西方主导的旧的全球治理体系存在问题，需要得到纠正，只要同心协力，世界会变得更加美好。

当前世界部分国家不尊重别国，动不动搞强权外交，奉行冷战思维与强权政治，热衷走对抗道路，这样是行不通的。要平等对话，结伴而不结盟。

当前世界范围内的贸易与投资尚不够自由与便利，经济全球化仍存在阻碍因素。中国主张合作共赢，继续推进经济全球化。

当前世界文明多样性受到挑战，文明冲突、文明隔阂与文明优越仍广泛存在，中国主张尊重文明多样性，坚持交流互鉴。

当前世界环境与气候问题严重，中国主张通过合作的方式共同保护地球。

讲述：简单的两段话，点明了当前国际政治存在的主要问题，即政治上的战争与和平问题，经济上的发展不平衡问题，文化上的文明冲突问题，地理上的环境与气候问题，并提出了针对性的解决思路，就是在相互尊重的基础上采取协商与合作的方式。

中国是这样向世界提出倡议的，中国也是这样实践的。

（出示亚洲基础设施投资银行的各国股份与股票权统计表格）

提问：从图中能获取什么信息？

预设：亚投行成员国比较广泛，以亚洲为主又包含域外国家如英法澳等；中国出资最多，但投票权占比与股份占比的比值最低，就是说中国让渡了更多的权利给其他国家；出资越少，投票权占比与股份占比的比值越高，这有利于发展中国家的利益。

讲述：与美国控制世界银行不同，亚投行体现出中国倡导的开放包容、合作共赢，即使在中印出现边境冲突，印度国内出现反华浪潮的 2020 年 6 月，亚投行依然向印度提供了 7.5 亿美元用于应对新冠疫情的的贷款，而早在同年 5 月初，印度就拿到了亚投行发放的 5 亿美元的援助资金，帮助其购买设备和增强检测能力，并加强本国卫生系统。

除了亚投行，中国还提出了"一带一路"倡议，参与成立了上海合作组织。上海合作组织总部设在上海，是少有的总部设在中国的重要国际组织。最初成员国只有中国、俄罗斯、哈萨克斯坦、吉尔吉斯斯坦、塔吉克斯坦和乌兹别克斯坦六国，2017 年增加了印度和巴基斯坦为成员国，2023 年伊朗成为成员国，2024 年白俄罗斯正式加入上合组织。虽然上合组织目前只是区域性组织，但是其宣言中并没有限制其他地区的国家加入，这充分体现出平等、开放、包容的人类命运共同体意识。

☞ 课堂小结

说到人类命运共同体，就不能不提到非洲。欧美援助非洲喜欢拿钱在非洲建教堂、建学校，却不肯帮助非洲提高发展经济、改善民生的能力，所以尽管有一批又一批欧美人跑去非洲献爱心，结果却是非洲的贫穷与战乱始终得不到解决。与欧美不同的是，中国对非洲的援助主要是从自己的经验出发，帮助非洲人进行基础设施建设比如修路、建桥、开矿等，一方面有利于中国开拓海外市场，另一方面也有利于非洲国家自身的发展与繁荣。

最后，我想送给你们法国作家罗曼·罗兰的一段话，同时也用这段话来结束今天这节课，结束我们高一的历史课学习：

世界上只有一种真正的英雄主义，那就是在认清生活的真相后依然热爱生活。

——罗曼·罗兰《米开朗琪罗传》

【板书设计】

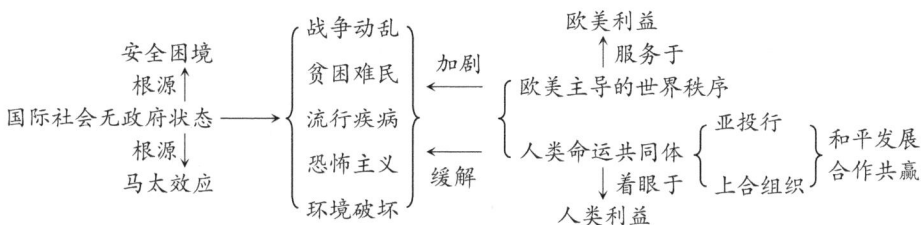

【教学反思】

如果课堂时间充足，教师可以补充以下有关上合组织的材料。

除了亚投行，中国还提出了一带一路，参与成立了上海合作组织（出示材料）：

二、"上海合作组织"的宗旨是：加强各成员国之间的相互信任与睦邻友好；鼓励各成员国在政治、经贸、科技、文化、教育、能源、交通、环保及其它领域的有效合作；共同致力于维护和保障地区的和平、安全与稳定；建立民主、公正、合理的国际政治经济新秩序。

······

七、"上海合作组织"奉行不结盟、不针对其他国家和地区及对外开放的原则，愿与其他国家及有关国际和地区组织开展各种形式的对话、交流与合作，在协商一致的基础上吸收认同该组织框架内合作宗旨和任务、本宣言第六条阐述的原则及其他各项条款，其加入能促进实现这一合作的国家为该组织新成员。

——《"上海合作组织"成立宣言》

提问：从中能获取什么信息？

预设：上海合作组织的宗旨符合人类命运共同体理念；上海合作组织开放包容。

【资料附录】

1. 全球饥饿问题

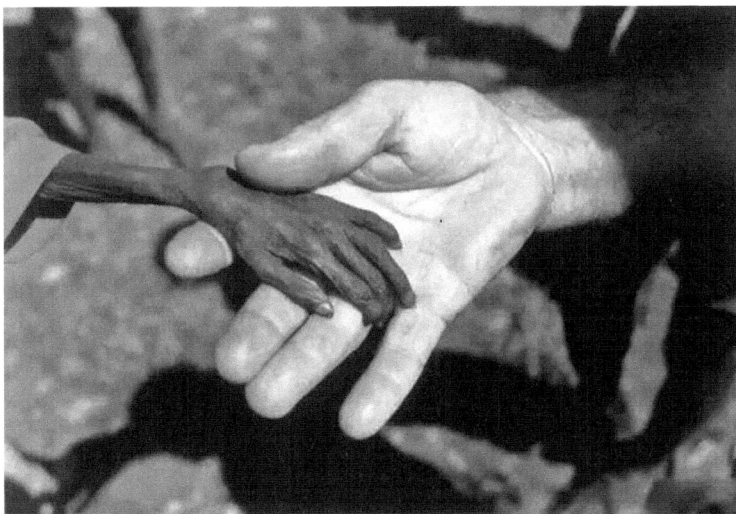

——这张令人震撼的世界获奖照片，摄影师却说"为之感到羞耻"htttps://m.sohu.com/a/346213136_564086/?pvid=000115_3w_a

2. 中美应对疫情时的差异

《华盛顿邮报》7月13日曾发表评论文章指出，美国当前应对疫情最大的失败之处，就是只关注美国国内的疫情，而疏于考虑国外的病毒威胁。为了实现此前定下的在7月4日前让70%美国成年人至少接种一剂疫苗这一目标，美国大量囤积疫苗，数百万疫苗即将过期，最终将被扔进垃圾桶，而这种疫苗浪费预计将持续到秋季。

——美国将有数亿剂疫苗过剩，美媒也看不下去了 https://baijiahao.baidu.com/s?id=1706976534976922252&wfr=spider&for=pc

据英国《金融时报》8月1日报道，由于临床试验数据显示，辉瑞疫苗和莫德纳疫苗的有效性高于阿斯利康疫苗和强生疫苗，辉瑞和莫德纳公司随后与欧盟就供货价格展开新一轮谈判。

合同显示，辉瑞疫苗的新价格为每剂19.50欧元（23.15美元），此前为15.50欧元，涨价幅度近26%。莫德纳疫苗的价格为每剂25.50美元，高于第一笔采购交易中的约19欧元，但低于此前达成的28.50美元，因为订单增加了。

——新冠疫苗涨价　辉瑞涨26%、莫德纳涨逾10% https://baijiahao.baidu.com/s?id=1706953913511341451&wfr=spider&for=pc

中国疫苗是许多发展中国家获得的第一批疫苗，堪称"及时雨"。赤道几内亚总统奥比昂表示，中国疫苗"为当地抗疫带来希望的甘霖"。津巴布韦总统姆南加古瓦表示，中国捐赠的疫苗犹如隧道尽头的光芒。柬埔寨首相洪森在第二十六届亚洲未来国际会议开幕式上直言，"如果没有中国的援助和提供的疫苗商采，柬埔寨近200万民众如何能打上疫苗？"

一些国家元首和政府高官带头接种中国疫苗，为中国疫苗投下信任票。其中印尼总统佐科、土耳其总统埃尔多安等国领导人通过电视直播本人接种；菲律宾总统杜特尔特接种后表示"感觉不错"；巴林王储萨勒曼以志愿者身份参与国药集团在巴林开展的新冠灭活疫苗Ⅲ期国际临床试验，并带头接种首剂疫苗。

2021年1月，匈牙利签署了500万剂新冠疫苗采购合同，成为首个批准使用中国国药新冠疫苗的欧盟国家。中国疫苗大大加快匈疫苗接种速度。匈牙利外交与对外经济部部长西亚尔托表示，匈政府作出同中国国药集团合作的决定是完全正确的。疫苗不是地缘政治工具，而是拯救生命的武器。"感谢中方向匈牙利及时甚至提前交付多批次疫苗，这保护了100万人民的生命安全，我们对此永远不会忘记。"

安提瓜和巴布达总理布朗代表安巴政府感谢中方援助疫苗时指出，在帮助和支持发展中国家方面，中国一贯走在前列，尤其是当前一些国家仍在囤积疫苗之际，中国的慷慨援助更显珍贵。安巴将坚定发展与中方关系，不断深化合作。

中国疫苗在国际社会取得良好声誉，安全性、有效性得到广泛认可。玻利维亚卫生部副部长玛丽亚·卡斯特认为，国药疫苗正帮助玻利维亚在边境地区有效构筑"免疫屏障"。柬埔寨贝尔泰国际大学学生坡潘哈说："中国援助疫苗给我们带来了回到正常生活和复苏经济的希望。"巴西圣保罗州塞拉纳市 54 岁的家庭主妇埃尔薇拉·比迪内洛表示，中国疫苗"是我们能得到的最美好的礼物"。

——中国对外援助和出口新冠疫苗数量超过其他国家总和——让疫苗成为全球公共产品，中国做到了！https://www.gov.cn/xinwen/2021-08/01/content_ 5628795.htm

3. 亚投行的贡献

基本投票权根据比例确定。亚投行采取的投票权计算方法是每个成员的投票权包含基本投票权、股份投票权以及创始成员享有的创始成员投票权。每个创始成员国有 600 票投票权，这对创始成员有一定的激励，这个常数会随着股份的增加而稀释。但基本投票权按占总投票权的 12% 来分配，从而避免固定的基本投票权随着股份增加而被稀释的情况（这也是现有布雷顿森林机构被批评的原因之一）。这种安排降低了股份在投票权中的作用。这对于股份较多的成员的投票权是一种限制性措施。比如，中国目前认缴的股份为297.8 亿美元，占总股份数的 30.78%，但投票权只有 26.59%。在有投票权的正式成员中，有 35 个域内成员的股份占比低于投票权占比，33 个域外成员的股份占比低于投票权占比。

——亚投行五年：回顾与展望 https://baijiahao.baidu.com/s? id = 1695000719823922257&wfr = spider&for = pc

据市场 6 月 17 日最新报道，中国作为主要出资国的经济机构——亚投行向印度提供了 7.5 亿美元（折合约 53 亿元人民币）用于应对新冠肺炎的贷款。早在 5 月初之际，印度就拿到了亚投行发放的 5 亿美元（折合 35.39 亿元人民币）的援助资金，帮助其购买设备和增强检测能力，并加强该国卫生系统。也就是说，这已经是印度第二次因疫情向亚投行伸手要钱，总共获得了约 83 亿元人民币的资金。

　　——最新：亚投行向印度提供 53 亿元贷款！中国为该机构最大出资国 https://baijiahao.baidu.com/s?id=1669731137166204494&wfr=spider&for=pc